Das Arbeitsrecht in der Praxis

Eine Halbjahresschau
von

DR. FRANZ GOERRIG

III. Band 2. Halbjahr 1925

1926
München und Berlin

Druck und Verlag von R. Oldenbourg

VORWORT

Jeder Arbeitgeber, mag er viel oder wenig Angestellte und Arbeiter haben, empfindet heute das deutsche Arbeitsrecht als eine der ungeklärtesten Gesetzesgruppen. Dauernd ergeben sich aus der Praxis heraus neue Fragen und Gesichtspunkte. Eine Entscheidung jagt die andere. Gesetzesneuerungen, Nachträge und Änderungen lösen einander ab, alles ist noch im Fluß.

Obwohl wir vorzügliche Zeitschriften und wissenschaftliche Kommentare besitzen, fehlte ein auf die Praxis besonders zugeschnittenes Handbuch, welches in angemessenen Zeitabständen erscheint und dem überlasteten Betriebsleiter in leicht verständlicher, übersichtlicher, möglichst kurz gehaltener Form einen Überblick über die jeweils geltenden Gesetzesbestimmungen und die bedeutsamsten Ergebnisse der Rechtsprechung in einer Weise bietet, die ihm eine kluge Anpassung ermöglicht und eine reibungslose Betriebsführung erleichtert.

Die vorliegende Halbjahresschau gibt allein das für die Praxis Nötige. Sie setzt keine juristischen Sachkenntnisse voraus und bringt keine Verweisungen auf andere Literatur, welche dem Betriebsleiter in den meisten Fällen nicht rasch genug erreichbar ist, sie beschränkt sich auch nicht auf den meist schwer verständlichen Text der Entscheidungen. Jeder Band bringt einen kurzen Überblick über die Entwicklung des Arbeitsrechtes im letzten Halbjahre und eine übersichtliche Zusammenstellung der am Schlusse des Halbjahres geltenden arbeitsrechtlichen Gesetze und Verordnungen. Im Hauptteil werden nach einem leicht orientierenden Plane alle wesentlichen Gesetzesänderungen und alle im letzten Halbjahre bekanntgewordenen Entscheidungen, soweit sie für die Betriebsleitungen praktisch bedeutsam sind, mit sachdienlichen Erläuterungen zusammengestellt. Eingefügte Leitsätze und ein ausführliches Sachverzeichnis sollen die praktische Benutzung des Buches erleichtern.

Die Stoffteilung des ersten, im Januar 1925 erschienenen Halbjahresbandes wird zur Erleichterung der Benutzung des Gesamtwerkes beibehalten. In den einzelnen Untergruppen werden die Neuerungen und Entscheidungen durch alle Bände hindurch fortlaufend numeriert. Dabei wird jeweils angegeben, wo der Leser in voraufgegangenen Bänden zu derselben Teilfrage Material findet.

INHALTS-ÜBERSICHT

A. Entwicklung der arbeitsrechtlichen Gesetzgebung und Rechtsprechung im 2. Halbjahr 1925.

Das zweite Halbjahr 1925 stand mehr als jede frühere Zeit im Zeichen der Nachwirkungen des Kriegsausganges und der Währungsschwierigkeiten. Ihren äußeren, nur zu deutlich fühlbaren Ausdruck fanden diese in erster Linie in den ungewöhnlich zahlreichen, in das gesamte deutsche Wirtschaftsleben tief eingreifenden Betriebsstillegungen, Betriebseinschränkungen, Zahlungsschwierigkeiten und Konkursen. Auf dem Gebiete des Arbeitsrechtes zeitigten diese Erscheinungen zahllose Streitigkeiten über die Einwirkungen der Betriebseinschränkungen und Zahlungsschwierigkeiten auf die einzelnen Dienst- und Arbeitsverhältnisse. Diese wiederum gaben den Gerichten Veranlassung zu prüfen, wie weit die allgemeinen und besonderen Arbeitsrechtsgrundsätze der Vor- und Nachkriegszeit im Interesse der einzelnen und der Gesamtwirtschaft nach den Prinzipien von Treu und Glauben und der wirtschaftlichen Zweckmäßigkeit zeitgemäß auszulegen sind. Bahnbrechend war in dieser Beziehung vor allem die Rechtsprechung des Reichsgerichtes, das mehr als früher Gelegenheit hatte, sich mit arbeitsrechtlichen Kernfragen zu befassen, und das immer mehr dazu übergeht, bei der Auslegung arbeitsrechtlicher Gesetzesbestimmungen in Zweifelsfällen dem Geiste der modernen Arbeits- und Wirtschaftsentwicklung höhere Bedeutung beizumessen als dem starren Wortlaut der Gesetze. Damit hat allerdings die Rechtsprechung einen recht schwankenden Boden betreten. Ein Blick in den vorliegenden Halbjahresband zeigt deutlich, daß die Widersprüche in der arbeitsrechtlichen Rechtsprechung sich grundsätzlich und ziffernmäßig erheblich mehren.

Um so bedauerlicher ist es, daß die seit Jahren erstrebte und regierungsseitig angekündigte, auch zunächst tatkräftig in Angriff genommene gesetzgeberische Neuordnung des gesamten deutschen Arbeitsrechtes in der Berichtszeit verhältnismäßig geringe Fortschritte gemacht hat. Es ist zwar weiterhin an den Teilentwürfen in den zuständigen Kommissionen und Ausschüssen gearbeitet worden, man ist jedoch praktisch nicht viel weiter gekommen, abgesehen davon, daß einige Teilentwürfe dem Reichswirtschaftsrat, Reichsrat bzw. Reichstag zur Stellungnahme zugegangen sind.

Neben verschiedenen unter B angeführten weniger wichtigen Abänderungsbestimmungen erfuhr im wesentlichen nur die Sozialversicherung und das Aufwertungsrecht gesetzliche Erweiterung bzw. Festigung.

Im übrigen trat die Reichsregierung auf dem Gebiete des Arbeitsrechtes mit eigener Initiative in dem letzten Halbjahr wenig hervor, in der Hauptsache wohl deshalb, weil sie durch die internationalen Verhandlungen und Abmachungen von Locarno zu sehr in Anspruch genommen war und mit Rücksicht auf diese Abmachungen ihr Amt zur Verfügung gestellt hat, um zunächst zu sehen, wie die Volks- und Parlamentsmehrheit sich zu der in Locarno eingeschlagenen Richtung und zu den sich daraus ergebenden wirtschaftlichen Folgerungen einstellen würde. Da das alte Jahr eine Klärung der Regierungskrise noch nicht gebracht hat, läßt sich mit Rücksicht auf die unterschiedliche Einstellung der verschiedenen Parteien zu den Arbeitsrechtsproblemen auch zurzeit noch nicht voraussehen, welche Richtung die arbeitsrechtliche Gesetzgebung im nächsten Jahre einschlagen wird, und ob es überhaupt in absehbarer Zeit zu einer Klärung der zahllosen arbeitsrechtlichen Streitfragen kommen wird.

Eine fortlaufende sorgfältige Beachtung und Auswertung der arbeitsrechtlichen Rechtsprechung auf der bisherigen Gesetzesbasis erscheint daher unentbehrlich.

B. Die wichtigsten Neuerungen und Entscheidungen des zweiten Halbjahres 1925 auf den Einzelgebieten des Arbeitsrechtes.

I. Neue arbeitsrechtliche Gesetze und Verordnungen

aus der Zeit vom 1. Juli bis 31. Dezember 1925.

Lfd. Nummer	Tag des Erlasses	Bezeichnung	Tag des Inkrafttretens	Reichsgesetzblatt I Seite
1.	4. 7. 1925	Anordnung über die Abkürzung der Wartezeit in der Fürsorge für erwerbslose Seeleute	13. 7. 1925	95
2.	14. 7. 1925	Zweites Gesetz über Änderungen in der Unfallversicherung	17. 7. 1925	97
3.	16. 7. 1925	Gesetz über die Aufwertung von Hypotheken und anderen Ansprüchen (Aufwertungsgesetz) . .	15. 7. 1925	117
4.	16. 7. 1925	Gesetz über Gebühren für Arbeitsbücher	4. 8. 1925	145
5.	21. 7. 1925	Verordnung über die Einrichtung und das Verfahren d. Aufwertungsstellen	15. 7. 1925	154
6.	21. 7. 1925	Gesetz zur Abänderung des Gesetzes betreffend Kinderarbeit in gewerblichen Betrieben vom 30. 3. 1903	19. 8. 1925	162
7.	23. 7. 1925	Gesetz zur Änderung der Pachtschutzordnung v. 9. 6. 1920	1. 10. 1925	151

Lfd. Nummer	Tag des Erlasses	Bezeichnung	Tag des Inkrafttretens	Reichsgesetzblatt I Seite
8.	23. 7. 1925	Bekanntmachung d. neuen Fassung der Pachtschutzordnung	1. 10. 1925	152
9.	28. 7. 1925	Gesetz über Ausbau der Angestellten- und Invalidenversicherung und üb. Gesundheitsfürsorge in der Reichsversicherung	1. 7. bzw. 1. 8. und 28. 9. 1925	157
10.	30. 7. 1925	Bekanntmachung betreff. das Washingtoner Übereinkommen über die Arbeitslosigkeit	21. 8. 1925	II 737
11.	30. 7. 1925	Bekanntmachung betreff. das Genueser Übereinkommen über die Stellenvermittlung für Seeleute	21. 8. 1925	II 737
12.	30. 7. 1925	Bekanntmachung betreff. das Genfer Übereinkommen über das Vereins- und Koalitionsrecht der landwirtschaftlichen Arbeiter	21. 8. 1925	II 738
13.	30. 7. 1925	Bekanntmachung betreff. das Genfer Übereinkommen über die Entschädigung der Landarbeiter bei Arbeitsunfällen	21. 8. 1925	II 738
14.	4. 8. 1925	Verordnung zur Durchführung der Angestelltenversicherung bei den Ersatzkassen	1. 7. 1925	187
15.	10. 8. 1925	Einkommensteuergesetz	29. 8. 1925	189
16.	24. 8. 1925	Verordnung über die Gewährung von Leistungen der Invaliden- und der Angestelltenversicherung nach ausländisch. Grenzgebieten	1. 7. 1925	320
17.	3. 9. 1925	Gesetz über Beschränkung der Einnahmen aus der Lohnsteuer	26. 9. 1925	331

Lfd. Nummer	Tag des Erlasses	Bezeichnung	Tag des Inkrafttretens	Reichsgesetzblatt I Seite
18.	7. 9. 1925	Verordnung zur Änderung der Reichsgrundsätze üb. Voraussetzung, Art und Maß der öffentlichen Fürsorge	26. 9. 1925	332
19.	27. 11. 1925	Verordnung zur Änderung der Verordnung über die Einrichtung und das Verfahren der Aufwertungsstellen	15. 7. 1925	392
20.	29. 11. 1925	Durchführungsverordng. zum Aufwertungsgesetze	15. 7. bzw. 10. 12. 1925	392
21.	7. 12. 1925	Bekanntmachungen betr. die Übereinkommen zwischen dem deutschen Reiche und der tschecho-slowakischen Republik über die Regelung der Arbeits- und Dienstverhältnisse und über die Sozialversicherung der Besatzung von Schiffen, die auf der Oder bzw. der Elbe verkehren	1. 1. 1926	II 1139
22.	19. 12. 1925	Gesetz über die Senkung der Lohnsteuer	1. 1. 1926	469

II. Arbeitsvermittlung und Einstellungen, Berufsberatung und Berufsausbildung.

A. Einschlägige Gesetzesbestimmungen.

1. Arbeitsnachweisgesetz vom 22. Juli 1922 (Reichsgesetzblatt I Seite 657) nebst Abänderung vom 30. Oktober 1923 (Reichsgesetzblatt I Seite 1065).
2. Verordnung über die Einstellung und Beschäftigung ausländischer Arbeiter vom 2. Januar 1923 (Deutscher Reichsanzeiger vom 5. Januar 1923).
3. Verordnung über Anwerbung und Vermittlung von Arbeitnehmern nach dem Ausland vom 4. Oktober 1923 (Reichsgesetzblatt I Seite 960).
4. Bestimmung über die Einstellung unterstützter Erwerbsloser vom 18. Januar 1924 (Reichsgesetzblatt 1924 Seite 34).
5. Verordnung über die Abänderung der Verordnung über die Einstellung und Beschäftigung ausländischer Arbeiter vom 16. 3. 1925 (Reichsgesetzblatt I Seite 25).

B. Die wichtigsten Einzelfragen.

1.–4. siehe Band I, Seite 10—11.

a) Wie weit muß bei Einstellungen der Arbeitsnachweis in Anspruch genommen werden?

1. siehe Band II, Seite 11.

b) Wie weit kann der Arbeitgeber die Mitwirkung des Arbeitsnachweises verlangen?

1. siehe Band II, Seite 11.

c) Wie weit kann der rechtzeitige Dienstantritt neuverpflichteter Arbeitnehmer gesichert werden?

1. siehe Band II, Seite 12.

2. Sicherung des rechtzeitigen Dienstantrittes. Zur Sicherung des rechtzeitigen Dienstantrittes eines neu verpflichteten Arbeitnehmers kann der Arbeitgeber zwar gemäß einem Urteile des Landgerichtes Essen vom 4. 3. 1925 (Magazin für Arbeitsrecht, Sozialpolitik und verwandte Gebiete 1925, Nr. 17, S. 187) Vertragsstrafen in beliebiger Höhe vereinbaren. Das Gericht kann aber eine ihm unangemessen hoch erscheinende Vertragsstrafe im Einzelfalle gemäß § 343 des BGB. auf eine angemessene Höhe herabsetzen.

d) Wie weit dürfen Ausländer eingestellt werden?

1.—2. siehe Band II, Seite 12—13.

3. Einstellung und Beschäftigung ausländischer Arbeitnehmer kann durch Polizeiverordnung gemäß einer Entscheidung des preußischen Oberverwaltungsgerichtes vom 16. Okt. 1924 (Preußisches Verwaltungsblatt, Bd. 46, S. 277) durch Polizeiverordnung weder einschränkend noch erweiternd geregelt werden. Es gelten vielmehr unabhängig von etwaigen Polizeiverordnungen für die Beschäftigung ausländischer Arbeitnehmer lediglich die allgemeinen reichs- und landesrechtlichen Gesetzesbestimmungen.

4. Polizeiliche Zuzugsgenehmigungen für ausländische Angestellte in nicht leitender Stellung. Ein Runderlaß des preußischen Ministers des Innern vom 14. April 1925, Nr. IV E 205 (RGBl. Nr. 24/1925, S. 261) bestimmt, daß ausländische Angestellte in nicht leitender Stellung, die zur Aufnahme von Arbeit in das preußische Staatsgebiet einreisen wollen, ebenso wie ausländische Arbeiter zur Erlangung eines Einreisesichtvermerkes stets einer Zuzugsgenehmigung der zuständigen Polizeibehörde bedürfen, auch wenn ein Aufenthalt von weniger als sechs Monaten beabsichtigt ist. Nach dem gleichen Erlasse soll jedoch in Abweichung von den für die Einreise ausländischer Arbeiter getroffenen Bestimmungen die Zuzugsgenehmigung an ausländische Angestellte in nicht leitender Stellung durch die für den Zielort zuständige Ortspolizeibehörde erteilt und in der Regel nicht von der Zustimmung des Landesamtes für Arbeitsvermittlung abhängig gemacht werden. Das Landesamt für Arbeitsvermittlung soll nur gutachtlich gehört werden, wenn auch die zuständige Ortspolizeibehörde in der Regel von dem Gutachten des Landesamtes für Arbeitsvermittlung nicht abweichen soll.

e) Wie weit kann unerwünschter Arbeitnehmerwechsel eingeschränkt werden?

1. Zulässigkeit von Verbandsklauseln zur Verhinderung eines Arbeiterwechsels. Es verstößt gemäß einem Urteile des Gewerbegerichtes Berlin, Kammer 10 (Gewerbe- und Kaufmannsgericht, 31. Jahrg., Nr. 1, S. 38), weder gegen die guten Sitten noch gegen irgendwelche gesetzlichen Bestimmungen, macht infolgedessen auch weder den Verband noch die beteiligten Arbeitgeber schadenersatzpflichtig, wenn durch Verbandsbestimmung zur Einschrän-

kung eines unerwünschten Arbeiterwechsels festgelegt wird, daß die Verbandsmitglieder Arbeitnehmer, die bei einem anderen Verbandsmitgliede beschäftigt waren, nur mit ausdrücklicher Zustimmung des bisherigen Arbeitgebers einstellen dürfen.

f) Welches Mitwirkungsrecht steht der Betriebsvertretung bei Einstellungen zu?

1. Einspruch der Betriebsvertretung auf Grund des § 82 des Betriebsrätegesetzes auch wegen Verstoßes gegen tarifvertragliche Einstellungsrichtlinien. Nach einem Urteile des Gewerbegerichtes Dresden, Eisenbahnfachkammer vom 24. 9. 1924 Nr. VIII BPR 122 (Neue Zeitschrift für Arbeitsrecht 1925, S. 609) können Betriebsvertretungen beim Arbeitsgericht auf Grund des § 82 des Betriebsrätegesetzes nicht nur bei Verstößen gegen Einstellungsrichtlinien, die sie selbst mit dem Arbeitgeber vereinbart hatten, sondern auch bei Verstößen gegen Einstellungsrichtlinien Einspruch erheben, die in einem für den Betrieb bestehenden Tarifvertrage festgelegt sind.

III. Arbeitsverträge und Kündigungsfristen.

A. Einschlägige Gesetzesbestimmungen.

1. Bürgerliches Gesetzbuch vom 18. August 1896 (RGBl. 1896 Seite 195), insbesondere dessen §§ 610—630 über den Dienstvertrag.
2. Handelsgesetzbuch vom 10. Mai 1897 (RGBl. Seite 219) insbesondere dessen §§ 59 ff., 83 und 511 ff.
3. Die Gewerbeordnung für das Deutsche Reich vom 26. Juli 1900, insbesondere dessen Titel VII.

B. Die wichtigsten Einzelfragen.

a) Wer trägt die Beweislast bei Streitigkeiten über Arbeitsbedingungen und Kündigungsfristen?

1.—2. siehe Band II, Seite 14.

b) Wie weit können Minderjährige Arbeitsverträge abschließen?

1. siehe Band II, Seite 15.

c) Welche Kündigungsfristen gelten im Einzelfalle?

1. **Rechtswirkung unzulässiger vertraglicher Abkürzung der Kündigungsfristen.** In den Fällen, in denen unter Verstoß gegen zwingende Gesetzesvorschriften, beispielsweise gegen die Vorschrift des § 67, Absatz 4, des Handelsgesetzbuches zwischen einem Arbeitnehmer und seinem Arbeitgeber eine kürzere als die gesetzlich zulässige Mindestkündigungsfrist vereinbart worden ist, gilt nach einem Urteile des Kaufmannsgerichtes Mannheim vom 13. März 1925 (Das Schlichtungswesen V 7, S. 88) nicht die gesetzlich normale, sondern die vom Gesetz zugelassene vertragliche Mindestkündigungsfrist, da nach der Urteilsbegründung solche Parteivereinbarungen dahin auszulegen sind, daß die Parteien die gesetzlich zulässige Mindestkündigungsfrist haben vereinbaren wollen. Wenn also beispielsweise mit einem Handlungsgehilfen entgegen der Bestimmung des § 67, Absatz 4, des Handelsgesetzbuches nur eine achttägige Kündigungsfrist vereinbart worden ist, so gilt nach der

vorerwähnten Entscheidung nicht die gesetzliche sechswöchige Kündigungsfrist zum Quartalschluß, sondern die einmonatige Kündigungsfrist als die von den Parteien gewollte geringst zulässige Kündigungsfrist.

2. Kein Verstoß gegen den § 67 des Handelsgesetzbuches, d. h. gegen die Vorschriften, daß die Kündigungsfristen für den Arbeitgeber und den Arbeitnehmer gleich sein müssen, liegt gemäß einem Urteile des Reichsgerichtes, Nr. III 379/13 (Arbeitsrecht 1925, S. 589) vor, wenn der Arbeitgeber sich in einem an sich auf längere Zeit fest abgeschlossenen Vertrage das Recht vorbehalten hat, den Vertrag mit der gesetzlichen Kündigungsfrist aufzukündigen, falls der Arbeitnehmer sich den ihm gestellten Aufgaben nicht gewachsen zeigen sollte oder falls er sich gewisser, im Vertrage besonders festgelegter Verstöße schuldig machen sollte.

3. Anwendbarkeit des § 133a der Gewerbeordnung. Die gesetzlichen Kündigungsvorschriften des § 133a der Gewerbeordnung finden gemäß Urteil des Landgerichtes Hanau vom 6. 5. 1925 (Magazin für Arbeitsrecht, Sozialpolitik und verwandte Gebiete 1925, Nr. 17, S. 187) nur auf solche technische Angestellte Anwendung, die sich kraft ihrer aufsichtführenden Stellung über die Tätigkeit anderer Angestellter des Betriebes erheben. Es gilt also nicht schon jeder Arbeitnehmer als Angestellter im Sinne des § 133a der Gewerbeordnung, dessen Tätigkeit eine gewisse engbegrenzte Aufsicht einschließt. Es kommt auch nicht auf die Bezeichnung, sondern ausschließlich auf die Tätigkeit des Angestellten an.

4. Der Vertrag mit einem Versicherungsagenten, durch welchen ein Betrieb dem Versicherungsagenten für einen bestimmten Zeitraum oder auf unbestimmte Zeit die Erledigung aller oder einzelner Gruppen von Versicherungsgeschäften überträgt, gilt gemäß einem Urteile des Reichsgerichtes vom 26. 5. 1925 (Recht 1925, S. 402) als Dienstvertrag zur Leistung von Diensten höherer Art im Sinne des BGB. Als Vergütung gilt dabei nach Ansicht des Reichsgerichtes schon die Zusicherung des Arbeitgebers, Versicherungsverträge lediglich durch Vermittlung des Versicherungsagenten abzuschließen, damit dem Versicherungsagenten bei jedem Neuabschlusse eines Versicherungsvertrages die Provision gesichert bleibt.

IV. Arbeitszeit und Arbeitspausen.

A. Einschlägige Gesetzesbestimmungen.

1. Anordnung über die Regelung der Arbeitszeit gewerblicher Arbeiter vom 23. November und 17. Dezember 1918 (RGBl. Seite 1334 und 1436).
2. Verordnung über die Regelung der Arbeitszeit der Angestellten während der Zeit der wirtschaftlichen Demobilmachung vom 18. März 1919 (RGBl. Seite 315).
3. Verordnung über die Arbeitszeit vom 21. Dezember 1923 (RGBl. I Seite 1249).
4. Verordnung über die Sonntagsruhe im Handelsgewerbe und in Apotheken vom 5. Februar 1919 (RGBl. Seite 176).
5. Gewerbeordnung für das Deutsche Reich vom 26. Juli 1900 (RGBl. Seite 871 ff.).
6. Verordnung über die Arbeitszeit in Kokereien und Hochofenwerken vom 20. 1. 1925 (RGBl. I Seite 5).
7. Verordnung über die Beschäftigung jugendlicher Arbeiter auf Steinkohlenbergwerken vom 24. 4. 1925 (RGBl. I Seite 51).
8. Verordnung über die Beschäftigung von Arbeiterinnen und jugendlichen Arbeitern in Walz- und Hammerwerken vom 28. 5. 1925 (RGBl. I Seite 82).

B. Die wichtigsten Einzelfragen.

a) Wann ist Arbeit über 8 Stunden täglich oder 48 Stunden wöchentlich hinaus zulässig?

1.—4. siehe Band I, Seite 13—15.

5.—7 » » II » 16—18.

8. Keine Nachwirkung der Arbeitszeitbestimmungen eines außer Kraft getretenen Tarifvertrages. Gemäß Urteil des Gewerbegerichtes Berlin, Kammer 11, Nr. 449/25 (Schlichtungswesen 1925, Nr. 7, S. 31) kann nach dem Außerkrafttreten eines Tarifvertrages aus Bestimmungen dieses Tarifvertrages ein Recht des Arbeitgebers auf Einhaltung der im Tarifvertrage vereinbarten längeren als achtstündigen Arbeitszeit gegenüber seinen Arbeitnehmern nicht mehr abgeleitet werden. Nach dem Außerkrafttreten eines Tarifvertrages ist vielmehr nach diesem Urteile des Gewerbegerichtes Berlin Überarbeit nur in den in der Arbeitszeitverordnung vorgesehenen Ausnahmefällen oder beim Vorliegen einer behördlichen Ausnahmegenehmigung zulässig, und es ist die fristlose Entlassung von Arbeitnehmern wegen Verweigerung der Leistung von Überarbeit nur zulässig, wenn der Arbeitgeber sich im Einzeldienstvertrage oder in der Arbeitsordnung ein Recht auf Mehrarbeit ausdrücklich gesichert hatte.

b) Wie weit dürfen Ausfallstunden nachgeholt werden?

1.—3. siehe Band I, Seite 15—16.
4. » » II, » 18.

c) Wie weit sind behördliche Überstundengenehmigungen möglich?

1.—3. siehe Band I, Seite 16—18.

d) Wie weit haben Betriebsvertretungsmitglieder bei Arbeitszeitverlängerung mitzuwirken?

1.—3. siehe Band I, Seite 18—19.

e) Wie weit können Arbeitszeitverlängerungen durch Betriebsvereinbarungen und Tarifverträge festgelegt werden?

1.—3. siehe Band I, Seite 19—20.
4.—5. » » II » 19.

f) Wie weit sind Arbeitnehmer zur Leistung von Überarbeit verpflichtet?

1.—5. siehe Band I, Seite 20—23.
6.—15. » » II, » 20—23.

16. Vertragliche Verpflichtung zur Leistung von Überstundenarbeit bei widerspruchsloser Auftragsannahme. Gemäß Urteil des Gewerbegerichtes Berlin vom 28. 5. 1925 (Nr. 630/25 K 11, Mitteilungen des Verbandes Berliner Metallindustrieller Nr. 7/1925, S. 102) sind Arbeitnehmer vertraglich zur Leistung von Überstundenarbeit verpflichtet, wenn sie einen Auftrag zur Erledigung von Überstundenarbeit widerspruchslos angenommen haben. Hat ein Arbeitnehmer bei der Beauftragung zur Leistung von Überstundenarbeit keinen Widerspruch erhoben, so kann er nach dem vorerwähnten Urteile fristlos entlassen werden, wenn er nach Beendigung der normalen Arbeitszeit die Arbeitstelle vor Erledigung der Überstundenarbeit verläßt, da es nach der Urteilsbegründung eine beharrliche Arbeitsverweigerung und ein unentschuldigtes Weggehen von der Arbeit im Sinne des § 123, Ziffer 3 der Gewerbeordnung darstellt, wenn ein Arbeitnehmer im letzten Augenblicke die Überstundenarbeit verweigert, obwohl der Arbeitgeber nach dem Verhalten des Arbeitnehmers bei der Auftragserteilung annehmen durfte, daß die Überstundenarbeit geleistet werden würde.

17. Bei Verweigerung der Leistung einseitig vom Arbeitgeber angeordneter Überarbeit steht dem Arbeitgeber gegenüber den die Leistung der Überarbeit verweigernden Arbeitnehmern gemäß den Urteilen des Amts- und Landgerichtes Zwickau vom 26. Juni und 22. Oktober 1924 (Gewerkschaftszeitung, Beilage Arbeiterrecht und Arbeiterversicherung 1925, S. 29) ein Recht der fristlosen Entlassung nicht zu. Eine Ausnahme gilt nur dann, wenn der Arbeitgeber sich im einschlägigen Tarif- oder Dienstvertrage bzw. in der Arbeitsordnung das Recht zur selbständigen Anordnung von Überarbeit im Rahmen der einschlägigen Arbeitszeitbestimmungen vorbehalten hat.

18. Verweigerung von Überstundenarbeit wegen Nichtgewährung von Überstundenzuschlägen. Nach einem in der Dresdener Volkszeitung Nr. 222 vom 23. 9. 1925 veröffentlichten Urteile des Gewerbegerichtes Dresden können Arbeitnehmer nicht deshalb fristlos entlassen werden, weil sie sich geweigert haben, Überstundenarbeit auf einseitige Anordnung des Arbeitgebers hin ohne besondere Überstundenvergütung zu leisten. Die befristete Kündigung aus einem solchen Anlaß stellt nach der gleichen Entscheidung eine unbillige Härte im Sinne der Ziffer 4 des § 84 des Betriebsrätegesetzes dar. Dagegen ist der Arbeitgeber nach der herrschenden Anschauung berechtigt, Arbeitnehmer wegen Verweigerung von Überstundenarbeit fristlos zu entlassen, wenn er sich ein Recht zur selbständigen Anordnung von Überstundenarbeit in dem Dienst- oder Tarifvertrag oder in der Arbeitsordnung vorbehalten hat, und wenn er bereit ist, die Überstundenarbeit in der vertraglich oder tariflich vorgesehenen Weise zu entlohnen.

19. Fristlose Entlassung wegen Verweigerung der Leistung von Überstundenarbeit, die der Arbeitgeber selbständig gegen den Willen der Betriebsvertretung oder der Gewerkschaft angeordnet hat, ist gemäß Urteil des Gewerbegerichtes Hamburg vom 30. 9. 1925 (Stichworte des Arbeitsrechtes 1925, Nr. 21) auch dann zulässig, wenn der einschlägige Tarifvertrag besagt, daß die Werksleitung Überstundenarbeit nur nach Anhörung der Betriebsvertretung oder der bezirklichen Organisation anordnen darf. Voraussetzung ist allerdings, daß der Arbeitgeber die Betriebsvertretung bzw. die Gewerkschaft in einem solchen Falle vor der Anordnung der Überstundenarbeit »gehört« hat.

(Siehe auch Nr. IV B a 8).

g) Welche Arbeitszeit haben die Betriebsangestellten einzuhalten?

1. siehe Band I, Seite 23.

2. **Anwendbarkeit der Verordnung über die Arbeitszeit in Kokereien und Hochofenwerken auf die Angestellten.** Nach einem Bescheid des Reichsarbeitsministers vom 11. 3. 1925 Nr. IIIB 1589/25 (RABl. 1925 Nr. 21, S. 239) finden die Vorschriften der Verordnung über die Arbeitszeit in Kokereien und Hochofenwerken auch auf Angestellte im Sinne des Titels VII der Gewerbeordnung, also insbesondere auch auf Werkmeister und Techniker Anwendung, sofern diese Angestellten während des überwiegenden Teiles des Tages im Gefahrenbereich der Öfen beschäftigt sind.

h) Wie weit sind Überstunden zu bezahlen?

1. siehe Band I, Seite 23—24.

2.—3. » » II, » 23.

4. **Überstundenzuschläge auch für Überarbeit gemäß § 8 der Arbeitszeitverordnung.** Wenn ein Tarifvertrag den Arbeitnehmern allgemein für Überstunden besondere Zuschläge zuspricht, so muß der Arbeitgeber nach einem Urteile des Landgerichtes Hamburg vom 15. 10. 1924, Nr. ZBf VI 590/24 (Der Proletarier vom 14. 3. 1925), diese Überstundenzuschläge auch für solche Überarbeit zahlen, die er auf Grund des § 3 der Arbeitszeitverordnung, d. h. an 30 beliebigen Tagen des Jahres bis zu 2 Stunden täglich angeordnet hat.

(Weitere Entscheidungen siehe Nr. V B h.)

i) Wie weit ist Nachtarbeit und Pausenverkürzung für jugendliche und weibliche Arbeitnehmer zulässig?

1.—2. siehe Band I, Seite 24—25.

k) Wie sind die Wechselschichten überzuleiten?

1.—2. siehe Band I, Seite 25.

3. **Keine tarifliche Abdingung der Vorschriften der Ziffer IV der Arbeitszeitverordnung betreffend die Wechselschicht.** Die Bestimmungen der Ziffer IV der Anordnung über die Regelung der Arbeitszeit gewerblicher Arbeiter vom 23. 11. bzw. 17. 12. 1918, welche bekanntlich besagen, daß in Betrieben, deren Natur eine Unterbrechung nicht gestattet, oder bei denen eine ununterbrochene Sonntagsarbeit zurzeit im öffentlichen Interesse nötig ist, zur Herbeiführung eines regelmäßigen wöchentlichen Schichtwechsels

männliche Arbeitnehmer über 16 Jahre innerhalb eines Zeitraumes von 3 Wochen einmal zu einer Arbeit von höchstens 16stündiger Dauer, einschließlich der Pausen, herangezogen werden dürfen, sofern ihnen in diesen drei Wochen zweimal eine ununterbrochene Ruhezeit von je 24 Stunden gewährt wird, können nach einem Bescheide des Reichsarbeitsministers vom 16. 5. 1925 Nr. IIIB 2147/25 (RABl. 21/1925, S. 240) nur durch behördliche Ausnahmegenehmigung und nicht schon durch Tarifvereinbarung zuungunsten der Arbeitnehmer abgeändert werden. Selbst wenn also ein Tarifvertrag eine für die Arbeitnehmer ungünstigere Regelung der Wechselschicht vorsieht, muß zu dieser tariflichen Regelung noch eine behördliche Ausnahmegenehmigung auf Grund der Ziffer VII Absatz 3 der Anordnung über die Arbeitszeit vom 23. 11. bzw. 17. 12. 1918 eingeholt werden.

l) Wie sind die Pausen festzulegen und zu bezahlen?

1.—2. siehe Band I, Seite 25—26.

3.—4. » » II, » 24—25.

5. Begriff der Arbeitsbereitschaft in den Pausen. Eine Entscheidung des Tarifausschusses für den Ruhrbergbau vom 23. Juni 1925 (Essener Anzeiger, Nr. 145/1925) umschreibt den Begriff der Arbeitsbereitschaft während der Pausen im Sinne der Tarifvereinbarungen beim Fehlen ausdrücklicher gegenteiliger Vereinbarungen wie folgt:

»Unter Arbeitsbereitschaft in den Pausen ist zu verstehen, daß der Arbeiter während seiner Pausen im Betrieb bleiben muß, um im Bedürfnisfalle, mit Unterbrechung seiner Pause, jederzeit die Arbeit wieder aufnehmen zu können. Während der Pause muß der Arbeiter von jeder Tätigkeit entbunden sein. Darunter fällt vor allem auch besondere Kontrolltätigkeit, dagegen nicht die allgemeine Beobachtung und Aufmerksamkeit.

In den durchgehenden Tagesbetrieben besteht ein Anspruch des Arbeiters auf zeitlich festumgrenzte Pausen nicht, sofern sich aus der Natur des Betriebes Arbeitsunterbrechungen in der Gesamtdauer von mindestens 2 Stunden ergeben, in denen er von jeder Tätigkeit befreit ist.

Sind in derartigen Betrieben mehrere Arbeitnehmer mit der Wahrnehmung etwa gleichartigen Tätigkeit beschäftigt, so ist eine gegenseitige Vertretung derart durchzuführen, daß für den einzelnen um die Zeit der im sonstigen Tagesbetrieb üblichen Pausen Arbeitsunterbrechungen von insgesamt 2 Stunden Dauer erzielt werden, innerhalb deren er seine Aufmerksamkeit von seiner dienstlichen Tätigkeit ablenken und auf seine Erholung bedacht sein darf. Ein Verlassen der Arbeitstelle ist jedoch auch für die in dieser Weise Vertretenen unzulässig, damit der Vertretene jederzeit auf Anruf oder Signal seines Vertreters einzuspringen in der Lage ist.«

m) Wie sind die Arbeitstunden bei Kurzarbeit zu verteilen und zu bezahlen?

1.—2. siehe Band I, Seite 26.

3. » » II, » 25.

4. **Keine Überschreitung des Achtstundentages bei Arbeitsstreckung.** Im Gegensatz zu der wohl als herrschend anzusehenden und auch vom Reichsarbeitsministerium geteilten Meinung entschied ein Urteil des Landgerichtes Leipzig vom 27. Februar 1925, Nr. 4 D g 527/24 (Deutsche Arbeitgeberkartothek, Karte Rechtsprechung LVII, Nr. 120), daß der Arbeitgeber mangels ausdrücklicher gegenteiliger behördlicher Ausnahmegenehmigung oder tariflicher Vereinbarung nicht befugt ist, bei Arbeitstreckung an einzelnen Tagen der Woche länger als 8 Stunden arbeiten zu lassen, auch wenn bei ungestreckter Arbeit Mehrarbeit über 8 Stunden täglich oder 48 Stunden wöchentlich und insbesondere Mehrarbeit an einzelnen Tagen der Woche zwecks Einholung von Ausfallstunden an anderen Wochentagen tariflich zulässig ist.

n) Wie ist der Berufsschulunterricht zu legen und zu beachten?

1. siehe Band I, Seite 27.

2.—4. siehe Band II, Seite 25—26.

5. **Ausdehnung der Fortbildungsschulpflicht.** Gemäß Urteil des Kammergerichtes vom 3. 2. 1925, Nr. 1, S. 225, kann die im § 120 der Gewerbeordnung nur für gewerbliche Arbeiter und Handlungslehrlinge festgelegte Fortbildungsschulpflicht durch Landesgesetze und örtliche oder bezirkliche Satzungen auch auf alle übrigen jugendlichen Arbeitnehmer unter 18 Jahren ausgedehnt werden. (Tageszeitung für Brauerei 1925, Nr. 262, S. 1355.)

6. **Keine Fortbildungsschulpflicht nach Vollendung des 18. Lebensjahres.** Gemäß einer im Wäscherei-Zentralblatt Nr. 30, 1925, ohne Nummer veröffentlichten Entscheidung des Kammergerichtes können Lehrlinge über 18 Jahre bzw. deren Arbeitgeber auch dann nicht wegen Fehlens im Fortbildungsschulunterrichte bestraft werden, wenn die zuständige Handwerkskammer in einem Ortsstatut auch unter gewissen Umständen über 18 Jahre alte Lehrlinge zum Besuche der Fortbildungsschule verpflichtet. Nach der Urteilsbegründung können Ortsstatute von Handwerkskammern Lehrlinge über 18 Jahre nicht zum Fortbildungsschulunterricht verpflichten, da der § 120 der Gewerbeordnung die Fortbildungsschulpflicht nur für solche Lehrlinge vorsieht, die das 18. Lebensjahr noch nicht vollendet haben.

7. **Die Pflicht des Arbeitgebers zur Überwachung des regelmäßigen Fortbildungsschulunterrichtes** seitens der beschäftigten

jugendlichen Arbeitnehmer und Lehrlinge kann der Arbeitgeber gemäß einem Urteile des Kammergerichtes vom 6. Januar 1925 (Arbeitsrecht 1925, S. 116) einem vertrauenswürdigen Angestellten übertragen. In diesem Falle kann nur der beauftragte Angestellte und nicht der Arbeitgeber selbst bestraft werden, weil man es unterlassen hat, die Lehrlinge und jugendlichen Arbeitnehmer zum regelmäßigen und pünktlichen Besuche des Fortbildungsschulunterrichtes anzuhalten.

o) Was muß die Arbeitsordnung über die Arbeitszeit besagen?

1. siehe Band I, Seite 27.

p) Wie weit sind landesrechtliche Ausführungsbestimmungen zulässig?

1. siehe Band I, Seite 28.

q) Wie weit ist Arbeit an Sonn- und Feiertagen zulässig?

1. siehe Band I, Seite 28.
2. » » II, » 26.

r) Wie weit sind Überstundenverzeichnisse zu führen?

1. siehe Band I, Seite 28.

s) Wann liegt strafbare Übertretung der Arbeitszeitbestimmungen vor?

1. siehe Band II, Seite 27.

(Weitere Entscheidungen siehe unter Nr. IV Ba).)

t) Welche Ergebnisse zeitigte die Arbeitszeitstatistik?

1.—2. siehe Band I, Seite 29—31.

V. Arbeitslohn und Gewinnbeteiligung.

A. Einschlägige Gesetzesbestimmungen.

1.—3. Die unter Nr. III A aufgeführten Gesetze.

4. Die Verordnung über Tarifverträge, Arbeiter- und Angestellten-Ausschüsse und Schlichtung von Arbeitsstreitigkeiten vom 23. Dezember 1918 (RGBl. S. 1457).
5. Aufwertungsgesetz vom 16. Juli 1925 (RGBl. I S. 117) nebst den dazu ergangenen, unter Abschnitt C 122 angeführten Änderungs- und Ausführungsbestimmungen.
6. Verordnung über die Einrichtung und das Verfahren der Aufwertungsstellen vom 21. Juli 1925 (RGBl. I S. 154) nebst Abänderungsverordnung vom 27. November 1925 (RGBl. I S. 392).

B. Die wichtigsten Einzelfragen.

a) Wie entwickelten sich die Löhne und Gehälter im letzten Halbjahr?

1.—6. siehe Band I, Seite 32—38.
7. » » II, » 28—29.

b) Wie weit darf der Lohn wegen zu geringer Arbeitsleistung und wegen Ausschußarbeit herabgesetzt werden?

1. siehe Band I, Seite 38.
2.—8. siehe Band II, Seite 29.

c) Wann sind einseitige Lohnherabsetzungen wirksam?

1. siehe Band I, Seite 38—39.

d) Wie weit sind erzwungene Lohnzusagen verbindlich?

1. siehe Band I, Seite 39.
(Weitere Entscheidungen siehe unter XXI B o.)

e) Wie weit sind Löhne bei Arbeitsbehinderung und Arbeitsunmöglichkeit zu zahlen?

1.—4. siehe Band I, Seite 39—41.

5.—6. » » II, » 30.

7. Keinen Anspruch auf Vergütung der durch den Fortbildungsschulunterricht versäumten Arbeitszeit haben jugendliche Arbeitnehmer und Lehrlinge gemäß einem Urteile des Gewerbegerichtes Dresden vom 24. Februar 1924 (Schlichtungswesen 1925, S. 36), wenn entweder die einschlägige Arbeitsordnung oder der in Frage kommende Dienst- oder Tarifvertrag einen solchen Anspruch ausdrücklich ausschließt, oder wenn die durch den Fortbildungsschulunterricht versäumte Arbeitszeit verhältnismäßig erheblich ist.

8. Abdingbarkeit des § 63 Absatz 1 des Handelsgesetzbuches. In der viel umstrittenen Frage, ob die Bestimmung des § 63 Absatz 1 des Handelsgesetzbuches durch Vertrag zwischen dem Arbeitgeber und dem einzelnen Handlungsgehilfen in rechtswirksamer Weise abgedungen werden kann, stellte sich auch ein in den Mitteilungen des deutschen Industrieschutzverbandes 1925, Nr. 88, S. 5 veröffentlichtes Urteil des Kaufmannsgerichtes Leipzig auf den Standpunkt, daß eine Abdingung dieser Gesetzesbestimmung nicht gegen ein gesetzliches Verbot oder gegen die guten Sitten verstößt, sondern zulässig ist. Im Gegensatz zum Absatz 1 des § 63 des Handelsgesetzbuches kann also vereinbart werden, daß Handlungsgehilfen im Falle ihrer Erkrankung die Fortzahlung des Gehaltes überhaupt nicht oder nur für eine kürzere Zeit als sechs Wochen verlangen können. Dagegen kann in den Fällen, in denen der Absatz 1 des § 63 des Handelsgesetzbuches nicht abgedungen ist, nicht rechtsgültig vereinbart werden, daß auf die vom Arbeitgeber weiter zu zahlende Vergütung die Bezüge aus der gesetzlichen Krankenversicherung anzurechnen sind.

9. Fortzahlung des Lohnes in Erkrankungsfällen. Mangels gegenteiliger ausdrücklicher Vereinbarung muß der Arbeitgeber bekanntlich gemäß § 616 BGB. in Erkrankungsfällen dem Arbeitnehmer Lohn und Gehalt weiterzahlen, sofern die durch Krankheit versäumte Arbeitszeit »verhältnismäßig unerheblich« ist. Während die herrschende Ansicht in Literatur und Rechtsprechung den Begriff der Unerheblichkeit sehr einengend auslegt, entschied das Gewerbegericht Dresden mit Urteil vom 5. 5. 1925, daß eine Krankheitsdauer von 4 Wochen noch als »verhältnismäßig unerheblich« anzusehen ist, wenn der Arbeiter bereits seit 12 Jahren im Dienste des betreffenden Arbeitgebers gestanden hat.

10. Abdingung der §§ 615 und 616 BGB. nur durch ausdrückliche klare Vertragsbestimmungen. Nach einem Urteile des Landgerichtes Gera vom 8. 4. 1925 Nr. A Z 25/159/24 sind die §§ 615 und 616 BGB. zwar abdingbar, die Abdingung ist jedoch nur dann rechtswirksam, wenn sie in einer klaren unzweideutigen Form erfolgt. Wenn demgegenüber auch die herrschende Ansicht auf dem Standpunkte steht, daß die §§ 615 und 616 BGB. schon dann als abgedungen gelten, wenn der Tarif- oder Einzelvertrag oder die Arbeitsordnung besagt, daß nur die Zeit bezahlt wird, während der wirklich gearbeitet wird und gearbeitet werden kann, so empfiehlt es sich doch, vorsorglich in den Arbeitsordnungen, den Tarifverträgen und Einzelverträgen ausdrücklich festzulegen, daß in Abweichung von den Bestimmungen der §§ 615 und 616 BGB. in den Fällen der Arbeitsbehinderung Lohn oder Gehalt überhaupt nicht oder nur in den näher zu bezeichnenden Ausnahmefällen gezahlt wird, falls man es nicht bei den allgemeinen Bestimmungen der §§ 615 und 616 BGB. sein Bewenden haben lassen will.

(Weitere Entscheidungen siehe unter Nr. XI d und e.)

f) Wie weit sind Löhne, Ruhegehälter usw. aufzuwerten?

1.—4. siehe Band I, Seite 41—42.

5.—14. » » II, » 31—33.

15. Keine Aufwertungsansprüche auf Grund von Lohn- und Gehaltzahlungen während der Inflationszeit in Papiermark. Nach einem Urteile des Kaufmannsgerichtes Berlin, Kammer 7, vom 30. 6. 1925 (Gewerbe- und Kaufmannsgericht 1925, Nr. 12, S. 546) steht Arbeitnehmern, die während der Inflationszeit die jeweils für den Betrieb tariflich oder vertraglich geltenden Lohn- und Gehaltssätze in Papiermark widerspruchslos oder ohne ausdrücklichen Aufwertungsvorbehalt angenommen haben, auch dann kein Recht zu, nachträglich eine entsprechende Aufwertung zu verlangen, wenn der Goldmarkwert der einzelnen Papiermarkzahlungen wesentlich hinter den Friedensgoldmarkbezügen zurückgeblieben ist. Das Kaufmannsgericht Berlin verneint solche Aufwertungsansprüche auch für solche Fälle, in denen der Arbeitgeber für seine Waren dauernd die vollen Friedensgoldmarkpreise erhalten hat und begründet seinen Standpunkt damit, daß einmal in der widerspruchslosen Annahme der Papiermarkbeträge ein Verzicht auf etwaige Mehransprüche liegt, und daß zum andern während der Inflationszeit der Inlandskaufwert der Papiermark zeitweise bedeutend höher lag als der jeweilige Goldmarkwert der betreffenden Papiermarkbeträge.

16. Auch freiwillige Pensions- und Rentenzusagen gelten nicht als Schenkungen bzw. Schenkungsversprechen gemäß einem Urteile des Reichsgerichtes, Nr. IV 284/14, sofern die Rente oder der Pensionsanspruch mit Rücksicht auf die Dienstleistungen eines zur Entlassung kommenden Arbeitnehmers gewährt wird. Dementsprechend sind Zusagen von Renten- und Pensionsansprüchen auch dann rechtswirksam und unwiderruflich, wenn sie nicht notariell oder gerichtlich beurkundet worden sind. Dies gilt insbesondere dann, wenn dem Pensions- oder Rentenempfänger die Verpflichtung auferlegt ist, auch nach seinem Ausscheiden aus den Diensten dauernd Stillschweigen über die Fabrikationsgeheimnisse zu bewahren.

g) Wann sind Gratifikationen, Tantiemen, Provisionen usw. zu zahlen?

1. siehe Band I, Seite 42—43.

2.—6. » » II, » 33—34.

7. **Zulässigkeit der Anstellung nur gegen Gewinn.** Nach einem Urteile des Reichsgerichtes, Nr. III 247/13 (Arbeitsrecht 1925, S. 590), verstößt die Anstellung eines Arbeitnehmers lediglich gegen Gewinn nur dann gegen die guten Sitten, wenn besondere Umstände einen Verstoß gegen die guten Sitten begründen. Ein solcher Verstoß liegt nach Ansicht des Reichsgerichtes beispielsweise dann vor, wenn der Anstellungsvertrag nicht nur eine Beteiligung am Gewinn, sondern gleichzeitig auch am Verluste vorsieht, oder wenn bei Abschluß des Vertrages mit Sicherheit anzunehmen ist, daß eine Gewinnerzielung vollständig ausgeschlossen ist. Dagegen ist es nach Ansicht des Reichsgerichtes im allgemeinen zulässig, Abteilungsleiter ausschließlich gegen Gewinn anzustellen, wenn der Abteilungsleiter es in der Hand hat, durch entsprechende Leitung seiner Abteilung einen angemessenen Gewinn und damit auch ein ausreichendes Einkommen zu erzielen.

8. **Auch nicht genau bezifferte Tantiemeversprechungen und Gratifikationszusagen** sind gemäß einem Urteile des Reichsgerichtes, Nr. III/200/20 (Arbeitsrecht 1925, Nr. 591), rechtswirksam. Ist bei der Zusage einer Tantieme oder einer Gratifikation die Höhe der zu zahlenden Beträge nicht genau festgelegt, so ist nach Ansicht des Reichsgerichtes gemäß § 59 des Handelsgesetzbuches die ortsübliche bzw. eine angemessene Tantieme oder Gratifikation zu zahlen.

9. **Kein gewohnheitsrechtlicher Anspruch auf Gratifikation.** Nach den Entscheidungen des Gewerbegerichtes Nürnberg vom 17. 3. 1924, Nr. 157/1924, und des Landgerichtes Nürnberg vom 27. 5. 1925 (Schlichtungswesen 1925, S. 151) können Arbeitnehmer eine Gratifikation für das laufende Jahr nur auf Grund ausdrücklicher tariflicher oder vertraglicher Vereinbarung und nicht schon deshalb verlangen, weil sie in den Vorjahren regelmäßig eine Gratifikation erhalten haben.

10. **Der Anspruch auf vertraglich oder tariflich vereinbarte Gratifikation für die rückliegende Zeit** bleibt gemäß einem Urteile des Reichsgerichtes, Nr. III/81/19 (Arbeitsrecht 1925, S. 596), mangels gegenteiliger ausdrücklicher Vereinbarung auch dann bestehen, wenn der Arbeitnehmer aus wichtigem Grunde entlassen wird.

11. **Provisionsansprüche von Bezirksagenten für Geschäfte außerhalb ihres Vertretungsbezirkes.** Nach einem Urteile des Ober-

landesgerichtes Düsseldorf vom 12. 3. 1925, Nr. 4 U 25/25 (Jur Wochenschr. 1925, S. 1890), **kann ein Bezirksagent, sofern im Einzelfalle nicht ausdrücklich etwas Gegenteiliges vereinbart worden ist**, die Zahlung einer angemessenen **Provision auch für** solche Geschäfte verlangen, die er für die von ihm **vertretene** Firma außerhalb seines eigentlichen Vertretungsbezirkes mit Einwilligung seines Geschäftsherrn vermittelt hat. Nur ist der Arbeitgeber in solchen Fällen berechtigt, die an sich angemessene Provision entsprechend zu kürzen, wenn er für das betreffende Geschäft auch einem anderen Bezirksagenten Provision zahlen muß, weil das Geschäft in dessen Bezirk zustandegekommen ist und wenn infolge der doppelten Provisionszahlungen das Geschäft für ihn verlustbringend werden würde.

h) Wie weit sind Überstunden und Sonntagsarbeitszulagen zu bezahlen?

1. siehe Band I, Seite 43.

(Weitere Entscheidungen siehe unter Nr. IV B h, l, m.)

i) Welche Sonderregeln gelten für Akkordarbeit?

1.—3. siehe Band II, Seite 34—35.

4. **Bezahlung nach Leistung auch bei Lehrlingen.** Bestimmt ein Tarifvertrag, daß lediglich die geleistete Akkordarbeit bezahlt wird, auch wenn infolge zu geringer Leistung das Akkordverdienst hinter dem tariflichen Mindestlohne zurückbleibt, so findet diese Bestimmung gemäß einem Urteile des Gewerbegerichtes Hamburg vom 1. 9. 1924 auch Anwendung auf Lehrlinge, welche mit ihrem Einverständnisse an Gruppenakkorden beteiligt werden. Dementsprechend können auch solche Lehrlinge nach Beteiligung am Gruppenakkord nur den auf sie entfallenden Akkordanteil verlangen, selbst wenn diese Akkordbeteiligung hinter der tariflichen Stundenvergütung für die betreffenden Lehrlinge zurückbleibt.

k) Welche Folgen hat unpünktliche Lohn- oder Gehaltszahlung?

1. siehe Band II, Seite 35.

VI. Lohnpfändung und Steuerabzüge.

A. Die einschlägigen Gesetzesbestimmungen.

1. Das Gesetz betr. die Beschlagnahme des Arbeits- oder Dienstlohnes vom 21. Juni 1869 (RGBl. S. 242) nebst den dazu ergangenen Ausführungs- und Abänderungsbestimmungen vom 29. März 1897 (RGBl. 159) vom 17. Mai 1896 (RGBl. S. 332), vom 13. Dezember 1917 (RGBl. S. 1102).
2. Verordnung über Lohnpfändung vom 25. Juni 1919 (RGBl. S. 258) mit den Abänderungen vom 10. August 1920 (RGBl. S. 1572) und vom 23. Dezember 1891 (RGBl. S. 1667) und vom 7. Januar 1924.
3. Gesetz betr. die Pfändbarkeit von Gehaltsansprüchen vom 23. Dezember 1921 (RGBl. 1657).
4. Das Einkommensteuergesetz vom 29. März 1920 (RGBl. S. 359) nebst den dazu ergangenen Abänderungs- und Ausführungsbestimmungen, insbesondere den zahlreichen Bestimmungen über den Steuerabzug.
5. Das Steuerüberleitungsgesetz vom 29. Mai 1925 (RGBl. I Seite 75).
6. Einkommensteuergesetz vom 10. August 1925 (RGBl. I Seite 189).
7. Gesetz über Beschränkung der Einnahmen aus der Lohnsteuer vom 3. September 1925 (RGBl. I S. 331).
8. Gesetz über die Senkung der Lohnsteuer vom 19. Dez. 1925 (RGBl. I S. 469).

B. Die wichtigsten Einzelfragen.

a) Wie weit sind die Löhne und Gehälter unpfändbar?

1.—4. siehe Band I, Seite 44—46.

5.—6. » » II, » 36.

7. Anfechtbarkeit von Abreden zur Umgehung der Pfändbarkeit von Lohn- und Gehaltsteilen. Nach einem Urteile des Kammergerichtes vom 1. 5. 1925 Nr. 8 U 1833/25 und einem Urteile des Landgerichtes I Berlin vom 23. 5. 1925 Nr. 16 O 326/24 (Juristische Wochenschrift 1925, S. 1889) **verstößt es gegen Treu und Glauben,** wenn jemand sich seinen Unterhaltsverpflichtungen anderen gegenüber dadurch entzieht, daß er seine Vermögenswerte und insbesondere sein Geschäft einem Verwandten oder Bekannten überträgt, formell in dessen Dienste tritt und als Vergütung für seine Tätigkeit lediglich freie Station und freie Bekleidung vereinbart. In einem solchen Falle können die unterhaltsberechtigten Angehörigen nach den vorerwähnten Entscheidungen nicht nur die betreffenden Rechtsgeschäfte auf Grund des § 3 des Anfechtungsgesetzes anfechten, sondern sie können auch sowohl den Unterhaltspflichtigen als auch denjenigen, mit dem er die betreffenden Vereinbarungen getroffen hat, auf Grund des § 826 des Bürgerlichen Gesetzbuches im Wege der Schadenersatzklage zum Ersatze derjenigen Schäden anhalten, die ihnen durch das Vorgehen entstanden sind.

8. Berechnung der unpfändbaren Lohn- und Gehaltsteile. Bekanntlich sind die der Pfändung nicht unterworfenen Lohn- und Gehaltsteile einmal nach der Höhe des Gesamteinkommens und zum anderen nach der Zahl der vom Arbeitnehmer zu unterhaltenden Familienangehörigen gestaffelt. Dabei gilt als Grundsatz, daß zunächst in jedem Falle M. 30 des wöchentlichen Arbeitsverdienstes unpfändbar sind. Von dem Mehrbetrage des wöchentlichen Arbeitseinkommens ist ferner $^1/_3$ zugunsten des Arbeitnehmers selbst und außerdem für jeden unterhaltsberechtigten Angehörigen $^1/_6$ bis zu höchstens einem weiteren Drittel unpfändbar. Soweit aber das wöchentliche Gesamtarbeitseinkommen den Betrag von M. 100 übersteigt, ist nur das auf den Schuldner selbst entfallende Drittel des Mehrverdienstes über M. 100, dagegen nicht auch ein weiterer Teil des Überverdienstes über M. 100 zugunsten der Angehörigen unpfändbar. Um im einzelnen die Errechnung des pfandfreien Lohn- und Gehaltsbetrages in der Praxis zu erleichtern, hat Herschel in der Zeitschrift »Das Arbeitsrecht« 1925, Heft 10 folgende Formeln errechnet und aufgestellt, welche eine wesentliche Erleichterung für die Praxis darstellen:

(x = unpfändbarer Lohn- und Gehaltsteil; L = Wochenarbeitsverdienst.)

I. Wochenlohn unter M. 100.

a) Alleinstehender Arbeitnehmer:

$$x = 30 + \frac{L - 30}{3}$$

$$3x = 90 + L - 30$$

$$3x = L + 60$$

$$x = \frac{L + 60}{3}.$$

b) Arbeitnehmer mit 1 unterhaltsberechtigten Person:

$$x = 30 + \frac{L - 30}{3} + \frac{L - 30}{6}$$
$$6x = 180 + 2L - 60 + L - 30$$
$$6x = 3L + 90$$
$$x = \frac{L + 30}{2}.$$

c) Arbeitnehmer mit mehreren unterhaltsberechtigten Personen:

$$x = 30 + \frac{L - 30}{3} + \frac{L - 30}{3}$$
$$3x = 90 + 2L - 60$$
$$3x = 2L + 30$$
$$x = \frac{2L + 30}{3}.$$

II. Wochenlohn über M. 100.

a) Alleinstehender Arbeitnehmer. Wie zu I a).

b) Arbeitnehmer mit 1 unterhaltsberechtigten Person:

$$x = 30 + \frac{L - 30}{3} + \frac{100 - 30}{6}$$
$$6x = 2L + 190$$
$$x = \frac{L + 95}{3}.$$

c) Arbeitnehmer mit mehreren unterhaltsberechtigten Personen:

$$x = 30 + \frac{L - 30}{3} + \frac{100 - 30}{3}$$
$$3x = L + 130$$
$$x = \frac{L + 130}{3}.$$

b) Wie weit darf der Arbeitgeber gegen Lohn- und Gehaltsforderungen aufrechnen oder ein Zurückbehaltungsrecht geltend machen?

1.—2. siehe Band I, Seite 46.

3.—7. » » II, » 37—38.

8. Aufrechnung auch gegen unpfändbare Lohn- und Gehaltsteile. Gestützt auf die Entscheidung des Reichsgerichtes, Bd. 85, S. 115ff., entschied das Gewerbegericht Forst (Lausitz) mit Urteil vom 27. 5. 1925 Nr. 50/1925, daß der Arbeitgeber ausnahmsweise auch gegen unpfändbare Lohn- und Gehaltsteile aufrechnen kann, sofern und soweit seine Gegenforderungen auf strafbaren Handlungen des Arbeitnehmers beruhen.

9. Kürzung auch der unpfändbaren Lohn- und Gehaltsteile um Schadenersatzansprüche. Nach einem Urteile des Reichsgerichtes in Bd. 83, S. 279 der Sammlung der Reichsgerichtsentscheidungen in Zivilsachen ist der Arbeitgeber berechtigt, die Lohn- und Gehaltsforderungen seiner Arbeitnehmer selbständig ohne Rücksicht auf ihre Pfändbarkeit um solche Beträge zu kürzen, die ihm als Schadenersatzforderungen wegen vorsätzlicher Vertragsverletzung oder anderweitiger Handlung des Arbeitnehmers zustehen. Nach der Urteilsbegründung würde es dem Wesen und der Bedeutung des Schadenersatzes wegen Nichterfüllung bei gegenseitigen Verträgen widersprechen, wenn der Arbeitnehmer für seine Leistung die volle Vergütung verlangen könnte, obwohl er dem Arbeitgeber wegen schuldhaften Verhaltens aus demselben Vertragsverhältnis Schadenersatz zu leisten verpflichtet ist. Es handelt sich in solchen Fällen nach Ansicht des Reichsgerichtes auch nicht etwa um eine gesetzlich verbotene Aufrechnung, sondern nur um eine Kürzung der Lohn- oder Gehaltsforderung des Arbeitnehmers auf Grund desselben Vertragsverhältnisses, der rechtliche Hindernisse nicht im Wege stehen.

10. Aufrechnung von Schadenersatzforderungen des Arbeitgebers gegen unpfändbare Lohn- und Gehaltsteile. In Übereinstimmung mit dem Urteile des Reichsgerichtes in der Sammlung der Reichsgerichtsentscheidungen Bd. 85, S. 108, entschied das Gewerbegericht Werdau mit Urteil vom 3. 6. 1925 Nr. GS 36/25, daß der Arbeitgeber berechtigt ist, Schadenersatzforderungen, die auf unsachgemäßer Arbeitsleistung oder Behandlung von Arbeitsgeräten beruhen, auch gegen an sich unpfändbare Lohn- und Gehaltsteile aufzurechnen. Dabei ist es nach der Urteilsbegründung gleichgültig, ob der Schaden vom Arbeitnehmer vorsätzlich oder nur fahrlässig herbeigeführt worden ist.

11. Ein Zurückbehaltungsrecht an fälligen Lohn- oder Gehaltsbeträgen kann nach einem Urteile des Landgerichtes Berlin (veröffentlicht ohne Datum unter Nr. 256 der Stichworte des Arbeitsrechtes 1925, Nr. 13) nicht ausgeübt werden, soweit die betreffenden Lohn- oder Gehaltsbeträge unpfändbar sind, da nach der Urteilsbegründung eine Zurückbehaltung von unpfändbaren Lohn- oder Gehaltsteilen einer gesetzlich unzulässigen Pfändung bzw. Aufrechnung praktisch gleichkommen würde.

12. Keine Aufhebung des gesetzlichen Aufrechnungsverbotes durch die Arbeitsordnung. Gemäß einem Urteile des Landgerichtes I Berlin vom 26. März 1925, Nr. 23, S. 198/24 (Arbeiterrecht und Arbeiterversicherung 1925, Nr. 7, S. 53) sind Bestimmungen einer Arbeitsordnung insoweit rechtsunwirksam, als sie mit den gesetzlichen Lohnpfändungsbestimmungen in Widerspruch stehen. Dementsprechend sind nach Ansicht des Landgerichtes I Berlin insbesondere solche Bestimmungen einer Arbeitsordnung ungültig, die dem Arbeitgeber ein Recht der Aufrechnung bzw. der Zurückbehaltung gegenüber an sich unpfändbaren Lohn- und Gehaltsteilen zusprechen.

c) Wie ist der Steuerabzug vom Arbeitslohn zu berechnen und durchzuführen?

1.—7. siehe Band I, Seite 46—49.

8.—21. » » II, » 38—44.

22. Der Steuerabzug vom Arbeitslohn für die Zeit vom 1. 10. bis 31. 12. 1925 ist nach folgenden Grundsätzen durchzuführen:

A. Steuerfreie Lohnbeträge.

Der bisherige steuerfreie Lohnbetrag von RM. 960 jährlich (RM. 80 monatlich) wurde in drei Teile zerlegt, und zwar:

1. in den steuerfreien Lohnbetrag im engeren Sinne von RM. 600 jährlich (RM. 50 monatlich),
2. in den Pauschbetrag für Werbungskosten (notwendige Ausgaben des Arbeitnehmers durch Fahrten zwischen Wohnung und Arbeitsstätte, Aufwendungen für Werkzeuge und Berufskleidung) von RM. 180 jährlich (RM. 15 monatlich),
3. in den Pauschbetrag für Sonderleistungen (Beiträge zur Kranken-, Unfall-, Angestellten-, Invaliden-, Erwerbslosenversicherung, Beiträge zu Witwen-, Waisen-, Pensions- und Sterbekassen, Lebensversicherungsprämien, Ausgaben für Fortbildung in dem Beruf, den der Steuerpflichtige ausübt, Kirchensteuern, Beiträge zu den öffentlich-rechtlichen Berufs- und Wirtschaftsvertretungen usw.) von RM. 180 jährlich (RM. 15 monatlich).

II. Es bleiben demnach bei jeder Lohnzahlung, die für eine nach dem 30. September 1925 erfolgende Dienstleistung bewirkt wird, folgende Beträge vom Steuerabzug frei (steuerfreie Lohnbeträge):

bei Lohn-(Gehalts-)Zahlung		a	b	c
1. für volle Monate	RM.	50,—	15,—	15,—
2. für volle Wochen	»	12,—	3,60	3,60
3. für volle Arbeitstage	»	2,—	—,60	—,60
4. für je 2 angefangene oder volle Std..	»	—,50	—,15	—,15

(a = eigentlicher steuerfreier Lohnbetrag, b = Pauschsatz für Werbekosten, c = Pauschsatz für Sonderleistungen.)

Es kommt lediglich darauf an, daß der Lohn für eine nach dem 30. September 1925 erfolgte Dienstleistung gewährt wird, nicht auf den Zahltag.

B. Familienermäßigungen.

I. Außer den oben bezeichneten Beträgen bleiben für die zur Haushaltung des Arbeitnehmers zählende Ehefrau und für jedes zu seiner Haushaltung zählende minderjährige Kind weitere Beträge vom Steuerabzug frei (Familienermäßigung).

II. Für die Berechnung der Familienermäßigungen bestehen zwei Systeme,

(S. 1) das der festen Abzüge,
(S. 2) das der prozentualen Ermäßigungen.

Nach S. 1 kommen folgende Abzüge (a = bei Lohnzahlung für volle Monate, b = für volle Wochen, c = für volle Arbeitstage, d = für je 2 angefangene oder volle Arbeitsstunden) in Anrechnung:

		a	b	c	d
für die Ehefrau	RM.	10,—	2,40	—,40	—,10
» das erste Kind	»	10,—	2,40	—,40	—,10
» das zweite Kind	»	20,—	4,80	—,80	—,20
» das dritte Kind	»	40,—	9,60	1,60	—,40
» das vierte und jedes folgende Kind	»	50,—	12,—	2,—	—,50

Nach S. 2 beträgt die Familienermäßigung für die Ehefrau und für jedes Kind je 10 vH des Bruttoarbeitslohnes (Gehalts), der über die nach Abschnitt A steuerfreien Beträge hinausgeht.

Sowohl bei S. 1 wie bei S. 2 kommen nur die zur Haushaltung des Arbeitnehmers zählende Ehefrau und die minderjährigen Kinder in Betracht.

Weist der Arbeitnehmer nach, daß die Zahl der Personen, für die der Abzug vom Arbeitslohn sich ermäßigt, größer ist, als auf der Steuerkarte angegeben, so hat die Gemeindebehörde auf seinen Antrag die Tatsache auf der Steuerkarte zu vermerken. In diesem Falle tritt die Ermäßigung für die hinzugekommene Person bei der ersten Lohnzahlung, bei der die veränderte Steuerkarte vorgelegt wird (also nicht früher!) in Kraft (§ 72 Eink.St.Ges.).

III. Ob im einzelnen Falle das eine oder andere System anzuwenden ist, richtet sich danach, welches System in seiner Gesamtheit für den Arbeitnehmer günstiger wirkt. Es ist also nicht zulässig, für einzelne Familienangehörige das System der prozentualen Ermäßigungen, für die übrigen Familienangehörigen das System der festen Abzüge anzuwenden.

Das System der festen Abzüge wirkt günstiger bei niedrigerem Lohneinkommen; das System der prozentualen Ermäßigungen wirkt günstiger bei höherem Lohneinkommen. Es ergeben sich je nach dem Familienstand bestimmte Schnittpunkte. Für Lohneinkommen, die unter dem Schnittpunkt liegen, ist das System der festen Abzüge, für Lohneinkommen, die über dem Schnittpunkt liegen, ist das System der prozentualen Ermäßigungen anzuwenden. Für Lohneinkommen, die im Schnittpunkt selbst liegen, liefern beide Systeme das gleiche

Ergebnis. Die einzelnen Schnittpunkte je nach dem Familienstand ergeben sich aus der nachfolgenden Tabelle.

1. Verheirateter Arbeitnehmer.

Familienstand	Arbeitslohn vierteljährl. RM.	monatl. RM.	wöchentl. RM.	täglich RM.	zweistündl. RM.
Ehefrau . . .	540,—	180,—	43,20	7,20	1,80
1 Kind . . .	540,—	180,—	43,20	7,20	1,80
2 Kinder . .	640,—	213,33	51,20	8,53	2,13
3 » . .	840,—	280,—	67,20	11,20	2,80
4 » . .	1 020,—	340,—	81,60	13,60	3,40
5 » . .	1 140,—	380,—	91,20	15,20	3,80
6 » . .	1 225,71	408,57	98,05	16,34	4,08
7 » . .	1 290,—	430,—	103,20	17,20	4,30
8 » . .	1 340,—	446,66	107,20	17,86	4,46
9 » . .	—	—	—	—	—
10 » . .	—	—	—	—	—

2. Verwitweter Arbeitnehmer.

Familienstand	Arbeitslohn vierteljährl. RM.	monatl. RM.	wöchentl. RM.	täglich RM.	zweistündl. RM.
1 Kind . . .	540,—	180,—	43,20	7,20	1,80
2 Kinder . .	690,—	230,—	55,20	9,20	2,30
3 » . .	940,—	313,33	75,20	12,53	3,13
4 » . .	1 140,—	380,—	91,20	15,20	3,80
5 » . .	1 260,—	420,—	100,80	16,80	4,20
6 » . .	1 340,—	446,66	107,20	17,86	4,46
7 » . .	1 397,14	465,71	111,77	18,63	4,66
8 » . .	1 440,—	480,—	115,20	19,20	4,80
9 » . .	1 473,33	491,11	117,86	19,64	4,91
10 » . .	—	—	—	—	—

Hat beispielsweise ein verheirateter Arbeitnehmer mit vier minderjährigen Kindern ein monatliches Gehalt von RM. 340, so führt das System der prozentualen Ermäßigungen zum gleichen Ergebnis wie das der festen Abzüge. Bezieht er weniger, so kommt das System der festen Abzüge, bezieht er dagegen mehr, so kommt das der prozentualen Ermäßigungen zur Anwendung.

Es kann sonach bei den verheirateten Arbeitnehmern und bei den verwitweten Arbeitnehmern, die Kinder haben, an der Hand dieser Tabelle festgestellt werden, welches System anzuwenden ist.

C. Steuersatz.

I. Bei Arbeitnehmern, bei denen Familienermäßigungen nicht in Betracht kommen (ledige Arbeitnehmer, verwitwete Arbeitnehmer ohne Kinder), hat der Arbeitgeber von dem um die steuerfreien Lohnbeträge (Abschnitt A II) verminderten Arbeitslohn bei jeder Lohnzahlung einen Betrag von 10 vH für Rechnung des Arbeitnehmers als Steuer einzubehalten.

II. Bei Arbeitnehmern, bei denen Familienermäßigungen zu berücksichtigen sind (verheiratete Arbeitnehmer, verwitwete Arbeitnehmer mit Kindern), gilt folgendes:

1. Soweit für die Familienermäßigungen das System der festen Abzüge anzuwenden ist, hat der Arbeitgeber von dem um die steuerfreien Lohnbeträge (Abschnitt A II) und um die Familienermäßigungen (Abschnitt B II unter S. 1) verminderten Arbeitslohn bei jeder Lohnzahlung einen Betrag von 10 vH für Rechnung des Arbeitnehmers als Steuer einzubehalten.
2. Soweit für die Familienermäßigungen das prozentuale System anzuwenden ist, vermindert sich entsprechend dem bisherigen Rechtszustand der von dem Arbeitslohn nach Absetzung der steuerfreien Lohnbeträge einzubehaltende Satz von 10 vH um je 1 vH für die zur Haushaltung des Arbeitnehmers zählende Ehefrau sowie für jedes zu seiner Haushaltung zählende minderjährige Kind. Im Gesetz ist dies in der Weise zum Ausdruck gebracht, daß für jeden Familienangehörigen 10 vH des Arbeitslohnes, der über die steuerfreien Lohnbeträge hinausgeht, als steuerfrei bezeichnet werden (vgl. Abschnitt B II unter S. 2). 10 vH des über die steuerfreien Beträge hinausgehenden Arbeitslohnes sind aber gleich 1 vH der (10proz.) Steuer, die von dem um die steuerfreien Lohnbeträge gekürzten Arbeitslohn erhoben wird. Praktisch bedeutet demnach die Regelung in dem neuen Einkommensteuergesetz gegenüber dem bisherigen Rechtszustand — abgesehen von dem Wegfall der Ermäßigung von 2 vH für das zweite bzw. dritte minderjährige Kind — keine Änderung. Es empfiehlt sich daher, zur Vermeidung von Irrtümern das alte System bei der Steuerberechnung auch weiterhin anzuwenden. Die unter Abschnitt D angegebenen Beispiele sind unter Zugrundelegung der vorstehenden Gesichtspunkte durchgeführt. Es wird ausdrücklich bemerkt, daß es nicht zulässig ist, von dem um die steuerfreien Lohnbeträge verminderten Arbeitslohn zuerst die Familienermäßigung nach Abschnitt B II unter S. 1 abzusetzen und dann noch die Steuer in der Weise zu berechnen, daß von dem Steuersatz von 10 vH je 1 vH für die Familienangehörigen abgesetzt werden. Die Minderung des Steuersatzes von 10 vH um je 1 vH bedeutet bereits eine Berücksichtigung der Familienermäßigung.

III. Fällt der Zeitraum, für den der Arbeitslohn gezahlt wird, zum Teil in die Zeit vor dem 1. Oktober 1925, zum Teil in die Zeit nach dem 30. September 1925, so ist in jedem Fall die Berechnung des Steuerabzuges nach den neuen Bestimmungen vorzunehmen.

D. Beispiele zu A bis C.

1. Ein verheirateter Arbeiter mit drei minderjährigen Kindern bezieht ein Monatsgehalt von RM. 280. Wie sich aus der Tabelle unter Abschnitt B III ergibt, ist dies der Grenzfall, bei dem die Berechnung der Familienermäßigung nach dem System der prozentualen Ermäßigungen und nach dem System der festen Abzüge zum gleichen Ergebnis führt.

a) Prozentuales System.

Bruttoarbeitslohn	RM. 280
steuerfreie Lohnbeträge	» 80
(vgl. Abschnitt A II 1)	RM. 200

Hiervon beträgt die Steuer 10 vH — 4 vH (je 1 vH für die Ehefrau und die drei minderjähr. Kinder) = 6 vH

6 vH von RM. 200	RM. 12

b) System der festen Abzüge.

Bruttoarbeitslohn	RM. 280	
steuerfreie Lohnbeträge	» 80	RM. 200
Familienermäßigung:		
Die Ermäßigung beträgt	(vgl. Abschnitt B II)	
für die Ehefrau	RM. 10	
für das erste Kind	» 10	
für das zweite Kind	» 20	
für das dritte Kind	» 40	RM. 80
	verbleiben	RM. 120
Hiervon beträgt die Steuer 10 vH		» 12

2. Bezieht der unter 1. bezeichnete Arbeitnehmer weniger als RM. 280, so ist das System der festen Abzüge anzuwenden.

Zum Beispiel:

Bruttoarbeitslohn	RM. 250
steuerfreie Lohnbeträge	» 80
	RM. 170
Familienermäßigung (s. 1 b)	» 80
verbleiben	RM. 90
Hiervon beträgt die Steuer 10 vH	» 9

Das prozentuale System kommt nicht in Frage.

RM. 250 — 80 = RM. 170.

Steuer 10 vH — 4 vH = 6 vH.

6 vH von RM. 170 . . . . RM. 10,20.

während nach dem System der festen Abzüge nur RM. 9 Steuer zu entrichten sind.

3. Bezieht der unter 1 bezeichnete Arbeitnehmer mehr als RM. 280, so ist das prozentuale System anzuwenden.

Zum Beispiel:

RM. 350 — 80 = RM. 270.

Die Steuer beträgt (10 vH — 4 vH =) 6 vH von RM. 270 . . . . RM. 16,20.

Bei Anwendung des Systems der festen Abzüge würde sich eine höhere Steuer ergeben:

RM. 350 — 80	RM. 270
Familienermäßigung (s. oben 1 b)	» 80
	RM. 190
Hiervon 10 vH	RM. 19

4. Ein verwitweter Arbeitnehmer mit zwei minderjährigen Kindern hat ein monatliches Gehalt von RM. 280. Der Grenzbetrag, bei welchem die Berechnung der Familienermäßigungen nach dem System der festen Abzüge und nach dem System der prozentualen Ermäßigungen zu dem gleichen Ergebnis führt, ist RM. 230 monatlich (Tabelle unt. Abschn. B III 2).

Die Familienermäßigung ist sonach nach dem System der prozentualen Ermäßigungen zu berechnen.

Es ergibt sich folgendes:

RM. 280 — 80 = RM. 200.

Hiervon Steuer (10 vH — 2 vH =) 8 vH von RM. 200 . . . . RM. 16

5. Ein verheirateter Arbeitnehmer mit fünf minderjährigen Kindern erhält einen Wochenlohn von RM. 80. Der Grenzbetrag, bei welchem die Berechnung der Familienermäßigungen nach dem prozentualen System und nach dem System der festen Abzüge zum gleichen Ergebnis führt, ist RM. 91,20 (vgl. Tabelle Abschn. B III 1).

Da der Grenzbetrag höher ist als der Arbeitslohn, muß die Familienermäßigung nach dem System der festen Abzüge berechnet werden.

Bruttoarbeitslohn		RM. 80,—
steuerfreie Lohnbeträge (Abschn. A II 2)		» 19,20
		RM. 60,80
Familienermäßigung (vgl. Abschn. B II):		
für die Ehefrau	RM. 2,40	
für das erste Kind	» 2,40	
für das zweite Kind	» 4,80	
für das dritte Kind	» 9,60	
für das vierte Kind	» 12,—	
für das fünfte Kind	» 12,—	RM. 43,20
		RM. 17,60
Hiervon 10 vH Steuer		RM. 1,76
	abgerundet	RM. 1,75

6. Ein verwitweter Arbeitnehmer mit einem minderjährigen Kind bezieht einen Wochenlohn von RM. 60. Der Grenzbetrag, bei welchem die Berechnung der Familienermäßigung nach beiden Systemen zum gleichen Ergebnis führt, ist RM. 43,20 (vgl. Tabelle Abschn. B III/2).

Da der Wochenlohn höher ist als der Grenzbetrag, muß die Berechnung der Familienermäßigung nach dem prozentualen System vorgenommen werden.

Steuerberechnung:

RM. 60 — 19,20 = RM. 40,80.

Hiervon Steuer (10 vH — 1 vH =) 9 vH.

9 vH von RM. 40,80	RM. 3,67
abgerundet	» 3,65

7. Ein verheirateter Arbeitnehmer mit sieben minderjährigen Kindern hat einen Tagelohn von RM. 20. Der Grenzbetrag, bei welchem die Berechnung der Familienermäßigung nach beiden Systemen zum gleichen Ergebnis führt, ist RM. 17,20 (vgl. Tabelle Abschn. B III/1).

Die Berechnung hat also nach dem prozentualen System zu erfolgen.

Bruttoarbeitslohn	RM. 20,—
steuerfreie Lohnbeträge (vgl. Abschn. A II 3)	» 3,20
	RM. 16,80

Steuer: (10 vH — 8 vH =) 2 vH von RM. 16,80 = RM. 0,33; abgerundet RM. 0,30.

8. Ein verwitweter Arbeitnehmer mit zwei minderjährigen Kindern erhält für eine zweistündige Dienstleistung einen Arbeitslohn von RM. 2. Der Grenzbetrag, bei welchem die Berechnung der Familienermäßigung nach beiden Systemen zum gleichen Ergebnis führt, ist RM. 2,30 (vgl. Tabelle Abschn. B III 2); es ist also das System der festen Abzüge anzuwenden.

Bruttoarbeitslohn		RM. 2,—
steuerfreie Beträge (vgl. Abschn. A II 4)		» 0,80
		RM. 1,20
Familienermäßigung (vgl. Abschn. B II):		
für das erste Kind	RM. 0,10	
für das zweite Kind	» 0,20	RM. 0,30
		RM. 0,90

Hiervon 10 vH = RM. 0,09; abgerundet RM. 0,05.

E. Einzelheiten.

I. Abrundung.

Die durch den Steuerabzug vom Arbeitslohn einzubehaltenden Beträge sind in allen Fällen auf den nächsten durch 5 Pfennig teilbaren Betrag nach unten abzurunden.

II. Nichterhebung von Kleinbeträgen.

Die bisherigen Bestimmungen über die Nichterhebung von Kleinbeträgen gelten weiter. Es wird also der auf den Arbeitslohn entfallende Steuerbetrag nicht erhoben, wenn er nach Vornahme der Abrundung

a) bei Zahlung des Arbeitslohns für volle Monate RM. 0,80 monatlich,

b) bei Zahlung des Arbeitslohns für volle Wochen RM. 0,20 wöchentlich

nicht übersteigt.

Bei Zahlung des Arbeitslohns für kürzere Zeiträume (Tage, Stunden) bleibt es bei der Bestimmung, daß die vom Arbeitslohn berechnete Steuer auf den nächsten, durch 5 teilbaren Pfennigbetrag nach unten abzurunden ist, daß daher Steuerbeträge unter 5 Pf. nicht erhoben werden.

III. Einmalige Einnahmen.

Erhält ein Arbeitnehmer neben laufenden Bezügen sonstige, insbesondere einmalige Einnahmen (Tantiemen, Gratifikationen usw.), so sind von dem vollen Betrag der einmaligen Einnahme 10 vH, vermindert um je 1 vH für die zur Haushaltung des Arbeitnehmers zählende Ehefrau sowie für jedes zu seiner Haushaltung zählende minderjährige Kind einzubehalten.

Beispiel: Ein verheirateter Arbeitnehmer mit einem minderjährigen Kind erhält ein Monatsgehalt von RM. 800 und außerdem eine einmalige Gratifikation von RM. 2000.

Die Steuer ist wie folgt zu berechnen.

Steuer vom Gehalt: RM. 800 — 80 = RM. 720.

Familienermäßigung nach dem prozentualen System (vgl. Tabelle Abschn. B III 1):

10 vH — 2 vH =) 8 vH von RM. 720 . . .	RM.	57,60
Steuer von der Gratifikation 8 vH von RM. 2000	»	160,—
Insgesamt Steuer	RM.	217,60

IV. Mittellose Angehörige.

Ist einem Arbeitnehmer für das Kalenderjahr 1925 eine Ermäßigung des Steuersatzes für mittellose Angehörige gewährt und ein entsprechender Vermerk auf der Steuerkarte eingetragen worden, so ist für die Zeit vom 1. Oktober bis 31. Dezember 1925 zur Berechnung des Steuerabzugs der mittellose Angehörige einem minderjährigen Kind gleichzustellen.

Vom 1. Januar 1926 ab können mittellose Angehörige nur in der Weise berücksichtigt werden, daß eine Erhöhung des als eigentlichen steuerfreien Lohnbetrag vorgesehenen Betrages (Abschnitt A I 1) stattfindet.

V. Akkordarbeiter und Heimarbeiter.

1. Akkordarbeiter.

Wird der Arbeitslohn nicht für eine bestimmte Arbeitszeit, sondern nach dem Erfolg der Arbeit gezahlt, z. B. bei Akkordarbeitern, so sind von dem vollen Arbeitslohn, ohne Abzug von steuerfreien Lohnbeträgen und ohne Berücksichtigung von Familienermäßigungen, 2 vH als Steuer einzubehalten.

Beispiel: Ein Arbeitnehmer erhält für eine bestimmte Arbeitsleistung (ohne Rücksicht auf die Arbeitszeit) RM. 200 Lohn. Von diesem Betrag sind 2 vH = RM. 4 als Steuer einzubehalten, ohne Rücksicht darauf, ob der Arbeitnehmer verheiratet ist oder nicht und wieviel minderjährige Kinder er hat.

Diese Pauschalberechnung findet jedoch nur ausnahmsweise, und zwar dann Anwendung, wenn ein Zeitraum, für den der Arbeitslohn gezahlt wird, nicht festgestellt werden kann, weil die Zahlung des Arbeitslohns nicht für eine bestimmte Zeit erfolgt, sondern unabhängig von einem bestimmten Zeitraum lediglich nach der Leistung. Wird dagegen der Lohn des Akkordarbeiters nach der Leistung innerhalb eines bestimmten Zeitraums bemessen und jeweils der Arbeitslohn für diesen Zeitraum gezahlt, so besteht für diese Berechnungsart keine Veranlassung. Der Steuerabzug ist in solchen Fällen vom Arbeitslohn nach Abzug der auf den Lohnzahlungszeitraum entfallenden steuerfreien Lohnbeträge und unter Berücksichtigung der Familienermäßigungen zu berechnen.

2. Heimarbeiter.

Bei Heimarbeitern, deren Arbeitslohn nicht für eine bestimmte Arbeitszeit und auch nicht nach der Arbeitsleistung innerhalb eines bestimmten Zeitraumes gezahlt wird, beträgt die einzubehaltende Steuer 1 vH des Bruttoarbeitslohns. Die Bestimmungen über die steuerfreien Lohnbeträge und die Familienermäßigung finden keine Anwendung.

Macht ein Heimarbeiter, bei dem der Arbeitslohn nicht für eine bestimmte Arbeitszeit und auch nicht nach der Arbeitsleistung innerhalb einer bestimmten Zeit gezahlt wird, beim Finanzamt glaubhaft, daß sein Arbeitslohn im Monatsdurchschnitt die steuerfreien Lohnbeträge (RM. 80) und die Beträge, die für seinen Familienstand als Familienermäßigung vom Steuerabzug frei sind (Abschnitt B II), nicht übersteigt, so hat das Finanzamt des Wohnsitzes des Heimarbeiters auf der Steuerkarte mit dem Vorbehalt des Widerrufs zu vermerken, daß ein Steuerabzug nicht vorzunehmen ist. In den Vermerk sind ferner das Dienstverhältnis, unter Bezeichnung des Arbeitgebers und der Zeitraum, für welchen die Befreiung gilt, aufzunehmen. Der in dem Vermerk bezeichnete Arbeitgeber ist für alle Lohnzahlungen innerhalb des in dem Vermerk bezeichneten Zeitraums berechtigt und verpflichtet, von der Vornahme des Steuerabzugs abzusehen. Wenn bei Heimarbeitern ein Zeitraum, für den der Lohn gezahlt wird, festgestellt werden kann, gelten die allgemeinen Bestimmungen.

VI. Steuerkarte.

Der Arbeitnehmer ist verpflichtet, seine Steuerkarte dem Arbeitgeber bei Beginn eines jeden Kalenderjahres oder bei Beginn des Dienstverhältnisses auszuhändigen. Der Arbeitgeber hat die Steuerkarte während der Dauer des Dienstverhältnisses aufzubewahren und sie dem Arbeitnehmer am Ende des Kalenderjahres oder bei Beendigung des Dienstverhältnisses zurückzugeben. Macht der Arbeitnehmer glaubhaft, daß er die Steuerkarte zur Vorlage bei einer Behörde benötigt, so hat der Arbeitgeber ihm die Steuerkarte vorübergehend auszuhändigen.

Der Arbeitgeber ist an die amtlichen Eintragungen auf der Steuerkarte gebunden. Änderungen der amtlichen Eintragungen durch den Arbeitgeber, durch den Arbeitnehmer oder durch andere private Personen sind verboten. Im Laufe des Kalenderjahres hinzugekommene Familienangehörige (durch Heirat oder durch Geburt eines Kindes) dürfen beim Steuerabzug erst dann berücksichtigt werden, wenn die Steuerkarte von der Gemeindebehörde berichtigt worden ist. Händigt der Arbeitnehmer die Steuerkarte dem Arbeitgeber nicht aus oder verzögert er schuldhaft die Rückgabe der Steuerkarte, so hat der Arbeitgeber in jedem Falle 10 vH vom vollen Arbeitslohn ohne jeden Abzug einzubehalten, bis der Arbeitnehmer dem Arbeitgeber die Steuerkarte aushändigt oder zurückgibt.

23. Der Steuerabzug vom Arbeitslohn für die Zeit ab 1. 1. 1926:

Auf Grund eines im Reichsgesetzblatt I Nr. 55, S. 469, veröffentlichten Gesetzes über die Senkung der Lohnsteuer vom 19. 12. 1925 sind mit Wirkung vom 1. Januar 1926 ab die unter Nr. 22 erläuterten Vorschriften des Einkommensteuergesetzes vom 10. 8. 1925 (Reichsgesetzblatt I S. 189) in bezug auf den Steuerabzug vom Arbeitslohne in wesentlichen Punkten zugunsten der Arbeitnehmer geändert worden.

Zunächst ist der steuerfreie Lohnbetrag für alle Lohn- und Gehaltsbezüge für Dienstleistungen nach dem 31. Dezember 1925 heraufgesetzt worden. Es bleiben in Zukunft für den Arbeitnehmer vom Arbeitslohne RM. 1200 jährlich oder RM. 100 monatlich bzw. RM. 24 wöchentlich vom Steuerabzuge frei. Von diesem im allgemeinen vom Steuerabzuge frei bleibenden Gesamtbetrage entfallen RM. 240 jährlich bzw. RM. 20 monatlich bzw. RM. 4,80 wöchentlich auf die Abgeltung der Werbungskosten im Sinne der §§ 15 Absatz 1 Nr. 1, 16 Absatz 1 und Absatz 5 Nr. 4, 5. Weitere RM. 240 jährlich bzw. RM. 20 monatlich oder RM. 4,80 wöchentlich gelten als Abgeltung der Sonderleistungen im Sinne des § 17 des Einkommensteuergesetzes, so daß von dem im allgemeinen insgesamt vom Steuerabzuge frei bleibenden Betrage von RM. 1200 jährlich RM. 720 als steuerfreier Grundlohnbetrag für den Arbeitnehmer selbst gelten. Sofern die tatsächlichen Werbungskosten bzw. die tatsächlichen

Sonderleistungen des Arbeitnehmers im Sinne des § 17 des Einkommensteuergesetzes den Betrag von RM. 240 jährlich bzw. RM. 20 monatlich oder RM. 4,80 wöchentlich übersteigen, kann der Arbeitnehmer nach wie vor eine Heraufsetzung des steuerfreien Gesamtlohnbetrages beim zuständigen Finanzamte erwirken. Wenn also beispielsweise die zur Erwerbung, Sicherung und Erhaltung des Arbeits- oder Diensteinkommens gemachten Aufwendungen, etwa die Aufwendungen für die Beschaffung von Berufskleidern, Berufshandwerkzeug, die Bestreitung des Fahrgeldes von und zur Arbeitsstätte den Betrag von RM. 240 jährlich, RM. 20 monatlich oder RM. 4,80 wöchentlich übersteigen, so kann der Arbeitnehmer eine Heraufsetzung des steuerfreien Gesamtgrundlohnbetrages von M. 1200 um den Betrag erwirken, um den die tatsächlichen Werbungskosten die vorerwähnten Pauschbeträge übersteigen. Voraussetzung ist allerdings gemäß § 75 Nr. 2 des Einkommensteuergesetzes in der Fassung des Gesetzes vom 19. 12. 1925, daß die tatsächlichen Werbungskosten den Betrag von RM. 20 monatlich übersteigen. Unter denselben Voraussetzungen kann nach dem neuen Gesetze vom 19. 12. 1925 eine Heraufsetzung des zur Abgeltung der Sonderleistungen vorgesehenen Pauschalbetrages von RM. 240 jährlich, RM. 20 monatlich bzw. RM. 4,80 wöchentlich beantragt werden, wenn die Sonderleistungen des Arbeitnehmers im Sinne des § 17 des Einkommensteuergesetzes, also die tatsächlichen Aufwendungen des Arbeitnehmers an Beiträgen für sich und seine nicht selbständig veranlagten Haushaltungsangehörigen zu Kranken-, Unfall-, Haftpflicht-, Angestellten-, Invaliden-, Erwerbslosenversicherungs-, Witwen-, Waisen- und Pensionskassen, an Beiträgen zu Sterbekassen, an Lebensversicherungsprämien, an Ausgaben für die Fortbildung im Berufe, an Beiträgen zu öffentlich-rechtlichen Berufs- und Wirtschaftsvertretungen oder Wirtschaftsverbänden und an Zuwendungen an unterstützungs-, Wohlfahrts- und Pensionskassen des Betriebes die vorgenannten Pauschalbeträge übersteigen und wenn die tatsächlichen Auslagen mindestens RM. 20 monatlich übersteigen.

Gleichzeitig sind auch die steuerfreien Lohnbeträge zugunsten der Familienangehörigen geändert worden. Mit Wirkung vom 1. Jan. 1926 ab bleiben außer den vorerläuterten steuerfreien Beträgen für die zur Haushaltung des Arbeitnehmers zählende Ehefrau sowie für jedes zu seiner Haushaltung zählende minderjährige Kind je 10 vH des nach Abzug der eingangs besprochenen steuerfreien Beträge verbleibenden Arbeitsverdienstes vom Steuerabzuge frei. Ohne Rücksicht auf die Höhe des tatsächlichen Arbeitsverdienstes bleiben aber mindestens steuerabzugsfrei: für die Ehefrau RM. 120 jährlich, RM. 10 monatlich oder RM. 2,40 wöchentlich, für das erste Kind RM. 120 jährlich, RM. 10 monatlich oder RM. 2,40 wöchentlich, für das zweite Kind RM. 240 jährlich, RM. 20 monatlich oder RM. 4,80 wöchentlich, für das 3. Kind RM. 480 jährlich, RM. 40 monatlich oder RM. 9,60 wöchentlich, für das vierte Kind RM. 720 jährlich, RM. 60 monatlich oder RM. 14,4 wöchentlich, und für das fünfte und jedes folgende Kind je RM. 960 jährlich, RM. 80 monatlich oder RM. 19,20 wöchentlich.

Während bisher eine Veranlagung bzw. Festsetzung der Einkommensteuer nicht vorzunehmen war, wenn die Einnahmen des Steuerpflichtigen weniger als RM. 1100 im Jahre betrugen, findet in Zukunft eine Einkommensteuerfestsetzung nicht statt, wenn die Einnahmen des Steuerpflichtigen weniger als M. 1300 im Jahre betragen. Dieser Betrag von RM. 1300 erhöht sich für die zur Haushaltung des Steuerpflichtigen zählende Ehefrau um RM. 100, für das erste Kind um weitere RM. 100, für das zweite Kind um RM. 180, für das dritte Kind um RM. 360, für das vierte Kind um RM. 540 und für jedes weitere Kind um RM. 720 im Jahre. Wenn also ein Arbeitnehmer, zu dessen Haushaltung außer seiner Ehefrau fünf minderjährige Kinder gehören, kein höheres Arbeitseinkommen als M. 3300 jährlich bezieht, so findet für ihn eine Einkommensteuerfestsetzung nicht statt.

Bei der Einkommensteuerfestsetzung für alle übrigen Arbeitnehmer bzw. Einzelpersonen bleiben folgende Beträge steuerfrei, d. h. sie sind von dem Nettoeinkommen zur Ermittlung des steuerpflichtigen Einkommens abzuziehen:

1. RM. 720 als steuerfreier Einkommensteil, sofern das Einkommen des Steuerpflichtigen den Betrag von RM. 10000 im Jahre nicht übersteigt.

2. für die zur Haushaltung des Steuerpflichtigen zählende Ehefrau und jedes zu seiner Haushaltung zählende minderjährige Kind je 8 vH des über RM. 720 hinausgehenden Einkommens, höchstens jedoch je RM. 600 für die Ehefrau und jedes Kind, insgesamt aber nicht mehr als RM. 8000 und mindestens:

a) für die Ehefrau RM. 100,
b) für das 1. Kind RM. 100,
c) » » 2. » 180,
d) » » 3. » 360,
e) » » 4. » 540,
f) für das 5. und jedes folgende Kind je RM. 720.

Sofern im Einzelfalle keine höheren tatsächlichen Sonderleistungen im Sinne des § 17 des Einkommensteuergesetzes nachgewiesen werden, bleiben zur Abgeltung solcher Sonderleistungen mindestens RM. 180 jährlich einkommensteuerfrei. In denjenigen Fällen, in denen eine Festsetzung der Einkommensteuer nicht stattfindet, weil das tatsächliche Einkommen die oben angegebene Jahresgrenze nicht übersteigt, behält der Arbeitnehmer das Recht, vom Finanzamt eine entsprechende Rückerstattung des zu seinen Ungunsten vom Arbeitgeber vorgenommenen Steuerabzuges zu verlangen, wenn beim Steuerabzuge die steuerfreien Beträge nicht in voller Höhe berücksichtigt worden sind, oder wenn die Leistungsfähigkeit des Steuerpflichtigen durch wirtschaftliche Verhältnisse wesentlich beeinträchtigt war (etwa durch Krankheit, Unglücksfälle, Berufsausbildung der Kinder usw.) oder wenn die Werbungskosten oder die Sonderleistungen die hierfür freigelassenen Pauschbeträge nachweislich überstiegen.

Alle diese neuen Regeln finden Anwendung nur auf den Arbeitslohn, der für Dienstleistungen nach dem 31. Dezember 1925 gewährt wird. Gleichgültig ist dabei, ob die Vergütungen für solche Dienstleistungen vor oder nach dem 31. Dezember 1925 gezahlt werden.

24. Steuerabzug von Dienstaufwandentschädigungen. Nach einem neuen Erlasse des Reichsfinanzministers vom 18. August 1925 (Kölnische Zeitung, Nr. 645/1925) sind die Voraussetzungen für die Freilassung der Dienstaufwandsentschädigungen von der Steuerabzugspflicht gegenüber der früheren Rechtslage verschärft. Grundsätzlich sind Dienstaufwandsentschädigungen nur noch in Höhe des nachgewiesenen Dienstaufwandes bzw. nur noch so weit steuerabzugsfrei, als sie die tatsächlichen Aufwendungen offenbar nicht übersteigen. Dementsprechend muß der Arbeitgeber sich entweder den Dienstaufwand im einzelnen nachweisen lassen, oder er muß die Entschädigung so bemessen, daß auch ohne Einzelnachweis objektiv kein Zweifel darüber bestehen kann, daß die Entschädigung die tatsächlichen Aufwendungen nicht übersteigt. Nur unter dieser Voraussetzung sind auch Pauschbeträge steuerabzugsfrei, die zur Abgeltung von Dienstaufwandsentschädigungen gewährt werden. Derselbe Erlaß des Reichsfinanzministers bestimmt zur Erleichterung, daß in Zukunft die Entschädigungen, die Reisenden oder Angestellten als Ersatz für Mehraufwendungen für auswärtige Verpflegung und Übernachtung gewährt werden, ohne besonderen Nachweis der tatsächlichen Mehraufwendungen vom Steuerabzug frei bleiben dürfen, soweit sie die Beträge nicht übersteigen, die als Tages- und Übernachtungsgelder den Reichsbeamten mit entsprechendem Einkommen gewährt werden. Nach diesen Richtlinien dürfen also beispielsweise bei privaten Arbeitnehmern mit einem Jahreseinkommen von mehr als 4500 Reichsmark, aber nicht mehr als 8000 Reichsmark im allgemeinen bei Reisen nach besonders teuren Orten 21 Reichsmark, nach anderen Orten 15 Reichsmark zur Abgeltung der Mehraufwendungen an Verpflegung und Übernachtung steuerfrei gezahlt werden. Durch diese Beträge sind alsdann außer den Mehraufwendungen für Verpflegung und Übernachtung auch die besonderen Kosten abgegolten, die durch höheren Kleiderverschleiß usw. entstehen. Werden als Dienstaufwandsentschädigungen geringere als die vorbezeichneten Sätze gewährt, so dürfen nur diese geringeren Beträge steuerfrei bleiben. Erstattet der Arbeitgeber höhere Dienstaufwandsentschädigungen, so sind die höheren Beträge nur insoweit steuerabzugsfrei, als sie nachweislich zur Deckung der entstandenen Mehraufwendungen gewährt worden sind.

Die Tage- und Übernachtungsgelder für Reichsbeamte betragen zurzeit auf Grund der Verordnung vom 29. 11. 1924 (Reichsbesoldungsblatt S. 361):

Es beträgt für Beamte der Stufe	umfassend die Gehaltsgruppen	mit einem (durchschnittlichen) Gehalt in der obersten Gehaltsgruppe der Stufe von RM.	bei Dienstreisen nach besonders teuren Orten			bei Dienstreisen nach anderen Orten		
			das volle Tagegeld RM.	das Übernachtungsgeld RM.	zusammen RM.	das volle Tagegeld RM.	das Übernachtungsgeld RM.	zusammen RM.
1	2	3	4	5	6	7	8	9
I	A I bis A V . .	2 700	7,—	4,50	11,50	4,50	3,50	8,—
II	A VI bis A VIII	4 500	9,—	6,—	15,—	7,—	4,50	11,50
III	A IX bis A XII	8 000	12,—	9,—	21,—	10,—	5,—	15,—
IV	A XIII bis B 4	18 000	14,—	10,—	24,—	12,—	6,—	18,—
V	B 5 bis B 7 . . .	35 000	16,—	12,—	28,—	14,—	8,—	22,—

25. Erhöhung des steuerfreien Lohnbetrages für Kriegsbeschädigte. Nach einem Erlaß des Reichsfinanzministers vom 2. Mai 1925 (Reichssteuerblatt 1925, S. 98) kann allen Kriegsbeschädigten, die eine Rente von mindestens 30 vH erhalten, eine Erhöhung des steuerfreien Lohnbetrages um den Hundertsatz ihrer Erwerbsbeschränkung zugebilligt werden.

26. Kein Steuerabzug von einmaligen Entlassungsabfindungen. Abweichend von der allgemeinen Bestimmung des § 44 Nr. 1 des neuen Einkommensteuergesetzes vom 10. 8. 1925, nach welcher Entschädigungen, die als Ersatz für eingehende Einnahmen oder für die Aufgabe einer auf Grund eines Dienstverhältnisses geleisteten Tätigkeit gewährt werden, zum Arbeitslohn gehören und dem Steuerabzug unterliegen, bestimmt der Reichsfinanzminister in einem Erlaß vom 23. 9. 1925 Nr. III e 5385, daß neben den nach § 8, Nr. 9 des Einkommensteuergesetzes steuerabzugsfreien Entschädigungen nach § 87 des Betriebsrätegesetzes auch solche Abfindungen bis auf weiteres steuerabzugsfrei sein sollen, die den Arbeitnehmern vom Arbeitgeber freiwillig aus Anlaß der Entlassung mit Rücksicht auf die zu erwartende Arbeitslosigkeit gewährt werden. Auf Grund dieser Ausnahmebestimmung sollen allerdings die freiwilligen Abfindungssummen nur insoweit steuerabzugsfrei sein, als sie die im Höchstfalle nach § 87 des Betriebsrätegesetzes zulässige Summe, d. h. $^6/_{12}$ des letzten Jahresarbeitsverdienstes nicht übersteigen. Gehen die freiwilligen Abfindungssummen über $^6/_{12}$ des letzten Jahresarbeitsverdienstes hinaus, so unterliegen sie nicht etwa nur mit dem über $^6/_{12}$ des letzten Jahresarbeitsverdienstes hinausgehenden Betrage, sondern in vollem Umfange der normalen Steuerabzugspflicht, d. h. der Arbeitgeber muß dann von der ganzen Abfindungssumme die nach der Größe der Familie in Frage kommenden Steuerabzugsprozente einbehalten und an das Finanzamt abführen.

27. Abzugsrecht des Arbeitgebers wegen nachträglicher Heranziehung zu Steuerabzügen. Wenn ein Arbeitgeber wegen irrtümlicher Steuereinbehaltung nachträglich zur Nachzahlung von Steuerabzugsbeträgen seitens des Finanzamtes angehalten worden ist, darf er gemäß einem Urteil des Gewerbegerichtes Plauen i. V. vom 18. 8. 1925 (Gewerbe- und Kaufmannsgericht 1925, Nr. 1, S. 39) die an das Finanzamt abgeführten Steuerbeträge an den laufenden Löhnen und Gehältern des Arbeitnehmers kürzen. Er darf im Einzelfalle jedoch nur soviel einbehalten, daß der Arbeitnehmer die unpfändbaren Lohn- und Gehaltsbeträge unverkürzt erhält. Er muß infolgedessen unter Umständen die in Frage kommenden Gesamtbeträge auf mehrere Lohn- oder Gehaltszahlungen verteilen.

d) Welche Rechtsfolgen hat verspätete Lohnzahlung?

1. siehe Band I, Seite 49.

2. **Arbeitsverweigerung wegen Zahlungsverzuges des Arbeitgebers.** In der umstrittenen Frage, ob und wieweit Zahlungsverzug des Arbeitgebers den Arbeitnehmer berechtigt, für die Zeit des Zahlungsverzuges die Arbeitsleistung zu verweigern, ohne seinen Lohn- oder Gehaltsanspruch für die Zeit der Arbeitsverweigerung zu verlieren und dem Arbeitgeber einen wichtigen Grund zur fristlosen Entlassung zu geben, entschied das Gewerbegericht Hamburg mit Urteil vom 23. Juli 1924 (Hanseatische Gerichtszeitung, Abt. Arbeitsrecht 2, 34, S. 197), daß Zahlungsverzug des Arbeitgebers tatsächlich dem Arbeitnehmer das Recht gibt, ohne Verlust seines Vergütungsanspruches und ohne einen wichtigen Grund zur Entlassung zu geben, die Arbeitsleistung für die Dauer des Verzuges des Arbeitgebers zu verweigern. Das Gewerbegericht Hamburg schränkt diese Entscheidung nur dahin ein, daß der die Arbeit verweigernde Arbeitnehmer für die Zeit der Arbeitsverweigerung lediglich die tariflichen Mindestlöhne und nicht auch etwaige Prämien oder Akkordmehrverdienste verlangen kann.

(Weitere Entscheidungen siehe unter Nr. V B k.)

e) Wie weit sind Lohn- und Gehaltsforderungen gegen Konkursausfälle gesichert?

1. **Gehaltsansprüche der Vorstandsmitglieder einer in Konkurs geratenen Aktiengesellschaft.** Gemäß Urteil des Hanseatischen Oberlandesgerichtes vom 7. 9. 1925 (Tageszeitung für Brauerei 1925, Nr. 262/1925) gelten auch Gehaltsansprüche von Vorstandsmitgliedern einer in Konkurs geratenen Aktiengesellschaft, soweit sie sich auf das letzte Jahr vor der Konkurseröffnung beziehen, als bevorrechtigte Forderungen nach § 61 der Konkursordnung und, soweit Gehalt für Dienstleistungen nach der Konkurseröffnung verlangt wird, als Masseschuld nach § 59 der Konkursordnung. Nach der Urteilsbegründung gilt dies auch dann, wenn die Vorstandsmitglieder durch schlechte Geschäftsführung den Konkurs der Aktiengesellschaft verschuldet haben. Allerdings kann in einem solchen Falle der Konkursverwalter unter Umständen gegen die Gehaltsansprüche der Vorstandsmitglieder mit den Regreßansprüchen der Konkursmasse aufrechnen.

VII. Arbeitsleistung und Leistungsverweigerung.

A. Einschlägige Gesetzesbestimmungen.

1—3. Siehe unter Nummer III A.

4. » » » V A 2.

5. » » » XIII A.

B. Die wichtigsten Einzelfragen.

1.—2. siehe Band II, Seite 45.

3. Fristlose Entlassung eines Werkmeisters wegen ungenügenden Diensteifers ist gemäß einem Urteile des Landgerichtes Altona vom 4. Dezember 1924 (Stichworte des Arbeitsrechtes 1925, Nr. 17) zulässig, wenn der betreffende Werkmeister, dem die Überwachung der Kesselheizer anvertraut ist, es unterlassen hat, bei der Anheizung des Kessels trotz der in solchen Fällen bestehenden Betriebsgefahren anwesend zu sein. In einem solchen Falle ist der Arbeitgeber nach Ansicht des Landgerichtes Altona nicht nur berechtigt, den betreffenden Werkmeister fristlos zu entlassen, sondern er kann ihn auch im Wege der Klage für den Schaden verantwortlich machen, welcher durch das Durchbrennen des Kessels entsteht.

4. Als beharrliche Arbeitsverweigerung gilt es nach einem Urteile des Kaufmannsgerichtes Stuttgart vom 6. 5. 1925 nicht, wenn ein Arbeitnehmer die Leistung einer ihm zugewiesenen Arbeit ablehnt, die wesentlich anders ist und für seine Zukunft ungünstiger ist, als die ausdrücklich mit dem Arbeitgeber vereinbarte Beschäftigungsart. So kann beispielsweise der Arbeitgeber von einem als Reisenden verpflichteten Arbeitnehmer nicht dauernd Bureautätigkeit verlangen.

5. Fristlose Entlassung wegen beharrlicher Arbeitsverweigerung nur nach ausdrücklicher vergeblicher Aufforderung zur Wiederaufnahme der Arbeit. Nach einem allerdings lebhaft umstrittenen und von Dr. von Scheven in der Deutschen Arbeitgeber-Zeitung 1925, Nr. 38, vom 30. September 1925, als rechtsirrig bezeichneten Urteile vom 24. Aug. 1925 vertritt das Gewerbegericht Büdelsdorf den Standpunkt, daß die aus Protest gegen eine Anordnung bzw. eine Lohnkürzung des Meisters oder Arbeitgebers erfolgende kurzfristige Niederlegung der Arbeit keine beharrliche Arbeitsverweigerung darstellt, wenn der Arbeitgeber oder Meister den betreffenden Arbeitnehmer nicht ausdrücklich und ergebnislos unter Hinweis auf die etwaigen Folgen zur sofortigen Wiederaufnahme der Arbeit aufgefordert hat. Wenn diese Entscheidung auch jedenfalls in solchen Fällen nicht als richtig anerkannt werden kann, in denen die Arbeit ostentativ verweigert wird, obwohl dem Arbeitnehmer kein sachlicher Grund zur Arbeitsverweigerung gegeben worden ist, so empfiehlt es sich doch dringend, vor dem Ausspruche der fristlosen Entlassung wegen beharrlicher Arbeitsverweigerung den Arbeitnehmer im Einzelfalle ausdrücklich und möglichst unter Zeugen zur Wiederaufnahme der Arbeit unter ausdrücklichem Hinweis auf die sonst erfolgende fristlose Entlassung aufmerksam machen zu lassen.

VIII. Unfall- und Gesundheitsschutz.

A. Einschlägige Gesetzesbestimmungen.

1. Gewerbeordnung für das Deutsche Reich vom 26. Juli 1900 (RGBl. S. 871).
2. Bürgerliches Gesetzbuch vom 18. August 1896 (RGBl. S. 195).
3. Reichsversicherungsordnung vom 15. Dezember 1924 (RGBl. S. 779).
4. Verordnung über Arbeiterschutz vom 12. November 1918 (RGBl. S. 1309).
5. Verordnung über den Betrieb der Anlagen der Großeisenindustrie vom 23. Januar 1920 (RGBl. S. 75).
6. Hausarbeitsgesetz vom 30. Juni 1923 (RGBl. S. 472).
7. 2. Verordnung über Beiträge in der Unfallversicherung vom 10. Februar 1925 (RGBl. I Seite 13).
8. Verordnung über Ausdehnung der Unfallversicherung auf gewerbliche Berufskrankheiten vom 12. Mai 1925 RGBl. I Seite 69).
9. Zweites Gesetz über Änderungen in der Unfallversicherung vom 4. Juli 1925 (RGBl. I Seite 97).

B. Die wichtigsten Einzelfragen.

a) Was geschah zur Unfallbekämpfung?

1. siehe Band I, Seite 51.

2. » » II, » 46.

3. Richtlinien über gewerbliche Berufskrankheiten hat der Reichsarbeitsminister in einer Verordnung vom 6. August 1925 auf Grund des § 11 der Verordnung über Ausdehnung der Unfallversicherung auf gewerbliche Berufskrankheiten vom 12. Mai 1925 (RGBl. S. 69) aufgestellt. Diese sind im Reichsarbeitsblatt 1925, Nr. 29/30, S. 326 ff., veröffentlicht.

b) Was gilt als Betriebsunfall?

1.—2. siehe Band II, Seite 46—47.

3. Unfälle bei Körper- bzw. Sportübungen gelten gemäß einem Bescheide des Reichsversicherungsamtes vom 3. 7. 1924 (Entscheidungen und Mitteilungen des Reichsversicherungsamtes Bd. 16, S. 243) als Betriebsunfälle, wenn die Übungen während der Arbeitszeit und unter Aufsicht von Betriebsbeamten veranstaltet worden sind.

4. Unfälle von Wahlvorstandsmitgliedern gelegentlich der Betriebsvertretungswahlen, etwa Unfälle auf dem Wege zu einer Wahlstelle in einem Zweigbetriebe, gelten nach einem Urteile des Oberversicherungsamtes München vom 19. 12. 1924 Nr. 14/31/24 (Arbeiterrecht und Arbeiterversicherung 1925, Nr. 6, S. 45) im allgemeinen als entschädigungspflichtige Unfälle im Sinne der Reichsversicherungsordnung.

5. Der Sturz eines Monteurs auf der Heimfahrt von einer auswärtigen Arbeit mit dem ihm vom Arbeitgeber gestellten Motorrad gilt nach einem Urteile des Reichsversicherungsamtes vom 10. 1. 1924 (Entscheidungen und Mitteilungen des Reichsversicherungsamtes, Bd. 16, S. 94) als Betriebsunfall im Sinne der Reichsversicherungsordnung.

6. Unfälle von Arbeitnehmern im Bereiche der Reichseisenbahn. Bei Betriebsunfällen stehen bekanntlich dem Arbeitnehmer nach den Bestimmungen der Reichsversicherungsordnung gegenüber dem Betriebsunternehmer Schadenersatzansprüche auch dann nicht zu, wenn der Unfall durch Fahrlässigkeit des Betriebsunternehmers oder seiner Vertreter herbeigeführt worden ist. Der Arbeitnehmer hat in einem solche Falle lediglich Ersatzansprüche gegenüber der für den Betriebsunternehmer eintretenden Berufsgenossenschaft. Diese Schutzvorschrift kommt jedoch nach einem Urteile des Reichsgerichtes vom 27. 6. 1925 Nr. IV 14/25 und einem Urteile des Reichsversicherungsamtes vom 16. 3. 1925 Nr. I a 1325/24 jeweils nur einem Betriebsunternehmer, und zwar jeweils nur demjenigen Arbeitgeber zugute, dessen Berufsgenossenschaft den Unfall als Betriebsunfall anerkannt und sich zur Leistung der Unfallentschädigungen bereit erklärt hat. Wenn daher beispielsweise ein Arbeitnehmer eines Gießereibetriebes im Bereiche der Eisenbahn, also etwa beim Be- oder Entladen von Eisenbahnwagen im Güterbahnhofe einen Unfall erlitten hat und wenn die für den Gießereibetrieb zuständige Berufsgenossenschaft den Unfall als Betriebsunfall anerkannt hat, so kann sich auf die Haftungsbeschränkungsbestimmungen der Reichsversicherungsordnung lediglich der Gießereibetrieb und nicht auch die Reichsbahn berufen. Die Reichsbahn haftet vielmehr für den Unfall unbeschränkt im Rahmen der für sie allgemein geltenden Haftpflichtgrundsätze und die für den Gießereibetrieb zuständige Berufsgenossenschaft kann auf Grund des § 1542 der Reichsversicherungsordnung im Wege der Regreßklage gegenüber der Reichsbahn die Entschädigungsansprüche geltend machen, welche dem Verletzten nach den allgemeinen Haftungsgrundsätzen der Reichsbahn gegenüber zustehen.

(Weitere Entscheidungen siehe unter Nr. X B 3.)

c) Wie weit sind Schutzkleider zu stellen?

1. Keine Verpflichtung des Arbeitgebers zur Schadenersatzleistung wegen Nichtgestellung vorgeschriebener Schutzkleider. Nach einem Urteile des Gewerbegerichtes Berlin vom 4. Juni 1925, Nr. 501/1925 K 11 (Mitteilungen des Verbandes Berliner Metallindustrieller Nr. 7/1925, S. 103) stellen die Unfallverhütungsvorschriften der Berufsgenossenschaften und die Ministerialverfügungen, betreffend die gewerbepolizeiliche Überwachung von Arbeitstätten, keine Schutzgesetze im Sinne des § 823, Absatz 2 des BGB. dar. Infolgedessen macht ein Arbeitgeber sich einem Arbeitnehmer gegenüber nicht dadurch schadenersatzpflichtig, daß er keine in den Unfallverhütungsvorschriften oder den einschlägigen Ministerialbestimmungen vorgesehenen Schutzkleider stellt, und wenn infolgedessen die Arbeitskleider des Arbeitnehmers beschädigt werden. Voraussetzung ist allerdings nach der Urteilsbegründung, daß der Arbeitgeber nicht etwa in dem Einzelvertrage, dem einschlägigen Tarifvertrage oder der Arbeitsordnung eine vertragliche Verpflichtung zur Stellung von Arbeitskleidern übernommen hat.

IX. Erholungsurlaub.

A. Einschlägige gesetzliche Bestimmungen

fehlen; es gelten lediglich die allgemeinen Vertrags- und Tarifgrundsätze.

B. Die wichtigsten Einzelfragen.

a) Besteht Anspruch auf Erholungsurlaub auch ohne ausdrückliche Vereinbarung?

1.—2. siehe Band I, Seite 52.

3. Kein gewohnheitsrechtlicher Anspruch auf Erholungsurlaub. In Übereinstimmung mit den Ausführungen von Nikisch in der Neuen Zeitschrift für Arbeitsrecht 1925, S. 65 ff., II 3, stellte sich das Landgericht Dessau mit Urteil vom 18. Februar 1925 (Schlichtungswesen 1925, Nr. 7, S. 134) auf den Standpunkt, daß es zurzeit einen gewohnheitsrechtlichen Anspruch auf Erholungsurlaub noch nicht gibt. Auch nach Ansicht des Landgerichtes Dessau kann vielmehr Erholungsurlaub im Einzelfalle nur dann verlangt werden, wenn eine vertragliche oder tarifliche Vereinbarung bzw. deren Nachwirkung nachgewiesen werden kann.

4. Kein Urlaubsanspruch auf Grund eines Reichsmanteltarifes. Ein Reichsmanteltarif, der lediglich Richtlinien für den Abschluß von Orts- oder Bezirkstarifverträgen vorsieht, begründet gemäß einem Urteile des Gewerbegerichtes Königsberg (Gewerbe- und Kaufmannsgericht 1925 Nr. 12, S. 541) auch dann für die einzelnen Arbeitnehmer keinen Anspruch auf Erholungsurlaub, wenn der Reichsmanteltarif als Richtlinien für die Orts- und Bezirkstarife die Gewährung von Urlaubsansprüchen in bestimmter Mindesthöhe vorsieht. Trotz solcher Bestimmungen in einem Reichsmanteltarife können daher die einzelnen Arbeitnehmer Erholungsurlaub nur beanspruchen, wenn in ihrem Bezirke tatsächlich ein Orts- oder Bezirkstarif im Sinne des Reichsmanteltarifes abgeschlossen worden ist, oder wenn ihnen Erholungsurlaub ausdrücklich zugesagt worden ist.

b) Besteht Anspruch auf Erholungsurlaub trotz Außerkrafttretens des Tarifvertrages?

1.—2. siehe Band I, S. 52—53.

3.—5. » » II, » 48—49.

6. **Kein Urlaubsanspruch nach Außerkrafttreten des Tarifvertrages.** In der umstrittenen Frage der sogenannten Nachwirkung tariflicher Urlaubsbestimmungen nach dem Außerkrafttreten von Tarifverträgen stellte sich ein Urteil des Gewerbegerichtes Halle vom 9. April 1925, Nr. 34/1925 (Mitteilungen des deutschen Industrieschutzverbandes 1925, Nr. 86) auf den Standpunkt, daß mit dem Ablauf eines Tarifvertrages Arbeitnehmer auf Grund dieses Tarifvertrages Erholungsurlaub grundsätzlich nicht mehr verlangen können.

7. **Urlaubsanspruch trotz Ablaufes eines Tarifvertrages** steht den tarifbeteiligten Arbeitnehmern in tarifloser Zeit gemäß den ohne Datum in der Zeitschrift »Arbeiterrecht und Arbeiterversicherung 1925«, S. 30, veröffentlichten Urteilen der Gewerbegerichte Berlin, Lüneburg und Duisburg auf Grund der sog. tariflichen Nachwirkung zu, sofern zwischen dem Arbeitgeber und den Arbeitnehmern keine ausdrücklichen gegenteiligen Vereinbarungen getroffen sind.

8. **Erholungsurlaubsanspruch trotz Ablaufes des ihn bewilligenden Tarifvertrages.** In Übereinstimmung mit der herrschenden Meinung entschied auch das Landgericht Leipzig mit Urteil vom 9. Dezember 1924, Nr. 4 D g 273/24 (Neue Zeitschr. f. Arbeitsrecht 1925, S. 554), daß in tarifloser Zeit der im abgelaufenen Tarifvertrage bewilligte Erholungsurlaub noch so lange auf Grund der sog. tariflichen Nachwirkung verlangt werden kann, als diese Nachwirkung nicht durch neue Tarifbestimmungen bzw. durch gegenteilige Einzelabmachungen außer Kraft gesetzt worden ist. Auch eine Aufkündigung der Einzeldienstverhältnisse gelegentlich des Außerkrafttretens des Tarifvertrages hebt diese Nachwirkung der Bedingungen des abgelaufenen Tarifvertrages nicht auf, wenn das aufgekündigte Dienstverhältnis stillschweigend über den Kündigungsendtermin hinaus fortgesetzt wird, ohne daß gelegentlich des Ablaufes des Kündigungstermines und der Fortsetzung des Dienstverhältnisses ausdrückliche Bestimmungen, betreffend den Erholungsurlaub, getroffen werden.

c) Besteht Anspruch auf Erholungsurlaub auch nach Kündigung oder Beendigung des Dienstverhältnisses?

1.—2. siehe Band I, Seite 53.

3.—6. » » II, » 49—50.

7. **Verlust des Erholungsurlaubsanspruches bei fristloser Entlassung.** Mangels gegenteiliger ausdrücklicher Tarif- oder Vertragsbestimmung verliert der Arbeitnehmer auch nach einem Urteile des Berggewerbegerichtes Dortmund, Kammer Essen I vom 30. 5. 1924 Nr. I 351 (Industrieschutz 1925, Nr. 93) bei fristloser Entlassung aus wichtigem Grunde restlos den vertraglichen oder tariflichen Urlaubsanspruch auch soweit er sich auf die rückliegende Zeit bezieht.

8. Wegfall des Urlaubsanspruches bei fristloser Entlassung aus wichtigem Grunde. Wenn ein Arbeitnehmer seinem Arbeitgeber durch sein Verhalten, beispielsweise durch unentschuldigtes Fernbleiben von der Arbeit einen wichtigen Grund zur fristlosen Entlassung gegeben hat, so verliert er nach einem Urteile des Gewerbegerichtes Berlin vom 16. Juni 1925 Nr. 610/25 K 11 automatisch seinen Anspruch auf den noch nicht genommenen Erholungsurlaub, sofern im einschlägigen Tarif- oder Einzelvertrag nicht ausdrücklich etwas Gegenteiliges vereinbart worden ist.

9. Wegfall des Urlaubsanspruches bei Entlassungen durch den Arbeitgeber. Wenn nach dem einschlägigen Dienst- oder Tarifvertrage Entlassungen ohne Einhaltung einer Kündigungsfrist zulässig sind, so fällt mit der Entlassung eines Arbeitnehmers gemäß einem Urteile des Gewerbegerichtes Pößneck Nr. 11/25 (Juristische Wochenschrift 1925, S. 1930) auch automatisch das Recht des Arbeitnehmers auf den bis dahin noch nicht genommenen Erholungsurlaub weg, es sei denn, daß der einschlägige Dienst- oder Tarifvertrag ausdrücklich etwas gegenteiliges besagt.

10. Anspruch auf Erholungsurlaub für die rückliegende Zeit trotz fristloser Entlassung? Während die herrschende Meinung in Literatur und Rechtsprechung annimmt, daß mangels gegenteiliger ausdrücklicher Vereinbarung Arbeitnehmer im Falle ihrer fristlosen Entlassung den Anspruch auf den bis dahin noch nicht genommenen Erholungsurlaub verlieren, sprach ein Urteil des Landgerichtes I Berlin vom 26. März 1925 (Arbeiterrecht und Arbeiterversicherung, Nr. 7, S. 53) einem fristlos entlassenen Arbeitnehmer einen Anspruch auf Abgeltung des Ferienanspruches für die rückliegende Zeit zu. Das Landgericht I Berlin begründete diese Entscheidung damit, daß eine fristlose Entlassung das Arbeitsverhältnis und die Rechte aus dem Arbeitsvertrage lediglich für die künftige Zeit zum Erlöschen bringt, daß sie dagegen auf die bereits erworbenen Rechte des Arbeitnehmers aus früherer Arbeitsleistung ohne Einfluß bleibt.

11. Anspruch auf Urlaubsvergütung trotz freiwilligen Dienstaustrittes? Im Gegensatz zu der wohl als herrschend anzusehenden Meinung, daß die eigene freiwillige Kündigung dem Arbeitnehmer das Recht auf Erholungsurlaub auch für die rückliegende Zeit nimmt, entschied das Gewerbegericht Berlin mit Urteil vom 27. November 1924 (Schlichtungswesen 1925, S. 32), daß ein Arbeitnehmer im allgemeinen mangels gegenteiliger ausdrücklicher Vertrags- oder Tarifbestimmung einen Anspruch auf Urlaubsvergütung für die rückliegende Zeit nicht dadurch verliert, daß er vor Antritt des Erholungsurlaubes freiwillig seine Entlassung nimmt. Dies gilt nach Ansicht des Gewerbegerichtes Berlin auch dann, wenn der einschlägige Tarifvertrag besagt, daß für nicht angetretenen Erholungsurlaub eine Vergütung nicht gezahlt wird. Nach der Urteilsbegründung ist eine solche Tarifbestimmung lediglich dahin auszulegen, daß solche Arbeitnehmer eine Vergütung für den nicht genommenen Urlaub nicht verlangen können, die den ihnen zustehenden fälligen und gewährten Urlaub nicht angetreten haben, obwohl sie während des ganzen Urlaubsjahres im Betriebe beschäftigt waren.

d) Besteht Anspruch auf Erholungsurlaub auch bei Betriebsstillegung und Werksbeurlaubung?

1.—4. siehe Band I, Seite 53—55.

5.—9. » » II, » 50—51.

10. Kein Wegfall des Erholungsurlaubes wegen Werksbeurlaubung. In der bekannten Streitfrage, ob durch Werksbeurlaubung Arbeitnehmer den bereits durch die frühere Beschäftigung in dem betreffenden Jahre erworbenen Anspruch auf Erholungsurlaub verlieren, entschied der Tarifausschuß für den Ruhrbergbau am 23. Juni 1925 (Essener Anzeiger, Nr. 145/1925), daß werksbeurlaubte Arbeitnehmer, die bereits vor der Werksbeurlaubung sich einen Anspruch auf Erholungsurlaub nach den geltenden Tarifvereinbarungen erarbeitet hatten, Anspruch auf Zahlung der normalen Urlaubsvergütung haben, daß jedoch die Zeit der Werksbeurlaubung selbst in bezug auf die Urlaubsansprüche in den folgenden Jahren bei der Berechnung der Wartezeit und der Tätigkeitsjahre außer Ansatz zu lassen ist.

e) Besteht Anspruch auf Erholungsurlaub trotz Krankheit am Stichtage oder längerer Arbeitsunfähigkeit?

1. siehe Band I, Seite 55—56.

2. » » II, » 51.

f) Wieviel Stunden sind bei Erholungsurlaub zu bezahlen?

1. siehe Band I, Seite 56.

g) Wie werden die Dienstjahre für Urlaubsansprüche berechnet?

1. siehe Band I, Seite 56.

2. » » II, » 51—52.

3. » Nr. IX B d 10.

h) Besteht Anspruch auf Erholungsurlaub nach Arbeitskämpfen?

1. siehe Band I, Seite 56—57.

2. » » II, » 52.

i) Wann kann Abgeltung des Erholungsurlaubes in Geld verlangt werden?

1.—3. siehe Band II, S. 52.

4. **Keine Abgeltung des nicht genommenen Erholungsurlaubes** kann der Arbeitnehmer gemäß Urteil des Gewerbegerichtes Hamburg vom 30. 9. 1925 (Stichworte des Arbeitsrechtes 1925, Nr. 21) mehr verlangen, wenn er wegen wichtigen Grundes fristlos entlassen worden ist. Eine Ausnahme gilt nur dann, wenn der einschlägige Dienst- oder Tarifvertrag ausdrücklich besagt, daß trotz fristloser Entlassung aus wichtigem Grund der vor der fristlosen Entlassung verdiente Urlaubsanspruch bestehen bleibt.

k) Darf während des Erholungsurlaubes bezahlte Beschäftigung anderweitig aufgenommen werden?

1. **Anderweitige Beschäftigung während des Erholungsurlaubes** ist nach einem Urteile des Gewerbegerichtes Hamburg vom 15. Juni 1925 (Hanseatische Gerichtszeitung, Abteilung Arbeitsrecht 2, 28, S. 163) auch mangels ausdrücklicher einschlägiger Tarifbestimmungen unzulässig, falls der Urlaubsanspruch tariflich festgelegt ist. Dagegen berechtigt anderweitige Beschäftigung eines Arbeitnehmers während des Erholungsurlaubes den Arbeitgeber nach dem vorerwähnten Urteile nur dann ausnahmsweise zur fristlosen Entlassung, wenn der Arbeitnehmer ausdrücklich unter Hinweis auf die etwaige fristlose Entlassung vor der Übernahme anderer Arbeit während des Erholungsurlaubes gewarnt worden ist.

2. **Die Aufnahme der Arbeit bei einem anderen Arbeitgeber während der Zeit des Erholungsurlaubes** stellt gemäß einem Urteile des Gewerbegerichtes Bremen vom 11. Juni 1925 (Hanseatische Gerichtszeitung, Abt. Arbeitsrecht 2, 39, S. 189) ein rechtswidriges Verlassen der Arbeit bei dem Hauptarbeitgeber im Sinne des § 124b der Gewerbeordnung dar und berechtigt diesen zur fristlosen Entlassung unter Einklagung der vom Arbeitnehmer im Falle des Vertragsbruches zu zahlenden Entschädigung gemäß § 124 b der Gewerbeordnung.

l) Wann liegt Verzicht auf den Urlaubsanspruch vor?

1. **Stillschweigender Verzicht auf den Erholungsurlaub** für das abgelaufene Jahr liegt nach einem Urteile des Gewerbegerichtes Witten/Ruhr vom 6. Februar 1925 (Mitteilungen der Arbeitgeberverbände Unterelbe und Hamburg-Altona 1925 Nr. 12, S. 72) vor, wenn ein Arbeitnehmer den während eines Jahres nicht genommenen Urlaub oder Urlaubsrest auch im folgenden Jahre seiner Firma gegenüber nicht geltend macht.

m) Wie weit ist bei Gewährung des Erholungsurlaubes der Fortbildungsschulunterricht zu berücksichtigen?

1. Fortbildungsschulpflicht während des Erholungsurlaubes. In einem Erlasse vom 12. August 1925, Nr. IV 11048 (Reichsarbeitsblatt 1925, Nr. 34, S. 406), empfiehlt der Minister für Handel und Gewerbe, den Erholungsurlaub der fortbildungsschulpflichtigen Lehrlinge und jugendlichen Arbeiter möglichst in die Zeit der Ferien der Fortbildungsschulen bzw. Berufsschulen zu legen, damit die fortbildungsschulpflichtigen Arbeitnehmer infolge des Zusammenfallens der Schulferien und des Erholungsurlaubes in der Lage sind, Erholungs- und Studienreisen zu machen. Nach diesem Erlasse ist es im allgemeinen nicht angängig, daß die Fortbildungs- und Berufsschulen auch außerhalb ihrer allgemeinen Ferien einzelnen Schülern noch Urlaub erteilen, damit sie ihren etwa außerhalb der Schulferien genommenen Erholungsurlaub außerhalb verleben können.

X. Arbeiter- und Angestellten-versicherung.

A. Einschlägige Gesetzesbestimmungen.

1. Reichsversicherungsordnung vom 19. Juli 1911 (RGBl. S. 509) in der Fassung vom 15. 12. 1924 (RGBl. I S. 779) nebst den dazu ergangenen zahlreichen Abänderungs- und Ausführungsbestimmungen. (siehe Abschnitt C Nr. 114).
2. Versicherungsgesetz für Angestellte vom 20. Dezember 1911 (RGBl. S. 989) in der Fassung vom 28.5.1924 (RGBl. I S. 563) nebst den dazu ergangenen Abänderungs- und Ausführungsbestimmungen (siehe Abschnitt C Nr. 109).
3. Verordnung über Erwerbslosenfürsorge vom 16. Februar 1924 (RGBl. S. 127) nebst den Ausführungs- und Abänderungsverordnungen vom 13. März 1924, 25. März 1924, 24. Mai 1924, 14. November 1924, 27. März 1925, 27. März 1925, 30. April 1925, 2. Mai 1925. 2. Mai 1925 (RGBl. S. 279, 376 und 562, Deutscher Reichsanzeiger Nr. 271 vom 15. November 1924, RGBl. I S. 31, 33, 53, 61 und 63).
4. Gesetz über Ausbau der Angestellten- und Invalidenversicherung und über Gesundheitsfürsorge der Reichsversicherung vom 28. Juli 1925 (RGBl. I S. 157).
5. Verordnung zur Durchführung der Angestelltenversicherung bei den Ersatzkassen vom 4. August 1925 (RGBl. I S. 187).

B. Die wichtigsten Einzelfragen.

1. Allgemeines.

a) Wie werden die Verdienstgrenzen in der Sozialversicherung berechnet?

1. siehe Band I, Seite 58.

2. Versicherungspflicht von Handlungslehrlingen in der Sozialversicherung. In einem Bescheide vom 16. Mai 1925, Nr. II 4735/25 (Reichsarbeitsblatt 1925, Nr. 24, S. 265) macht der Reichsarbeitsminister darauf aufmerksam, daß gemäß § 9 des Angestelltenversicherungsgesetzes und § 227 der Reichsversicherungsordnung eine Beschäftigung versicherungsfrei ist, für die nur freier Unterhalt gewährt wird. In Auslegung dieser Bestimmung führt der Reichsarbeitsminister in demselben Bescheide aus, daß auch eine verhältnismäßig unerhebliche Barvergütung neben freiem Unterhalt eine Versicherungspflicht nicht begründet, sofern in der Vergütung mehr nur ein geringfügiges Taschengeld und kein eigentliches Entgelt erblickt werden kann. Im einzelnen sollen Lehrlinge in der Invalidenversicherung als nicht versicherungspflichtig angesehen werden, die eine Vergütung von nicht mehr als einem Drittel des maßgebenden Ortslohnes beziehen und in der Angestelltenversicherung soll eine Barvergütung von nicht mehr als 10 Reichsmark nicht als ein die Versicherungspflicht begründender Verdienst angesehen werden.

b) Welchen Einfluß hat vorübergehende Beurlaubung auf die Versicherungspflicht?

1. siehe Band I, S. 59.
2. » » II, » 54.

c) Wie sind die Leistungen aus der Sozialversicherung aufzuwerten?

1. siehe Band I, Seite 59.

d) Welche Gebührensätze gelten im versicherungsrechtlichen Streitverfahren?

1. siehe Band I, Seite 60.

e) Welche ärztlichen Gebührentarife gelten in der Sozialversicherung?

1. siehe Band I, S. 60.

f) Welche grundsätzlichen Änderungen erstrebt man für die Sozialversicherung?

1. siehe Band I, S. 60—61.

2. Aufschub der Wahlen in der Sozialversicherung. Der Reichsarbeitsminister empfiehlt in einem Erlasse vom 4. August

1925, Nr. II 7320/25 (Reichsarbeitsblatt 1925, Nr. 32, S. 388), von Neuwahlen in der Sozialversicherung möglichst bis zum Inkrafttreten des in Aussicht stehenden Gesetzes für das soziale Wahljahr Abstand zu nehmen, um kurzfristig aufeinanderfolgende Neuwahlen zu vermeiden. Nach dem Erlasse wird das neue Gesetz für das soziale Wahljahr voraussichtlich zum 1. Januar 1927 in Kraft treten, und es sollen auch voraussichtlich sämtliche Wahlperioden einheitlich am 1. Januar 1927 neu beginnen und an einheitlichen Terminen jeweils enden.

g) Welche Vorbeugungsmaßnahmen sieht die Sozialversicherung vor?

1. **Gesundheitsfürsorge in der Reichsversicherung.** Im Sinne der neuzeitlichen Bestrebungen nach möglichst weitgehenden Vorbeugungsmaßregeln in der Reichsversicherung ermächtigt das Gesetz vom 28. Juli 1925 (RGBl. I, Nr. 35, S. 157) die Reichsregierung nach Anhörung der Versicherungsträger und der Ärzte oder ihrer Spitzenverbände, mit Zustimmung des Reichsrates und eines 28-gliedrigen Ausschusses des Reichstages Richtlinien zu erlassen, betreffend das Heilverfahren in der Reichsversicherung und die allgemeinen Maßnahmen der Versicherungsträger zur Verhütung des Eintritts vorzeitiger Berufsunfähigkeit oder Invalidität oder zur Hebung der gesundheitlichen Verhältnisse der versicherten Bevölkerung. Diese Richtlinien sollen gleichzeitig das Zusammenwirken der Träger der Reichsversicherung untereinander und mit den Trägern der öffentlichen und freien Wohlfahrtspflege auf dem Gebiete des Heilverfahrens und der sozialen Hygiene regeln.

2. Krankenversicherung.

a) Wer ist versicherungspflichtig in der Krankenversicherung?

1.—3. siehe Band I, Seite 61—62.

4.—5. » » II, » 54—55.

6. Keine Krankenversicherungspflicht während des Streiks. Nach einer Entscheidung des Reichsversicherungsamtes vom 29. September 1922, Nr. II K 24/1922 B (Amtliche Nachrichten des Reichsversicherungsamtes, 39 Jahrg., S. 273), ruht die Krankenversicherungspflicht der Arbeitnehmer während der Zeit, in der sie die Arbeit aus Anlaß eines Streiks niedergelegt haben. Dementsprechend wird der Arbeitgeber von der Pflicht zur Zahlung der Krankenkassenbeiträge für streikende Arbeitnehmer für die Dauer des Streiks und der Nichtbeschäftigung der streikenden Arbeitnehmer frei, sobald er die streikenden Arbeitnehmer satzungsgemäß bei der

Krankenkasse abgemeldet hat. **Dagegen muß er trotz des Streikes die Krankenkassenbeiträge weiter entrichten, wenn er die Abmeldung bei der Krankenkasse unterläßt.**

b) Wie hoch sind die Krankenkassenbeiträge?

1.—2. siehe Band I, Seite 62—63.
3. » » II, » 55—56.

c) Welche Verzugszuschläge sind für rückständige Beiträge zu zahlen?

1.—2. siehe Band I, S. 63.
3. » » II, » 56.

d) Unter welchen Voraussetzungen können Betriebskrankenkassen errichtet und erweitert werden?

1.—2. siehe Band I, Seite 64.

e) Wer kann die Kassenleistungen beanspruchen und bei der Selbstverwaltung mitwirken?

1.—4. siehe Band II, Seite 56—57.

5. Verlust des Anspruches auf Krankenunterstützung wegen unerlaubten Verlassens des Kassenbezirkes. Nach einem Urteile des Reichsversicherungsamtes Nr. 2 a K 42/24 verliert ein Krankenkassenmitglied seinen Anspruch auf Krankenunterstützung, wenn es den Kassenbezirk ohne Genehmigung des Kassenvorstandes bzw. der Geschäftsführung der Krankenkasse aus irgendeinem Grunde verläßt und sich außerhalb des Bezirkes aufhält. Dies gilt auch dann, wenn das Kassenmitglied seinen regelmäßigen Wohnsitz und den Kassenbezirk nur verläßt, um sich bei Familienangehörigen aufzuhalten. Auch hierzu bedarf das Kassenmitglied eben der Genehmigung des Kassenvorstandes. Das Mitglied kann sich auch nicht etwa darauf berufen, daß es zwei Wohnsitze gehabt habe, den einen im Kassenbezirke und den anderen außerhalb des Kassenbezirkes bei seinen Angehörigen. Nur dann darf das Mitglied den Kassenbezirk ohne Genehmigung des Kassenvorstandes verlassen, ohne Gefahr zu laufen, seinen Unterstützungsanspruch zu verlieren, wenn es außerhalb des Kassenbezirkes seinen regelmäßigen Wohnort hat, oder wenn es tatsächlich zwei Wohnsitze im Sinne des BGB. besitzt.

6. Kein Anspruch auf Familienhilfe zugunsten ausgesteuerter, freiwillig weiterversicherter Angehöriger. Nach einem Urteile des

Reichsversicherungsamtes Nr. IIa K 61/24 (Handel und Industrie 1925, Nr. 1734, S. 2774) steht Arbeitnehmern, die bei einer Krankenkasse pflichtversichert sind, gegenüber ihrer Krankenkasse kein Anspruch auf Familienhilfe zu, wenn ein Familienangehöriger erkrankt oder stirbt, der freiwillig bei derselben Krankenkasse weiter versichert war und bereits wegen längerer Krankheit ausgesteuert worden ist.

7. **Fortzahlung des Krankengeldes bis zur Bekanntgabe der Arbeitsfähigkeit an das erkrankte Mitglied.** Nach einem Urteile des Reichsversicherungsamtes vom 31. 10. 1922, Nr. IIa K 172/22 (Amtliche Nachrichten des Reichsversicherungsamtes 1923, S. 20), kann ein erkranktes Kassenmitglied auch dann, wenn es bereits früher durch den behandelnden Arzt oder einen Vertrauensarzt gesund geschrieben worden ist, noch die Fortzahlung des Krankengeldes bis zu dem Tage verlangen, an welchem ihm seitens des Arztes oder der Krankenkasse die Gesundschreibung bekanntgegeben worden ist.

f) Welche Verfahrensvorschriften gelten für die Krankenkassenorgane?

1. **Krankenkassenausschüsse sind ohne Rücksicht auf die Zahl der Erschienenen beschlußfähig** gemäß einem Urteile des Sächsischen Landesversicherungsamtes vom 16. 4. 1921, Nr. 123/20 (Kaskels Monatsschrift 1925, Spalte 250), wenn die Satzung ausdrücklich besagt, daß der Ausschuß ohne Rücksicht auf die Zahl der zur Sitzung erschienenen Mitglieder beschlußfähig ist. Nur dann sind Ausschußbeschlüsse trotz einer solchen Satzungsbestimmung wegen ungenügender Zahl der erschienenen Mitglieder ungültig, wenn sie eine Änderung der Satzung oder die Auflösung der Krankenkasse bzw. ihre Vereinigung mit einer anderen Kasse betreffen und wenn nicht die Mehrheit der Stimmen der Versicherten und der Arbeitgeber in der beschlußfassenden Sitzung vertreten war.

2. **Zur Einladung des Versicherungsamtes zu den Sitzungen des Krankenkassenvorstandes oder des Krankenkassenausschusses** kann eine Krankenkasse nach einem Urteile des preußischen Landesversicherungsamtes Nr. K b 10/23 (Mitteilungen des Bayerischen Landesversicherungsamtes 1924, S. 18) nur ausnahmsweise dann verpflichtet werden, wenn sie sich Verstöße gegen Gesetz, Satzung, Dienst- oder Krankenordnung zuschulden hat kommen lassen, und wenn eine solche Anordnung des Versicherungsamtes notwendig ist, um eine ordnungsmäßige Geschäftsführung der Kasse zu erzwingen.

3. **Zur Beanstandung alter Satzungsbestimmungen** ist das Oberversicherungsamt gemäß einem Urteile des Sächsischen Landesversicherungsamtes vom 8. 4. 1922 (Kaskels Monatsschrift 1925, Nr. 85, Spalte 299) auch dann nicht berechtigt, wenn diese Satzungsbestimmungen der Klarheit halber nochmals ganz oder teilweise in einen Satzungsnachtrag aufgenommen worden sind, welcher dem

Oberversicherungsamt zur Genehmigung vorgelegt worden ist. Das Oberversicherungsamt kann vielmehr nur Änderungen der Krankenkassensatzung, also nur den neuen Satzungsbestimmungen seine Genehmigung versagen.

3. Unfallversicherung.

a) Welche Leistungen werden in der Unfallversicherung gewährt?

1.—3. siehe Band I, Seite 64—65.
4.—5. » » II, » 57—58.

b) Welcher Berufsgenossenschaft muß der Betrieb angehören?

1. siehe Band II, Seite 58.

4. Invalidenversicherung.

a) Wer ist invalidenversicherungspflichtig?

1. siehe Band II, Seite 58—59.

b) Wie berechnen sich die Beiträge und Beitragszeiten für die Invalidenversicherung?

1.—3. siehe Band I, Seite 65—66.
4. » » II, » 59.

5. Änderung der Beitragsklassen in der Invalidenversicherung vom 28. September 1925 ab. Mit Wirkung vom 28. September 1925 ab hat das Gesetz vom 28. Juli 1925 (RGBl. I, Nr. 35, S. 157) eine neue Lohnklasse in der Invalidenversicherung eingeführt und gleichzeitig die Lohnstufen der einzelnen Lohnklassen abgeändert.

Nach dieser Änderung gelten mit Wirkung vom 28. September 1925 ab in der Invalidenversicherung nach der Höhe des wöchentlichen Arbeitsverdienstes für die Versicherten folgende Lohnklassen:

Klasse 1, umfassend die wöchentlichen Arbeitsverdienste bis zu RM. 6,

Klasse 2, umfassend die wöchentlichen Arbeitsverdienste von mehr als RM. 6 bis 12,

Klasse 3, umfassend die wöchentlichen Arbeitsverdienste von mehr als RM. 12 bis 18,

Klasse 4, umfassend die wöchentlichen Arbeitsverdienste von mehr als RM. 18 bis 24,

Klasse 5, umfassend die wöchentlichen Arbeitsverdienste von mehr als RM. 24 bis 30,

Klasse 6, umfassend die wöchentlichen Arbeitsverdienste von mehr als RM. 30.

6. Erhöhung der Beiträge in der Invalidenversicherung ab 28. September 1925. Mit Wirkung vom 28. September 1925 ab sind die Wochenbeiträge in der Invalidenversicherung in der Weise erhöht worden, daß von diesem Tage ab erhoben werden als Wochenbeitrag:

in	der	Lohnklasse	1	25	Reichspfennige,
»	»	»	2	50	»
»	»	»	3	70	»
»	»	»	4	100	»
»	»	»	5	120	»
»	»	»	6	140	»

Von diesen Sätzen hat der Arbeitgeber und der Arbeitnehmer je die Hälfte zu zahlen, sofern nicht der Arbeitgeber nach der Neuerung des Gesetzes vom 28. Juli 1925 die vollen Beiträge zu entrichten hat, weil der Arbeitnehmer als Lehrling beschäftigt ist oder kein höheres wöchentliches Entgelt als RM. 6 erhält.

7. Volle Beitragsleistung des Arbeitgebers in der Invalidenversicherung. Mit Wirkung vom 1. August 1925 ab hat der Arbeitgeber auf Grund des Gesetzes vom 28. Juli 1925 (RGBl. I, Nr. 35, S. 157) für Lehrlinge und für Versicherte, deren wöchentliches Arbeitsverdienst RM. 6 nicht übersteigt, die vollen Beiträge zur Invalidenversicherung allein zu zahlen, während es bezüglich der höher entlohnten Arbeitnehmer bei der allgemeinen Regel des § 1387 der Reichsversicherungsordnung bleibt, nach welcher die Beiträge in der Invalidenversicherung je zur Hälfte vom Arbeitgeber und vom Arbeitnehmer aufzubringen sind.

8. Beitragsentrichtung bei Selbstversicherung und Weiterversicherung in der Invalidenversicherung. Der § 1440 der Reichsversicherungsordnung, betreffend die Beitragsentrichtung der sog. Selbst- oder Weiterversicherten in der Invalidenversicherung ist durch Gesetz vom 28. Juli 1925 mit Wirkung vom 1. August 1925 ab dahin geändert worden, daß bei der Selbstversicherung und Weiterversicherung Beiträge in der dem jeweiligen Einkommen entsprechenden Lohnklasse mindestens aber in der Lohnklasse 2 zu entrichten sind, daß freiwillig Versicherte Marken bei den Verkaufsstellen des Anstaltsbezirkes erwerben, in welchem sie beschäftigt sind oder sich aufhalten, daß freiwillig Versicherte die Versicherung im Auslande fortsetzen können und daß endlich zur Fortsetzung der Versicherung bei einer Sonderanstalt Marken der im § 1411 bezeichneten Art nicht verwendet werden dürfen.

9. Irrtümliche Beitragsentrichtung in der Invalidenversicherung. Um zu verhüten, daß ein Arbeitnehmer zeitweise ohne Versicherungsschutz bleibt, weil er sich irrtümlich für invaliden- statt für angestelltenversicherungspflichtig gehalten hat, bestimmt das Gesetz vom 28. Juli 1925 (RGBl. I, Nr. 35, S. 157) durch Einfügung eines Zusatzes in den § 1445, Absatz 3, der Reichsversicherungsordnung, daß Beiträge, die für einen Versicherten zur Invalidenversicherung entrichtet worden sind, obwohl er angestelltenversicherungspflichtig war, nur insoweit beanstandet werden dürfen, als die Nachentrichtung von Beiträgen zur Angestelltenversicherung statthaft ist.

10. Rechtsfolgen verspäteter Entrichtung der Invalidenversicherungsbeiträge für die Zeit vor dem 28. September 1925. Mit Rücksicht darauf, daß am 28. September 1925 die neuen höheren Beiträge in der Invalidenversicherung in Kraft treten, bestimmt das Gesetz vom 28. Juli 1925 (RGBl. I, Nr. 35, S. 157), daß Invalidenversicherungsbeiträge für die Zeit vor dem 28. September 1925 nur noch dann in der alten Höhe entrichtet werden dürfen, wenn sie spätestens bis zum 14. Oktober 1925 nachentrichtet werden, und daß vom 15. Oktober 1925 ab auch die rückständigen Beiträge unter Zugrundelegung der neuen Beitragsklassen und Beitragssätze geleistet werden müssen. Zur Vermeidung erheblicher Mehrleistungsverpflichtungen empfiehlt es sich daher, sorgfältig darauf zu achten, daß bis zum 28. September 1925 fällig werdende Invalidenversicherungsbeiträge spätestens bis zum 14. Oktober 1925 entrichtet werden.

11. Abkürzung der Wartezeit in der Invalidenversicherung. Nach der durch Gesetz vom 28. Juli 1925 (RGBl. I, Nr. 35, S. 157) mit Wirkung vom 1. Juli 1925 ab abgeänderten Fassung des § 383 des Angestelltenversicherungsgesetzes genügt in der Zeit vom 1. Januar 1913 bis zum Schluß des Jahres 1928 zur Erfüllung der Wartezeit bei den Hinterbliebenenrenten die Zurücklegung von 60 Beitragsmonaten auf Grund der Versicherungspflicht. Diese Bestimmung gilt für Neuversicherte auch über den Schluß des Jahres 1928 hinaus in den ersten 15 Jahren seit der Heraufsetzung der Jahresarbeitsverdienstgrenze. Darüber hinaus kann nach der ebenfalls durch das Gesetz vom 28. Juli 1925 abgeänderten Fassung des § 384 des Angestelltenversicherungsgesetzes die Reichsversicherungsanstalt dem Versicherten nach vorhergehender ärztlicher Untersuchung gestatten, die Wartezeit im Sinne des § 53 des Angestelltenversicherungsgesetzes durch Einzahlung der entsprechenden Deckungsmittel abzukürzen.

c) Welche Leistungen gewährt die Invalidenversicherung?

1.—2. siehe Band II, Seite 59—60.

3. Die Erhöhung der Renten in der Invalidenversicherung ab 1. August 1925. Das Gesetz vom 28. Juli 1925 (RGBl. I, Nr. 35, S. 157) hat unter anderem auch mit Wirkung vom 1. August 1925 ab die Renten in der Invalidenversicherung dadurch erhöht, daß es den Grundbetrag der Invalidenrenten für alle Lohnklassen von jährlich RM. 120 auf 168 und den Steigerungsbetrag von 10 auf 20 vH der gültig entrichteten Beiträge erhöht hat.

4. Erhöhung des Kinderzuschusses in der Invalidenversicherung. Auch der Kinderzuschuß in der Invalidenversicherung ist durch das Gesetz vom 28. Juli 1925 mit Wirkung vom 1. August 1925 ab erhöht worden, und zwar von jährlich RM. 36 auf 90 für jedes unter 18 Jahre alte Kind des Invalidenrentenempfängers.

d) Welche Rechtsfolgen hat die Nichtentrichtung von Beiträgen zur Invalidenversicherung?

1. siehe Band II, Seite 60—61.

5. Angestelltenversicherung.

a) Wer ist versicherungspflichtig und versicherungsberechtigt?

1.—3. siehe Band I, Seite 66—69.

4.—10. » » II, » 61—62.

11. Die Altersgrenze in der Angestelltenversicherung. Nach § 1 Absatz 3 des Angestelltenversicherungsgesetzes in der Fassung vom 28. Mai 1925 (RGBl. S. 563) ist Voraussetzung für die Versicherungspflicht eines Angestellten in der Angestelltenversicherung, daß er beim Eintritt in die versicherungspflichtige Beschäftigung das Alter von 60 Jahren noch nicht vollendet hat. Nach dem Gesetz vom 28. Juli 1925 (RGBl. I, Nr. 35, S. 157) ist diese Bestimmung zugunsten der aus dem Arbeiter- in das Angestelltenverhältnis übertretenden Arbeitnehmer dahin abgeändert, daß mit Wirkung vom 1. Juli 1925 ab diese Altersgrenze nicht gilt, wenn ein nach dem 4. Buche der Reichsversicherungsordnung Versicherter in eine nach dem Angestelltenversicherungsgesetz versicherungspflichtige Beschäftigung nach Vollendung des 60. Lebensjahres eintritt.

12. Freiwilliger Eintritt in die Angestelltenversicherung. Während bisher nach § 22 des Angestelltenversicherungsgesetzes zum freiwilligen Eintritt in die Angestelltenversicherung, also zur sog. Selbstversicherung, nur Personen bis zum vollendeten 40. Lebensjahre berechtigt waren, welche für eigene Rechnung eine ähnliche Tätigkeit wie die im § 1 des Angestelltenversicherungsgesetzes genannte ausüben, oder welche nach den §§ 9, 10 und 12, Nr. 4, d. h. deshalb versicherungsfrei waren, weil sie als Entgelt nur freien Unterhalt erhielten, oder weil ihre Beschäftigung nur eine vorübergehende war, bzw. weil sie nur zu ihrer wissenschaftlichen Ausbildung für den zukünftigen Beruf gegen Entgelt tätig waren, sind auf Grund des Gesetzes über Ausbau der Angestellten- und Invalidenversicherung und über Gesundheitsfürsorge in der Reichsversicherung vom 28. Juli 1925 (RGBl. I, Nr. 35, S. 157) mit Wirkung vom 1. Juli 1925 ab nunmehr zum freiwilligen Eintritt in die Angestelltenversicherung bis zum vollendeten 40. Lebensjahre auch die im § 1, Absatz 1 des Angestelltenversicherungsgesetzes genannten Angestellten berechtigt, deren Jahresarbeitsverdienst die für die Versicherungspflicht festgesetzte Grenze übersteigt. Dementsprechend sind nunmehr insbesondere auch die leitenden und hoch besoldeten Angestellten zur Selbstversicherung in der Angestelltenversicherung berechtigt.

13. Durchführung der Angestelltenversicherung bei den Ersatzkassen. Eine Verordnung des Reichsarbeitsministers vom 4. August 1925 (RGBl. I, Nr. 38, S. 187) bestimmt auf Grund der §§ 366, Absatz 1, 371, Absatz 2, 372, Absatz 4, und 373, Absatz 2, des Angestelltenversicherungsgesetzes, daß die Bescheinigung nach § 373, Absatz 1, des Angestelltenversicherungsgesetzes, d. h. die Bescheinigung, die jede Ersatzkasse beim Austritt eines der Versicherungspflicht unterliegenden Kassenmitgliedes innerhalb eines Monats nach dem Austritt der Reichsversicherungsanstalt zu übersenden hat, nach einem von der Reichsversicherungsanstalt entworfenen Muster die Angaben enthalten muß, die erforderlich sind, um die persönlichen Verhältnisse des Versicherten, dessen Arbeitgeber sowie die Dauer der Mitgliedschaft, die Art, Zahl, Höhe und Verteilung der Beiträge sowie die Ersatzkasse feststellen zu können. Gleichzeitig bestimmt die Verordnung, daß die Ersatzkassen gemäß § 372 des Angestelltenversicherungsgesetzes der Reichsversicherungsanstalt bis auf weiteres anteilig im Verhältnis der Versicherungsdauer und, soweit Steigerungsbeträge und Beitragserstattungen in Frage kommen, entsprechend dem Gesamtbetrage der entrichteten Beiträge die tatsächlichen Aufwendungen für Renten und einmalige Zahlungen unter Zugrundelegung der von der Reichsversicherungsanstalt vierteljährlich aufgestellten Erstattungsrechnung zu erstatten haben. Endlich bestimmt die Verordnung, daß im Falle der Zurückziehung der Zulassung einer Ersatzkasse oder der Auflösung der Ersatzkasse der Reichsversicherungsanstalt die Summe der seit dem 1. Januar 1924 an die Ersatzkasse entrichteten reichsgesetzlichen Reinbeiträge samt Zinsen und Zinseszinsen abzüglich der in gleicher Weise verzinsten, an die Reichsversicherungsanstalt bereits abgeführten Beträge zu überweisen ist, wobei als reichsgesetzliche Reinbeträge die gesetzlichen Beiträge abzüglich 15 vH für Verwaltungskosten und Heilverfahren gelten und bis auf weiteres ein Zinssatz von 6 vH zur Verrechnung kommen soll.

14. Versicherung bei einer Ersatzkasse statt in der Angestelltenversicherung. Durch Gesetz vom 28. Juli 1925 (RGBl. I, Nr. 35, S. 157) ist der § 363 des Angestelltenversicherungsgesetzes betreffend die Wirkung der Beteiligung bei einer Ersatzkasse dahin abgeändert worden, daß mit Wirkung vom 1. Juli 1925 ab die Beteiligung bei einer nach dem Versicherungsgesetz für Angestellte vom 20. Dezember 1911 (RGBl. I, S. 989) zugelassenen Ersatzkasse nur für die Angestellten derjenigen Unternehmungen der Versicherung bei der Reichsversicherungsanstalt für Angestellte gleichsteht, für die die Zulassung der Ersatzkasse erfolgt ist. Wenn jedoch ein Angestellter aus der versicherungspflichtigen Beschäftigung bei einer solchen Unternehmung ausscheidet, so kann er sich bei der Ersatzkasse weiter versichern.

15. Befreiung von Angestellten über 55 Jahre von der Angestelltenversicherungspflicht. Das Gesetz vom 28. Juli 1925 (RGBl. I, Nr. 35, S. 157) hat mit Wirkung vom 1. Juli 1925 ab den § 380 des Angestelltenversicherungsgesetzes dahin abgeändert, daß Angestellte, die beim Eintritt in die versicherungspflichtige Beschäftigung das 55. Lebensjahr vollendet haben, auf ihren Antrag von der Versicherungspflicht befreit werden, wenn ihnen die Abkürzung der Wartezeit nicht gestattet wird, oder nicht zugemutet werden kann; daß ein entsprechender Befreiungsantrag innerhalb der ersten drei Jahre nach Beginn der Versicherungspflicht zu stellen ist; und daß diese Vorschriften auch entsprechend für Angestellte gelten, die zwar schon versicherungspflichtig gewesen sind, jedoch die Anwartschaft verloren haben, oder sie ohne die Vorschrift des § 54, Absatz 2 des Angestelltenversicherungsgesetzes verloren hätten.

16. Bureauboten sind nicht angestellten-, sondern invalidenversicherungspflichtig gemäß einer Entscheidung des Reichsversicherungsamtes vom 12. März 1925, Nr. II A V 3/25 (Amtliche Nachrichten des Reichsversicherungsamtes 1925, S. 181), wenn sie in der Hauptsache Reinigungs- und Aufräumungsarbeiten sowie Botengänge und daneben nur in geringerem Umfange schriftliche Arbeiten zu erledigen haben.

17. Keine Befreiung von der Angestelltenversicherung wegen Bezuges einer Militärrente. Der Bezug einer Militärrente gilt nach einer Entscheidung des Reichsversicherungsamtes vom 6. Oktober 1923 (Arbeiterrecht 1925, S. 568) nicht als ein von der Versicherungspflicht in der Angestelltenversicherung befreiender »Bezug« im Sinne des § 11 des Angestelltenversicherungsgesetzes. Dementsprechend befreit der Bezug einer Militärrente an sich im allgemeinen nicht von der sonst bestehenden Versicherungspflicht in der Angestelltenversicherung.

b) Wie berechnen sich die Beiträge und Beitragszeiten?

1. siehe Band I, Seite 69.

2. » » II, » 62.

3. Die Beiträge in der Angestelltenversicherung ab 1. September 1925. Mit Wirkung vom 1. September 1925 ab sind durch Gesetz vom 28. Juli 1925 (RGBl. I, Nr. 35, S. 157) die Beiträge in der Angestelltenversicherung wie folgt neu festgesetzt. Es beträgt der Monatsbeitrag:

in der Gehaltsklasse	A	2 Reichsmark
» » »	B	4 »
» » »	C	8 »
» » »	D	12 »
» » »	E	16 »
» » »	F	20 »
» » »	G	25 »
» » »	H	30 »

4. Die Eingruppierung in die Beitragsklassen bei freiwilliger Weiterversicherung. Unter Abänderung des § 185 des Angestelltenversicherungsgesetzes schreibt das Gesetz vom 28. Juli 1925 (RGBl. I, Nr. 35, S. 157) vor, daß die freiwillige Weiterversicherung nicht unter derjenigen Gehaltsklasse zulässig ist, die dem Durchschnitt der letzten vier Pflichtbeiträge entspricht oder am nächsten kommt. Die freiwillige Weiterversicherung in einer niedrigeren Gehaltsklasse ist nur dann zulässig, wenn der Versicherte nachweist, daß diese Gehaltsklasse seinem Einkommen entspricht. Diese Neuerung gilt ab 1. Juli 1925.

5. Die Eingruppierung in die Beitragsklassen bei Selbstversicherung. Im Falle der Selbstversicherung müssen mit Wirkung vom 1. Juli 1925 ab gemäß Gesetz vom 28. Juli 1925 (RGBl. I, Nr. 35, S. 157) von den Selbstversicherten in der Angestelltenversicherung mindestens die Beiträge der Gehaltsklasse gezahlt werden, die dem jeweiligen Einkommen entspricht.

6. Irrtümliche Entrichtung von Beiträgen in der Angestelltenversicherung. Wenn für einen Arbeitnehmer Beiträge zur Angestelltenversicherung entrichtet worden sind, obwohl er nicht angestellten-, sondern invalidenversicherungspflichtig war, so dürfen nach dem Gesetz vom 28. Juli 1925 (RGBl. I, Nr. 35, S. 157) die zur Angestelltenversicherung entrichteten Beiträge nur insoweit beanstandet werden, als die Nachentrichtung von Beiträgen zur Invalidenversicherung für den betreffenden Arbeitnehmer auf Grund des § 1442 der Reichsversicherungsordnung statthaft ist.

7. Beitragserstattung in der Angestelltenversicherung. Nach § 62 des Angestelltenversicherungsgesetzes steht weiblichen Versicherten, die nach Ablauf der Wartezeit für das Ruhegeld heiraten und binnen drei Jahren nach der Verheiratung aus der versicherungspflichtigen Beschäftigung ausscheiden, ein Anspruch auf Erstattung der Hälfte der für die Zeit vom 1. Januar 1924 bis zu dem Ausscheiden geleisteten Beiträge zu, wenn dieser Anspruch binnen drei Jahren nach der Verheiratung geltend gemacht wird. Dieser Erstattungsanspruch ist mit Rückwirkung vom 1. Juli 1925 auch solchen Versicherten eingeräumt worden, die durch Eintritt in eine Schwesternschaft oder religiöse Gemeinschaft aus der Versicherungspflicht ausscheiden und sich nicht freiwillig weiter versichern.

8. **Volle Beitragsleistung des Arbeitgebers für Lehrlinge und minderentlohnte Angestellte.** In Abänderung des allgemeinen Grundsatzes des § 168 des Angestelltenversicherungsgesetzes, demzufolge die Beiträge zur Angestelltenversicherung vom Arbeitgeber und Angestellten je zur Hälfte zu entrichten sind, bestimmt das Gesetz vom 28. Juli 1925 (RGBl. I, Nr. 35, S. 157), daß der Arbeitgeber die vollen Beiträge für Lehrlinge und für solche Versicherten zu entrichten hat, deren monatliches Entgelt 50 Reichsmark nicht übersteigt. Voraussetzung für die Verpflichtung zur vollen Beitragsleistung für Lehrlinge ist natürlich, daß die Lehrlinge angestelltenversicherungspflichtig sind, weil sie als Entgelt nicht nur freien Unterhalt erhalten.

9. **Anrechnung des Kriegsdienstes auf die Wartezeiten des Angestelltenversicherungsgesetzes.** Das Gesetz vom 28. Juli 1925 (RGBl. I, Nr. 35, S. 157) hat mit Wirkung vom 1. Juli 1925 ab die Vorschrift des § 382 des Angestelltenversicherungsgesetzes betreffend die Anrechnung des Kriegs- und Sanitätsdienstes auf die Wartezeiten in der Angestelltenversicherung dahin erweitert, daß die vollen Kalendermonate, in denen Versicherte während des letzten Krieges dem Deutschen Reiche oder einem mit ihm verbündeten oder befreundeten Staate Kriegs-, Sanitäts- oder ähnliche Dienste geleistet haben, auch dann auf die Wartezeiten anrechnen, wenn es sich um Versicherte handelt, die sich in der Zeit vom 1. Januar 1913 bis zum Beginn ihres Kriegsdienstes noch in der Ausbildung für einen Angestelltenberuf befanden oder nach vorheriger Beschäftigung als Angestellte ihrer aktiven Dienstpflicht genügten und daher von der Versicherungspflicht nicht erfaßt wurden.

10. **Beitragsentrichtung für Halbversicherte.** Nach § 376 Absatz 1 des Angestelltenversicherungsgesetzes in der Fassung vom 28. Mai 1924 hatte der Arbeitgeber für sog. Halbversicherte, d. h. für Angestellte, die auf Antrag wegen Vorliegens einer ausreichenden Lebensversicherung von der eigenen Beitragsleistung befreit waren, die Hälfte des Beitrages ihrer Gehaltsklasse zu entrichten. Diese Bestimmung ist durch Gesetz vom 28. Juli 1925 (RGBl. I, Nr. 35, S. 157) dahin abgeändert worden, daß der Arbeitgeber für die Halbversicherten mit Wirkung vom 1. Juli 1925 ab die Beiträge zu entrichten hat, die dem halben Jahresarbeitsverdienste entsprechen. Wenn also beispielsweise der Halbversicherte ein Monatsverdienst von 500 Reichsmark hat, so hat der Arbeitgeber nicht, wie bisher, die Hälfte des Beitrages der Gehaltsklasse F, also nicht die Hälfte von 20 gleich 10 Mark, sondern den Beitrag zu entrichten, der einem Gehalt von 250 Reichsmark entspricht, d. h. also 12 Reichsmark monatlich.

11. **Zulassung freiwilliger Beitragsleistung in der Angestelltenversicherung.** Das Gesetz vom 28. Juli 1925 (RGBl. I, Nr. 35, S. 157) hat in das Angestelltenversicherungsgesetz einen neuen § 397 eingefügt, nach welchem die Reichsversicherungsanstalt zur Ver-

meidung unbilliger Härten bis zum Ablauf des Jahres 1928 in Fällen, in denen die Wartezeit nicht erfüllt ist, aber mindestens 100 Pflichtbeiträge geleistet sind, die Entrichtung freiwilliger Beiträge auch entgegen den allgemeinen Vorschriften des § 188 des Angestelltenversicherungsgesetzes gestatten kann.

c) Welche Leistungen gewährt die Angestelltenversicherung?

1.—3. siehe Band I, Seite 69—70.

4.—5. » » II, » 63.

6. Erhöhung der Renten in der Angestelltenversicherung. Mit Wirkung vom 1. Juli 1925 ab ist durch Gesetz vom 28. Juli 1925 (RGBl. I, Nr. 35, S. 157) unter Abänderung des § 56 des Angestelltenversicherungsgesetzes der Grundbetrag des jährlichen Ruhegeldes für alle Gehaltsklassen von 360 auf 480 Goldmark und der Steigerungsbetrag von 10 auf 15 vH der für die Zeit seit dem 1. Januar 1924 entrichteten Beiträge erhöht worden.

7. Erhöhung und Erweiterung der Kinderzuschüsse in der Angestelltenversicherung. Nach § 58 des Angestelltenversicherungsgesetzes erhält der Ruhegeldempfänger in der Angestelltenversicherung für jedes eheliche Kind unter 18 Jahren einen jährlichen Kinderzuschuß. Dieser Zuschuß ist durch Gesetz vom 28. Juli 1925 (RGBl. I, Nr. 35, S. 157) von 36 auf 90 Goldmark erhöht worden. Gleichzeitig bestimmt das Gesetz vom 28. Juli 1925, daß der Kinderzuschuß nicht nur für die ehelichen, sondern für alle Kinder der Ruhegeldempfänger zu zahlen ist, sofern diese das 18. Lebensjahr noch nicht vollendet haben.

8. Abfindung von Empfängern von Witwenrenten aus der Angestelltenversicherung. Während bisher gemäß § 63 des Angestelltenversicherungsgesetzes Empfängerinnen von Witwenrenten aus der Angestelltenversicherung im Falle der Wiederverheiratung mit dem einfachen Betrage der Jahresrente abgefunden wurden, erhöht das Gesetz vom 28. Juli 1925 (RGBl. I, Nr. 35, S. 157) die Abfindungssumme mit Rückwirkung vom 1. Juli 1925 ab auf den dreifachen Betrag der Jahresrente.

9. Keine Erstattungsansprüche der Halbversicherten in der Angestelltenversicherung. Durch Gesetz vom 28. Juli 1925 (RGBl. I, Nr. 35, S. 157) ist der § 376, Absatz 2 des Angestelltenversicherungsgesetzes mit Wirkung vom 1. Juli 1925 ab dahin erweitert worden, daß die sog. Halbversicherten, d. h. diejenigen versicherungspflichtigen Angestellten, die auf Antrag mit Rücksicht auf eine von ihnen abgeschlossene ausreichende Lebensversicherung von der eigenen Beitragsleistung in der Angestelltenversicherung befreit sind, Erstattungsansprüche aus den §§ 61, 62 und 385 des Angestelltenversicherungsgesetzes nicht geltend machen können.

10. Erweiterung des Anspruches auf Hinterbliebenenrente in der Angestelltenversicherung. Der § 40 des Angestelltenversicherungsgesetzes, welcher besagte, daß die Hinterbliebenen eines Angestellten keinen Anspruch auf Renten hatten, wenn der verstorbene Ernährer erst nach dem Eintritt der Berufsunfähigkeit geheiratet hatte und der Tod innerhalb der ersten drei Jahre der Ehe eingetreten war, ist durch das Gesetz vom 28. Juli 1925 betreffend Änderung des Angestelltenversicherungsgesetzes (RGBl. I, Nr. 35, S. 157) mit Wirkung vom 1. Juli 1925 ab aufgehoben worden, so daß nunmehr Hinterbliebene eines in der Angestelltenversicherung versichert gewesenen Angestellten auch dann die im Angestelltenversicherungsgesetze vorgesehenen Renten erhalten, wenn der Angestellte erst nach dem Eintritt der Berufsunfähigkeit geheiratet hatte.

11. Heilverfahren auf Kosten der Angestelltenversicherung. Durch Einfügung eines § 49 a in das Angestelltenversicherungsgesetz durch Gesetz vom 28. Juli 1925 (RGBl. I, Nr. 35, S. 157) ist die Reichsversicherungsanstalt für Angestellte ermächtigt worden, mit Genehmigung des Reichsarbeitsministers Mittel aufzuwenden, um allgemeine Maßnahmen zur Verhütung des Eintrittes vorzeitiger Berufsunfähigkeit oder zur Hebung der gesundheitlichen Verhältnisse der versicherten Bevölkerung zu fördern oder durchzuführen.

d) Welche Rechtsfolgen hat die Nichtentrichtung der fälligen Beiträge?

1. siehe Band I, Seite 70—71.

2. Verspätete Entrichtung der Beiträge in der Angestelltenversicherung für die Zeit vor dem 1. September 1925. Arbeitgeber und Angestellte, die es unterlassen haben, die Beiträge in der Angestelltenversicherung für die Zeit vor dem 1. September 1925 bis zum 9. September 1925 gültig zu entrichten, müssen nach dem Gesetz vom 28. Juli 1925 (RGBl. I, Nr. 35, S. 157) vom 10. September 1925 ab die höheren, im Gesetz vom 28. Juli 1925 für die Zeit seit dem 1. September 1925 festgesetzten Beiträge entrichten.

3. Zinsfuß für gestundete Beitragsrückstände in der Angestelltenversicherung. Nach § 389 des Angestelltenversicherungsgesetzes ist der Arbeitgeber in den Fällen des § 18 des Angestelltenversicherungsgesetzes berechtigt, sich die für die Zeit vom 1. Januar 1924 nachträglich zu verwendenden Marken auf seine Kosten bei der Reichsversicherungsanstalt zu beschaffen und sich den Betrag bis zum Schlusse des Jahres 1928 stunden zu lassen, wenn er die Summe von 1000 Goldmark übersteigt. Während in diesem Falle für die gestundeten Beiträge bisher jährlich 3½ vH Zinsen und Zinseszinsen zu entrichten waren, ist der Zinsfuß durch Gesetz vom 28. Juli 1925 (RGBl. I, Nr. 35, S. 159) mit Wirkung vom 1. Juli 1925 ab auf 6 vH erhöht worden.

6. Arbeitslosenversicherung.

a) Wer ist beitragspflichtig?

1.—2. siehe Band I, Seite 71.
3.—4. » » II, » 64.

b) Wer ist von der Beitragspflicht befreit?

1.—8. siehe Band I, Seite 71—75.
9. » » II, » 64.

10. **Befreiung von Lehrlingen von der Beitragspflicht zur Erwerbslosenfürsorge trotz berufsüblicher Unterbrechung der Ausbildungszeit.** In einem Bescheide vom 28. Juli 1924, Nr. X 6612/24 (Reichsarbeitsblatt 1924, S. 315) hatte der Reichsarbeitsminister den Standpunkt vertreten, daß Lehrlinge trotz Vorliegens eines schriftlichen Lehrvertrages von mindestens zweijähriger Dauer ebenso wie ihre Arbeitgeber beitragspflichtig in der Erwerbslosenversicherung sind, wenn der Lehrvertrag fristlose Kündigung in einem weiteren Umfange als nach den gesetzlichen Bestimmungen zuläßt. Dagegen besagt ein neuer Bescheid des Reichsarbeitsministers vom 22. Juni 1925, Nr. IV 5521/25 (Reichsarbeitsblatt 1925, Nr. 31, S. 362), daß die Beitragsfreiheit der Lehrlinge und ihrer Arbeitgeber beim Vorliegen ordnungsmäßiger schriftlicher Lehrverträge nicht dadurch beseitigt wird, daß der Lehrvertrag in berufsüblicher Weise eine Unterbrechung der Ausbildungszeit in Zeiten berufsüblicher Einstellung der Arbeit (beispielsweise im Baugewerbe während der Frostzeiten) vorsieht.

11. **Auch minderjährige Lehrlinge können Befreiungsanzeigen selbständig unterzeichnen.** Nach einem Bescheide des Reichsarbeitsministers vom 9. April 1925, Nr. IV 2097/25 (Neue Zeitschrift für Arbeitsrecht 1925, Nr. 7/8, S. 486) können auch minderjährige und daher beschränkt geschäftsfähige Lehrlinge die vorgeschriebenen Befreiungsanzeigen betreffend die Erwerbslosenversicherung selbständig und ohne besondere Genehmigung ihrer gesetzlichen Vertreter unterzeichnen.

c) Wie hoch sind die Beiträge in der Arbeitslosenversicherung?

1.—5. siehe Band I, S. 75—77.
6.—7. » » II, » 64—65.

8. **Abstandnahme von der Einziehung besonders niedriger Beiträge zur Erwerbslosenfürsorge.** In einem Erlaß vom 20. Mai 1925, Nr. IV 3468/25 (RABl. 1925, Nr. 21, S. 230) weist der Reichsarbeitsminister darauf hin, daß die Kosten der Beitragsberechnung

und Beitragsabführung durch die Arbeitgeber und Krankenkassen zu den Vorteilen der Beitragseinnahmen in keinem angemessenen Verhältnisse stehen, wenn nur Beiträge erhoben werden, die ¼ vH und weniger des Grundlohnes ausmachen. Dementsprechend empfiehlt der Reichsarbeitsminister den Arbeitsnachweisämtern in solchen Fällen von der Beitragserhebung überhaupt Abstand zu nehmen und statt dessen etwaige Rücklagen aufzubrauchen.

d) Wie sind die Beiträge abzuführen?

1.—3. siehe Band I, Seite 77—79.
4.—6. » » II, » 65—66.

e) Wie weit können zu viel gezahlte Beiträge zurückverlangt werden?

1.—2. siehe Band I, Seite 79.

XI. Arbeitsmangel und Betriebseinschränkungen.

A. Einschlägige Gesetzesbestimmungen.

1. Verordnung betr. Maßnahmen gegenüber Betriebsabbrüchen und Betriebsstillegungen vom 8. November 1920 (RGBl. S. 1901).
2. Verordnung über Betriebsstillegungen und Arbeitsstreckung vom 15. Oktober 1923 (RGBl. S. 983).
3. Verordnung über Erwerbslosenfürsorge vom 16. Februar 1924 (RGBl. I S. 127) nebst den Ausführungsverordnungen vom 18. Januar 1924, 13. März 1924, 25. März 1924, 24. Mai 1924, 27. März 1925, 27. März 1925, 30. April 1925, 2. Mai 1925 und 2. Mai 1925, (RGBl. I S. 34, 35, 279, 376, 562, 31, 33, 53, 61 und 63).
4. Betriebsrätegesetz vom 4. Februar 1920 (RGBl. S. 147) insbesondere dessen §§ 74, 84 ff. und 96 f.).
5. Gesetz über die Beschäftigung Schwerbeschädigter vom 12. Januar 1923 (RGBl. I S. 57), insbesondere dessen §§ 15 und 16.

B. Die wichtigsten Einzelfragen.

a) Wann liegt eine Betriebsstillegung im Sinne des Gesetzes vor, so daß

aa) die Sperrvorschriften der Stillegungsverordnung beachtet werden müssen, oder

bb) Kündigungen von Arbeitnehmern und Betriebsvertretungsmitgliedern vorgenommen werden können, ohne daß ein Einspruchsrecht nach § 84 ff. des Betriebsrätegesetzes gegeben oder zur Kündigung eines Betriebsvertretungsmitgliedes die Zustimmung der Betriebsvertretung erforderlich ist?

1.—9. siehe Band I, S. 80—84.

10.—16. siehe Band II, Seite 67—69.

17. Auch Arbeitsplätze gelten als Betriebsanlagen im Sinne der Stillegungsverordnung vom 8. 11. 1920 bzw. 15. 10. 1923 gemäß einem ohne Datum und Aktenzeichen im »Bekleidungsarbeiter« Nr. 11/1925 veröffentlichten Urteile des Gewerbegerichtes Dresden, so daß auch dann Kündigungen und Entlassungen wegen Verstoßes gegen die Stillegungsverordnung nach Ansicht des Gewerbegerichtes Dresden nichtig sind, wenn nur Arbeitsplätze infolge Entlassung einer größeren Arbeitnehmerzahl unbesetzt bleiben, obwohl eine gültige Stillegungsanzeige nicht eingereicht und die Stillegungsfrist nicht abgelaufen ist. Diese Entscheidung dürfte jedoch mit der herrschenden Meinung wenigstens in solchen Fällen nicht in Einklang stehen, in denen die Arbeitsplätze nicht gleichzeitig besondere maschinelle Anlagen darstellen, welche durch die Entlassung zur Stillegung kommen.

18. **Keine teilweise Betriebsstillegung** im Sinne des § 96 Absatz 2 des Betriebsrätegesetzes, die Entlassungen von Betriebsvertretungsmitgliedern ohne Zustimmung der Betriebsvertretung bzw. ohne Ersatzzustimmung des Arbeitsgerichtes gestattet, liegt gemäß einem Urteile des Landgerichtes I Berlin, Kammer 8, vom 18. 12. 1924 vor, wenn die Betriebseinschränkungen nur darin bestehen, daß lediglich einzelne Arbeitnehmer innerhalb einiger Betriebsabteilungen zur Entlassung kommen, ohne daß die Produktion mindestens in einer selbständigen Betriebsabteilung eingestellt wird.

19. **Auch vorübergehende und teilweise Aussperrungsstillegungen,** d. h. Stillegungen des ganzen Betriebes oder einzelner selbständiger Betriebsabteilungen für nur wenige Tage zu Kampfzwecken gelten nach einem Urteile des Gewerbegerichtes Berlin vom 5. 5. 1925 (Schlichtungswesen 6, 10 S. 176) als Stillegungen im Sinne des § 96, Abs. 2, Ziff. 2 des Betriebsrätegesetzes. Infolgedessen kann auch bei solchen vorübergehenden oder teilweisen Aussperrungsstillegungen Betriebsvertretungsmitgliedern ohne Zustimmung der Hauptfürsorgestelle gekündigt werden.

20. **Auch vorübergehende Stillegungen gelten als Betriebsstillegungen** im Sinne der §§ 85 und 96, Absatz 2, des Betriebsrätegesetzes gemäß einem Urteile des Landgerichtes Weimar vom 12. März 1925 (Arbeitsrechtliche Beilage der Mitteilungen der Vereinigungen deutscher Arbeitgeberverbände 1925/5) vorausgesetzt, daß die nur vorübergehende Betriebsstillegung auch als Stillegung ernstlich gemeint war und nicht nur des Scheines halber erfolgte, um auf diese Weise mißliebige Arbeitnehmer oder Betriebsvertretungsmitglieder zu entlassen und dann den Betrieb unter denselben Bedingungen und in demselben Umfange wieder aufzunehmen.

21. **Stillegung trotz Weiterbeschäftigung langfristig angestellter Arbeitnehmer.** Nach einem Urteile des Landgerichtes Tübingen vom 24. Januar 1925 (Arbeitsrechtliche Beilage der Mitteilungen der Vereinigung deutscher Arbeitgeberverbände 1925/6) gilt eine wesentliche Einschränkung eines ganzen Betriebes oder einer einzelnen Betriebsabteilung auch dann als Stillegung im Sinne der §§ 85 und 96

des Betriebsrätegesetzes, wenn die Einschränkung zu Aussperrungszwecken erfolgt, oder wenn noch langfristig angestellte Arbeitnehmer, wie beispielsweise Meister und Lehrlinge, wenn auch mit mehr oder weniger produktiven Arbeiten weiterbeschäftigt werden. Es kommt nach diesem Urteile lediglich darauf an, daß die eigentliche Hauptproduktion des Betriebes oder der betreffenden Betriebsabteilung eingestellt wird, wobei die Einstellung auch dann als erfolgt gilt, wenn einzelne Teile der Produktion von den langfristig angestellten Arbeitnehmern in einem im Verhältnisse zur früheren Gesamtarbeit unwesentlichen Umfange fortgesetzt werden.

22. Keine Anwendung der Stillegungsverordnung bei Stillegung von Bauten. Neu- oder Umbauten gelten gemäß einem Bescheide des Reichswirtschaftsministers vom 27. Juni 1925, Nr. I A 8666, nicht als Betriebsstillegungen im Sinne der Stillegungsverordnung vom 8. November 1920 bzw. 15. Oktober 1923, da Bauten nicht als Betriebsanlagen angesehen werden können. Dementsprechend brauchen bei Stillegung von Bauten und bei Einstellung der Bauarbeiten die Bestimmungen der Stillegungsverordnung nicht beachtet und die Sperrfristen der Verordnung nicht eingehalten zu werden.

23. Betriebseinschränkung gilt nicht als Betriebsstillegung. Nach einem eingehend begründeten, im Reichsarbeitsblatt 1925, Nr. 34, S. 422, abgedruckten Urteile des Kammergerichtes vom 1. Mai 1925, Nr. 8 U 11036/24, liegt eine Stillegung im Sinne der §§ 85 und 96 des Betriebsrätegesetzes nicht schon dann vor, wenn lediglich einzelne Maschinen oder maschinelle Anlagen eines Betriebes stillgelegt werden und die darin beschäftigten Arbeitnehmer zur Entlassung kommen, sofern die stillgelegten Maschinen nicht eine geschlossene selbständige Betriebsanlage mit einem eigenen Produktionszweige darstellen. Wenn also beispielsweise in einer Eisengießerei lediglich einzelne Formmaschinen stillgesetzt werden, so liegt eine Stillegung im Sinne der §§ 85 und 96 des Betriebsrätegesetzes nach Ansicht des Kammergerichtes nicht vor. Dagegen liegt eine Betriebsstillegung vor, wenn ein Gießereibetrieb seine Holzbearbeitungsmaschinen, die im Modellbetriebe vorhanden sind, stillsetzt, den Modellbetrieb auflöst und die Modellarbeiten auswärts vergibt.

b) Was ist vor der Betriebsstillegung zu beachten?

1. siehe Band I, Seite 84.

2.—8. siehe Band II, Seite 70—72.

9. Kündigungen unter Verstoß gegen die Stillegungsverordnungen sind gemäß einem Urteile des Gewerbegerichtes Dresden (Arbeiterrecht und Arbeiterversicherung 1925, Nr. 8, S. 63) auch dann nichtig, wenn der zuständige Beamte des Gewerbeaufsichtsamtes dem Arbeitgeber irrtümlicherweise angegeben hat, die beabsichtigte Maßnahme stelle keine Stillegung im Sinne der Stillegungsverordnung dar, so daß eine Stillegungsanzeige nicht erforderlich sei.

10. **Kündigungen während der Sperrfrist** sind nach der herrschenden Meinung rechtswirksam, wenn die Kündigung zu einem Zeitpunkte ausgesprochen wird, in welchem die Sperrfrist abgelaufen sein wird. Die Entscheidungen des Gewerbegerichtes Iserlohn vom 26. 9. 1924 und des Landgerichtes Hagen vom 27. 1. 1925 (Gewerkschaftszeitung, Beilage Arbeiterrecht und Arbeiterversicherung 1925 S. 52) besagen allerdings, daß Kündigungen während der Sperrfrist bei Betriebsstillegungen auch dann unwirksam sind, wenn sie erst nach Ablauf der Sperrfrist zur Entlassung führen sollen. Wenn auch diese Entscheidungen vereinzelt stehen, so erscheint doch bei Kündigungen während der Sperrfrist Vorsicht am Platze.

11. **Rückwirkende Genehmigung von Entlassungen vor Ablauf der Sperrfrist.** In Übereintimmung mit einer Entscheidung des Regierungspräsidenten in Erfurt vom 9. 7. 1924 entschied auch das Landgericht Erfurt mit Urteil vom 9. 1. 1925, Nr. 1 S 310/24 (Juristische Wochenschrift 1925, Seite 1914), daß die Demobilmachungsbehörde auch nachträglich mit rückwirkender Kraft Entlassungen genehmigen kann, welche vor Ablauf der Sperrfrist unter Verstoß gegen die Stillegungsverordnung erfolgten und deshalb zunächst rechtsunwirksam waren.

12. **Rückwirkende Genehmigung von Stillegungsentlassungen.** Gemäß Urteil des Gewerbegerichtes Hamburg vom 24. 8. 1925 (Mitteilungen der Arbeitgeberverbände Unterelbe und Hamburg-Altona 1925, Nr. 18, S. 111) kann das Gewerbeaufsichtsamt Kündigungen, die vor Ablauf der Sperrfrist unter Verstoß gegen die Stilllegungsverordnung ausgesprochen worden sind, nachträglich mit rückwirkender Kraft genehmigen.

13. **Keine neue Stillegungsanzeige während einer laufenden Sperrfrist.** Im Gegensatz zu einem Bescheide des Reichsarbeitsministers vom 27. August 1924 entschied das Landgericht Arnsberg mit Urteil vom 21. April 1925, Nr. 3 S 55/25 (Neue Zeitschr. f. Arbeitsrecht 1925, Nr. 9, S. 559), daß während des Laufes einer durch eine gültige Stillegungsanzeige in Lauf gesetzten Sperrfrist eine neue Stillegungsanzeige nicht rechtsgültig eingereicht werden kann, und daß auf Grund einer während des Laufes einer Sperrfrist eingereichten neuen Stillegungsanzeige eine neue Sperrfrist auch nicht etwa nach Ablauf der laufenden Sperrfrist beginnt. Nach Ansicht des Landgerichtes Arnsberg kann der Arbeitgeber während des Laufes einer Sperrfrist eine etwaige Verlängerung der Frist für die Durchführung der Stillegung nur dadurch erreichen, daß er eine behördliche Verlängerung auf Grund des § 4 der Stillegungsverordnung um einen und gegebenenfalls um noch zwei weitere Monate beantragt.

c) Wie weit sind Betriebsvertretungen und Gewerkschaften vor Betriebsstillegungen zu hören?

1.—4. siehe Band I, S. 85—86.
5.—7. » » II, » 72—73.

d) Wie weit berechtigt Betriebsstillegung zur Einstellung der Lohn- und Gehaltszahlungen und zur fristlosen Entlassung?

1.—5. siehe Band I, Seite 86—88.
6.—9. » » II, » 73—74.

10. Unmöglichkeit der Leistung, die dadurch hervorgerufen wird, daß zur ordnungsmäßigen Fortführung des Betriebes Maschinen oder Betriebsanlagen unter vorübergehender Stillegung des Betriebes umgebaut werden müssen, befreit den Arbeitgeber bekanntlich nach der herrschenden Meinung mit Rücksicht auf die Bestimmung des § 615 BGB. mangels ausdrücklicher gegenteiliger Vereinbarung nicht von der Lohn- oder Gehaltszahlungspflicht für die Zeit der Betriebsstillegung, sofern nicht vorher das Dienstverhältnis unter Einhaltung der gesetzlichen oder vertraglichen Kündigungsfrist aufgekündigt worden ist. Ein Urteil des Gewerbegerichtes Wandsbek vom 4. Juni 1925 (Hanseatische Gerichtszeitung, Abt. Arbeitsr. 2, 33, S. 191) erblickt allerdings in einer solchen Unmöglichkeit der produktiven Arbeitsleistung eine von der Lohn- oder Gehaltszahlungspflicht auch schon vor Ablauf der Kündigungsfrist befreiende Unmöglichkeit der Leistung im Sinne des § 323 BGB. Da dieses Urteil jedoch vereinzelt steht, empfiehlt es sich vorsorglich, sich entweder in der Arbeitsordnung, dem Dienst- oder Tarifvertrag das Recht zur Einstellung der Lohn- oder Gehaltszahlungen für die Dauer notwendiger Betriebseinschränkungen oder Betriebsumstellungen vorzubehalten oder vor der Durchführung der Betriebsumstellung die Einzeldienstverhältnisse vorsorglich unter Einhaltung der jeweils geltenden gesetzlichen Kündigungsfrist aufzukündigen.

11. Lohnzahlungspflicht des Arbeitgebers trotz unverschuldeter Unmöglichkeit der Arbeitsleistung. Wenn der Arbeitnehmer dem Arbeitgeber seine Arbeitskraft ordnungsmäßig anbietet, hat der Arbeitgeber gemäß Urteil des Landgerichtes Düsseldorf vom 3. Februar 1924, Nr. 7, S. 720/24 (Neue Zeitschrift für Arbeitsrecht 1925, Nr. 7/8, S. 467) auch dann bis zum Ablauf der Kündigungsfrist den vertragsmäßigen Lohn bzw. das vereinbarte Gehalt weiter zu zahlen, wenn es ihm aus irgendwelchen Gründen, sei es auch wegen höherer Gewalt, unmöglich ist, von den Diensten seiner Arbeitnehmer Gebrauch zu machen.

12. Lohnzahlungspflicht des Arbeitgebers trotz arbeitshindernder Betriebsstörungen. Nach den Entscheidungen des Gewerbegerichtes Zwickau vom 17. April 1925, Nr. G G 50/25, und der Schlichtungsstelle für den Hafenbetrieb Hamburg vom 2. März 1925, Nr. T 713/413/4 (Neue Zeitschr. für Arbeitsr. 1925, Heft 7/8, S. 468 bis 470, und Hanseatische Gerichtszeitung, Abt. Arbeitsr., S. 95, Nr. 55) besteht die Lohn- und Gehaltszahlungspflicht des Arbeitgebers grundsätzlich mangels gegenteiliger ausdrücklicher vertraglicher oder tariflicher Vereinbarung bis zum Ablauf der Kündigungsfrist auch dann fort, wenn Betriebsstörungen oder unverschuldetes Ausbleiben benötigter Materialien es dem Arbeitgeber unmöglich machen, von der ordnungsmäßig angebotenen Arbeitskraft der Arbeitnehmer Gebrauch zu machen.

13. Betriebseinschränkung befreit im allgemeinen nicht von der Lohnzahlungsverpflichtung vor Ablauf der Kündigungsfrist gemäß § 323 des BGB., und zwar auch dann nicht, wenn die Betriebseinschränkung durch den Ruhreinbruch und die dadurch hervorgerufene schlechte Wirtschaftslage bedingt ist. (Urteil des Gewerbegerichtes Düsseldorf vom 1. Oktober 1924 Gewerbe- und Kaufmannsgericht 30, 10, S. 472.)

14. Bei Arbeitsunmöglichkeit infolge Terrors der Belegschaft, beispielsweise dann, wenn die Belegschaft zur Erzwingung der Entlassung eines mißliebigen Arbeitnehmers den Betrieb stillegt bzw. mit der Arbeitsniederlegung ernstlich droht, ist der Arbeitgeber nach einem Urteile des Gewerbegerichtes Chemnitz vom 17. 6. 1925, Nr. 629/25 auf Grund des § 323 BGB. schon vor Ablauf der Vertragszeit von der Lohn- und Gehaltszahlungspflicht befreit, wenn er ohne Gefährdung der Weiterarbeit des Betriebes nicht in der Lage ist, den bekämpften Arbeitnehmer weiter zu beschäftigen.

15. Wegfall der Lohn- und Gehaltszahlungspflicht bei Betriebsstillegungen wegen Inventuraufnahme. In Betriebszweigen, in denen es üblich ist, daß während der Inventur der Betrieb für mehrere Tage unter Beurlaubung der Mehrzahl der Arbeitnehmer ohne Lohn stillgelegt wird, ist der Arbeitgeber auch mangels ausdrücklicher Festlegung in der Arbeitsordnung gemäß einem Urteile des Landgerichtes Dresden vom 15. 3. 1924, Nr. 8 G b 341/23 (Neue Zeitschrift für Arbeitsrecht 1925, S. 606) für die Zeit der Inventuraufnahme und der durch sie bedingten Betriebsstillegung von der Verpflichtung zur Fortzahlung des Lohnes an die bei der Inventur nicht beschäftigten Arbeiter befreit. Nach der Urteilsbegründung kommt es in solchen Fällen auch nicht darauf an, ob der Arbeitgeber vielleicht die Möglichkeit hätte, durch Einführung eines besonders gearteten Lagerkartensystems die Inventuraufnahme zu ersparen oder auf eine kürzere Frist ohne Notwendigkeit der Betriebsstillegung zusammenzudrängen.

16. Wegfall des Lohn- und Gehaltsanspruches bei Unmöglichkeit der Arbeit wegen höherer Gewalt. Nach den Entscheidungen des

Landgerichtes Duisburg vom 22. 7. 1924, Nr. 4 S 535/23, und des Landgerichtes Duisburg vom 22. 5. 25, Nr. 4 S 302/24 (Juristische Wochenschrift 1925, S. 912) ist der Arbeitgeber, obwohl ihm das sog. Risiko der »Betriebsstätte« zufällt, für solche Zeiten von der Bezahlung der Löhne und Gehälter befreit, in denen es ihm infolge höherer Gewalt unmöglich ist, von der Arbeitskraft seiner Arbeitnehmer in produktiver Weise Gebrauch zu machen. Zu solchen Fällen höherer Gewalt rechnet das Landgericht Duisburg jedoch nur diejenigen Fälle der Betriebsstörungen, welche auf unabwendbare Eingriffe von außen zurückzuführen sind und die Leistung der Arbeit an der Betriebsstätte hindern. Hierzu zählen beispielsweise die Fälle von Brandschäden und der Beschlagnahme eines Betriebes durch die Besatzungsbehörden.

17. Wegfall des Lohn- und Gehaltsanspruches wegen Absatzstockung. Nach den Entscheidungen des Landgerichtes Duisburg vom 22. 7. 1924 und 22. 5. 1925, Nr. 4 S 535/23 und 4 S 302/24, befreit Absatzstockung, Auftragsmangel oder Mangel an Produktionsmitteln den Arbeitgeber im allgemeinen nicht von der Lohn- und Gehaltszahlungspflicht für die unproduktiv werdenden Arbeitskräfte vor Ablauf der im Einzelfalle geltenden Kündigungsfristen. Eine Ausnahme gilt jedoch nach Ansicht des Landgerichtes Duisburg in Fällen, in denen außergewöhnliche Ereignisse ein ganzes Wirtschaftsgebiet betreffen, von niemanden abgewendet werden konnten und den Produktionsprozeß nicht nur in einem einzelnen Betriebe, sondern allgemein in einer nicht vorauszusehenden Weise unterbinden. Nach diesem von ihm aufgestellten allgemeinen Grundsatze entschied das Landgericht Duisburg, daß beispielsweise die durch die Ruhrbesetzung und den passiven Widerstand heraufbeschworenen Wirtschaftsschwierigkeiten den Arbeitgeber vorzeitig von der Lohn- und Gehaltszahlungspflicht befreiten und zur fristlosen Entlassung berechtigten, wenn sie ihm ein produktives Weiterarbeiten auch nur bis zum Ablauf der Kündigungsfrist unmöglich machten.

18. Weiterbezahlung und Weiterbeschäftigung von Lehrlingen bei Betriebsstillegungen. Nach einem Urteile des Landgerichtes Weimar vom 26. 3. 1925, Nr. 3 S 1/25 (Juristische Wochenschrift 1925, S. 1923) gibt eine Betriebsstillegung oder Betriebseinschränkung dem Arbeitgeber mangels gegenteiliger ausdrücklicher Festlegung im Lehrvertrage kein Recht, die Weiterbeschäftigung des Lehrlings und die Weiterzahlung der Lehrlingsvergütung abzulehnen. Nach der Urteilsbegründung stellt die Lehrlingsvergütung keine Gegenleistung des Arbeitgebers für die Arbeitsleistung des Lehrlings, sondern eine Beihilfe zu den Unterhaltskosten des Lehrlings dar, die auch dann fortzuzahlen ist, wenn der Lehrling infolge einer Betriebsstillegung dem Arbeitgeber produktive Dienste nicht leisten kann.

19. Keine vorzeitige Befreiung von der Lohn- und Gehaltszahlungspflicht bei Arbeitsunmöglichkeit. Auf Grund des § 615 BGB. entschieden auch die Landgerichte Gera mit Urteil vom 8. 4. bzw.

6. 5. 1925, Nr. 2 S 159/24 und Zwickau mit Urteil vom 28. 7. 1922, Nr. D g 98/22 (Der Textilarbeiter vom 17. bzw. 31. 7. 1925), daß Betriebsstörungen, Arbeitsmangel oder Unmöglichkeit der Arbeit aus anderen Gründen den Arbeitgeber nur ausnahmsweise dann von der Lohn- und Gehaltszahlungspflicht vor Ablauf der im Einzelfalle geltenden gesetzlichen oder vertraglichen Kündigungsfrist befreien, wenn der Arbeitgeber ausdrücklich in der Arbeitsordnung, dem Dienst- oder Tarifvertrage festgelegt hat, daß nur die Zeit bezahlt wird, während der wirklich produktiv gearbeitet wird oder gearbeitet werden kann.

20. Verpflichtung der Arbeitnehmer zur Leistung von Ersatzarbeit nach Betriebsstörungen. Wenn Betriebsstörungen es zeitweise dem Arbeitgeber unmöglich gemacht haben, von der Arbeitskraft seiner Arbeitnehmer Gebrauch zu machen, so müssen die betreffenden Arbeitnehmer auf Verlangen des Arbeitgebers die Ausfallstunden durch Nacharbeit an anderen Tagen der gleichen Woche einholen, sofern die Nacharbeit nach den einschlägigen gesetzlichen und tariflichen Bestimmungen zulässig ist. Den Verdienst der Arbeitnehmer in diesen Nachholungsstunden darf der Arbeitgeber auf die von ihm für die Zeit der Arbeitsbehinderung etwa weiter zu zahlende Vergütung anrechnen. Weigern sich die Arbeitnehmer, gesetzlich oder tariflich zulässige Nacharbeit an Stelle von Ausfallstunden zu leisten, so darf der Arbeitgeber gemäß § 615 des BGB. die für die Zeit der Betriebsstörung weiter zu zahlenden Löhne und Gehälter um die Beträge kürzen, die die betreffenden Arbeitnehmer durch die Ersatzarbeit hätten verdienen können. (Urteil des Gewerbegerichtes Zwickau vom 17. April 1925, Nr. 50/25, Neue Zeitschrift für Arbeitsrecht 1925, Heft 7/8, S. 467.)

21. Keine Verpflichtung der Arbeitnehmer zur Einholung von Störungsstunden durch Arbeit in anderen Schichten. Während das Gewerbegericht Zwickau in dem vorerwähnten Urteile vom 17. April 1925 Arbeitnehmern nach Betriebsstörungen gemäß den Grundsätzen von Treu und Glauben die Verpflichtung zuspricht, die Ausfallstunden durch Nacharbeit wieder einzuholen, brauchen sich nach einer Entscheidung der Schlichtungsstelle für den Hafenbetrieb Hamburg vom 2. März 1925, Nr. T 713/413/4 (Hanseatische Gerichtszeitung, Abt. Arbeitsr. 1925, Nr. 55, S. 95) Arbeitnehmer auf die vom Arbeitgeber für Störungszeiten weiter zu zahlende Vergütung gemäß § 615 BGB. nur die Beträge anrechnen zu lassen, die sie durch anderweitige Verwertung ihrer Arbeitskraft während der Störungszeit verdient haben oder hätten verdienen können. Dagegen kann der Arbeitgeber auf die für die Störungszeiten weiter zu zahlenden Lohn- und Gehaltsbeträge nicht auch die Verdienste anrechnen, die die Arbeitnehmer durch Arbeitsleistung in anderen Schichten verdient haben oder hätten verdienen können.

22. Wirtschaftskrisen berechtigen nicht zur sofortigen Auflösung fester Anstellungsverträge. Nach einem Urteile des Reichsgerichtes,

Nr. III 353/15 (Arbeitsrecht 1925, S. 595) ist der Arbeitgeber mangels gegenteiliger ausdrücklicher Vereinbarung nicht schon deshalb berechtigt, von festen Anstellungsverträgen fristlos zurückzutreten, weil ihm eine schwere Wirtschaftskrise es unmöglich macht, von der Dienstleistung weiterhin in produktiver Weise Gebrauch zu machen. Dementsprechend muß der Arbeitgeber nach demselben Urteile bei fristlosem Rücktritte von einem Anstellungsvertrage auch dann die vertraglich vereinbarte Konventionalstrafe zahlen, wenn er sich zu dem fristlosen Rücktritt von dem Anstellungsvertrage mit Rücksicht auf eine schwere Wirtschaftskrise gezwungen sieht, gleichgültig, ob diese Wirtschaftskrise auf höhere Gewalt, beispielsweise auf einen Krieg zurückzuführen ist oder nicht.

23. Fristlose Entlassung wegen plötzlicher schwerer Wirtschaftskrise. Unter Aufhebung eines gegenteiligen Urteiles des Gewerbegerichtes Neuwied und im Gegensatz zu der wohl als vorherrschend zu bezeichnenden Meinung in Literatur und Rechtsprechung stellte sich das Landgericht Neuwied mit Urteil vom 17. 11. 1924, Nr. 3 S 113/24 (Juristische Wochenschrift 1925, S. 1921) auf den Standpunkt, daß eine plötzliche allgemeine schwere Wirtschaftskrise dem Arbeitgeber einen wichtigen zur fristlosen Entlassung seiner Arbeitnehmer berechtigenden Kündigungsgrund gibt, wenn nach Lage der Sache die Weiterführung des Betriebes trotz der Wirtschaftskrise erhebliche unproduktive Unkosten verursachen und zu einer teilweisen Aufzehrung der Betriebssubstanz führen würde.

24. Auf Lebensdauer angestellte Arbeitnehmer können auf Grund des § 626 des Bürgerlichen Gesetzbuches oder des § 70 des Handelsgesetzbuches nach einem Urteile des Reichsgerichtes (Braunkohlen- und Brikettindustrie 1925, Nr. 43) nur bei völliger Betriebseinstellung und nicht schon bei einer wenn auch wesentlichen Betriebeinschränkung fristlos entlassen werden.

e) Wie weit befreit Werksbeurlaubung von der Lohn- und Gehaltszahlungspflicht?

1.—3. siehe Band I, Seite 88—89.

4.—9. » » II, » 74—75.

10. Form der Ankündigung von Arbeitsstreckungen. Im Gegensatz zu der herrschenden Auffassung, nach welcher der Arbeitgeber auch gegen den Willen der einzelnen Arbeitnehmer und der Betriebsvertretung zur Durchführung einer Arbeitsstreckung berechtigt ist, falls er die Arbeitnehmer unter Einhaltung der im Einzelfalle geltenden gesetzlichen oder vertraglichen Kündigungsfrist auf die bevorstehende Arbeitsstreckung rechtzeitig aufmerksam gemacht hat, entschied das Landgericht Dresden mit Urteil von 6. 6. 1925, Nr. 8 D g 131/25, daß mangels Einigung des Arbeitgebers mit der

Betriebsvertretung oder den einzelnen Arbeitnehmern über die Durchführung einer Arbeitsstreckung der Arbeitgeber zur Verkürzung der Arbeitszeit und entsprechenden Kürzung der Arbeitsvergütung erst berechtigt ist, wenn er den mit der Arbeitsstreckung nicht einverstandenen Arbeitnehmern in aller Form schriftlich oder mündlich gekündigt hat mit der Maßgabe, daß er zur Weiterbeschäftigung nach Ablauf der Kündigungsfrist bei verkürzter Arbeitszeit und verkürzter Arbeitsvergütung bereit sei. Es empfiehlt sich mit Rücksicht auf diese, wenn auch vereinzelte Entscheidung, bevorstehende Arbeitsstreckungen etwa in folgender Weise bekanntzugeben:

»Infolge der ungünstigen Wirtschaftsverhältnisse ist eine Weiterführung der Betriebe in der bisherigen Weise nicht möglich. Wir sehen uns daher gezwungen, den Arbeitnehmern der Abteilungen .... unter Einhaltung der vertraglichen Kündigungsfrist zum ...... hiermit zu kündigen. Wir sind bereit, vom ...... ab die Arbeit in den Abteilungen .... unter Verkürzung der Arbeitszeit auf ... Stunden pro Woche unter entsprechender Kürzung der Lohn- und Gehaltsbezüge bis auf weiteres fortzuführen.«

f) Wie weit besteht trotz Betriebsstillegung und Werksbeurlaubung Anspruch auf Erholungsurlaub und Nebenleistungen?

1. siehe Band I, Seite 89—90.

g) Wie weit genießen Betriebsvertretungsmitglieder bei Stillegungen Sonderschutz?

1.–4. siehe Band I, Seite 90—92.

5.–8. » » II, » 75—76.

9. Bevorzugte Wiedereinstellung von Betriebsvertretungsmitgliedern nach Betriebsstillegungen. Im Gegensatz zu der wohl als herrschend anzusehenden Meinung stellte sich ein Urteil des Landgerichtes Dortmund vom 26. 2. 1925 (Blätter für Arbeitsrecht 4, 16) auf den Standpunkt, daß bei Wiedereröffnung eines stillgelegten Betriebes Betriebsvertretungsmitglieder, für die eine Beschäftigungsmöglichkeit vorhanden ist, zu bevorzugen sind.

10. Zustimmung zur Kündigung eines Betriebsvertretungsmitgliedes bei vermeidbaren Stillegungsentlassungen. Nach einem Urteile des Gewerbegerichtes Iserlohn, Kammer Hohenlimburg vom 26. 2. 1925, Nr. 24/24 B, können auch beim Vorliegen einer tatsächlichen Betriebsstillegung im Sinne des § 96 Absatz 2 des Betriebsrätegesetzes Betriebsvertretungsmitglieder, die in der stillgelegten Betriebsabteilung beschäftigt sind, nur dann ohne Zustimmung der Betriebsvertretung bzw. Ersatzzustimmung des Arbeitsgerichtes entlassen werden, wenn der Arbeitgeber keine Möglichkeit hat, die betreffenden Betriebsvertretungsmitglieder, wenn auch nach einer entsprechenden Umgruppierung im Betriebe weiter zu beschäftigen. Insbesondere ist nach dieser Entscheidung dann die Zustimmung der Betriebsvertretung zur Kündigung eines Betriebsvertretungsmitgliedes in einem ganz oder teilweise stillgelegten Betriebe erforderlich, wenn trotz der Stillegung einzelne Arbeitnehmer mit Arbeiten weiterbeschäftigt werden, die auch von dem gekündigten Betriebsvertretungsmitgliede verrichtet werden konnten. Nach derselben Entscheidung liegt eine Betriebsstillegung im Sinne des § 96 Absatz 2 des Betriebsrätegesetzes auch nur dann vor, wenn ein ganzer Betrieb oder eine selbständige Betriebsabteilung tatsächlich stillgelegt wird und nicht schon dann, wenn nur die Genehmigung zur Stillegung erteilt bzw. die Sperrfrist nach ordnungsmäßiger Stillegungsanzeige abgelaufen ist, ohne daß der Betrieb tatsächlich stillgelegt wird. Denselben Standpunkt vertritt ein Urteil des Landgerichtes I Berlin vom 18. 12. 1924 (Gewerbe- und Kaufmannsgericht 1925, S. 540).

(Weitere Entscheidungen siehe unter Nr. XVIII B i und k.)

h) Wie weit genießen Schwerbeschädigte bei Stillegungen Sonderschutz?

(Entscheidungen siehe unter Nr. XV B b, d.

i) Wie weit verpflichtet Betriebsstillegung Angestellte und Facharbeiter zur Verrichtung von Notstandsarbeiten?

1.—2. siehe Band I, Seite 92.

k) Wie weit sind soziale und andere Gesichtspunkte bei der Auswahl der zu Entlassenden zu berücksichtigen?

1.—2. siehe Band II, Seite 77.

3. Selbständiges Auswahlrecht des Arbeitgebers bei Kündigungen. Die Entscheidung darüber, welche Arbeitnehmer bei Betriebseinschränkungen in erster Linie mit Rücksicht auf ihre geringere Leistungsfähigkeit gegenüber anderen Arbeitnehmern zur Entlassung kommen sollen, steht nach einem Urteile des Gewerbegerichtes Berlin vom 16. Juni 1925, Nr. 725/1925, K 11 Mitteilungen des Verbandes Berliner Metallindustrieller Nr. 7/1925, S. 104) ausschließlich dem Arbeitgeber zu, mit der Maßgabe, daß das Arbeitgericht bei einer Kündigungseinspruchsklage nicht etwa auf Antrag des Arbeitnehmers in eine Prüfung darüber eintreten kann, ob weniger leistungsfähige Arbeitnehmer von der Entlassung verschont geblieben sind. Denselben Standpunkt vertritt ein Urteil des Oberlandesgerichtes Bautzen vom 30. Juni 1924 (Jur. Wochenschr. 1925, Heft 3, S. 286).

4. **Keine Bevorzugung der Vertrauensleute bei Betriebseinschränkungen.** Nach einem Urteile des Gewerbegerichtes Berlin vom 16. Juni 1925, Nr. 725/1925 K 11, ist ein Kündigungseinspruch gemäß § 84 ff. des Betriebsrätegesetzes nicht etwa deshalb gerechtfertigt, weil der gekündigte Arbeitnehmer Vertrauensmann einer Gewerkschaft war. Vertrauensleute der Gewerkschaften genießen keinerlei Kündigungssonderschutz. Ihre Kündigung würde nur dann eine Kündigungseinspruchsklage rechtfertigen, wenn der Arbeitnehmer nachweisen könnte, daß er ohne sonstigen sachlichen Grund lediglich wegen seiner gewerkschaftspolitischen Stellung oder Betätigung aus tendenziösen Gründen entlassen worden ist.

l) Wie entwickelte sich die Arbeitslosigkeit?

1.—2. siehe Band II, Seite 77—78.

XII. Kurzarbeiter- und Erwerbslosenunterstützung.

A. Einschlägige Gesetzesbestimmungen.

1. Verordnung über Erwerbslosenfürsorge vom 16. Februar 1924 (RGBl. S. 127).
2. Ausführungsverordnung zur Verordnung über Erwerbslosenfürsorge vom 13. März 1924 (RGBl. S. 279).
3. Ausführungsvorschriften zur Verordnung über Erwerbslosenfürsorge vom 25. März 1924 (RGBl. S. 376).
4. Dritte Ausführungsverordnung zur Verordnung über Erwerbslosenfürsorge vom 24. Mai 1924 (RGBl. S. 562).
5. Bestimmungen des Reichsarbeitsministers über öffentliche Notstandsarbeiten vom 17. November 1923 (RGBl. S. 1111).
6. Anordnung über die Zuschläge und Prämien für Notstandsarbeiten vom 18. Januar 1924 (RGBl. S. 35).
7. Bestimmungen über die Einstellung unterstützter Erwerbsloser vom 18. Januar 1924 (Reichsarbeitsblatt S. 34).
8. Arbeitsnachweisgesetz vom 22. Juli 1922 (RGBl. S. 673).
9. Verordnung über die Fürsorge für erwerbslose Seeleute vom 30. Oktober 1924 (RGBl. I S. 722).
10. Gesetz über Erweiterung und Verlängerung der Fürsorge für erwerbslose Seeleute vom 27. März 1925 (RGBl. I S. 31).
11. Verordnung über die Geltungsdauer der Anordnung über die Zuschläge und Prämien der Notstandsarbeiter vom 27. März 1925 (RGBl. I S. 33).
12. Bestimmungen über öffentliche Notstandsarbeiten vom 30. April 1925 (RGBl. I S. 53).
13. Änderung der Ausführungsvorschriften zur Verordnung über Erwerbslosenfürsorge vom 2. Mai 1925 (RGBl. I S. 61).

14. Bekanntmachung der neuen Fassung der Ausführungsvorschriften zur Verordnung über Erwerbslosenfürsorge vom 2. Mai 1925 (RGBl. I S. 63).
15. Anordnung über die Abkürzung der Wartezeit in der Fürsorge für erwerbslose Seeleute vom 4. Juli 1925 (RGBl. I S. 95).

B. Die wichtigsten Einzelfragen.

a) Darf bei Arbeitskämpfen Erwerbslosenunterstützung gezahlt werden?

1.—2. siehe Band I, Seite 93—94.

b) Darf an Werksbeurlaubte Erwerbslosenunterstützung gezahlt werden?

1. siehe Band I, Seite 95.

c) Wie weit besteht Anspruch auf Kurzarbeiterunterstützung?

1.—2. siehe Band I, Seite 95.

d) Wann und in welchem Umfange besteht Anspruch auf Erwerbslosenunterstützung?

1.—3. siehe Band II, Seite 80.

4. Keine Auswahl der weiter zu versichernden Erwerbslosen durch die Gemeindebehörde. Gemäß einer Entscheidung des Reichsversicherungsamtes vom 7. Mai 1925, Nr. II K 78/24 (Reichsarbeitsblatt 1925, Nr. 31, S. 362) hat die Gemeindebehörde auf Grund des § 20 der Verordnung über Erwerbslosenfürsorge vom 16. Februar 1924 lediglich das Recht, entweder alle Erwerbslosen ihres Bezirkes bei den zuständigen Krankenkassen weiter zu versichern oder von der Weiterversicherung überhaupt Abstand zu nehmen und Erwerbslosen im Falle der Erkrankung die Vergünstigungen des § 26 der Verordnung vom 16. Februar 1924 einzuräumen. Die Gemeindebehörde kann dagegen nicht etwa lediglich bestimmte Gruppen erwerbsloser Gemeindeangehöriger gegen Krankheit weiter versichern. Das Reichsversicherungsamt begründet diese Entscheidung mit der Erwägung, daß es zu einer untragbaren Belastung der in Frage kommenden Krankenkassen führen müsse, wenn die Gemeinden das Recht hätten, lediglich diejenigen Erwerbslosen weiter zu versichern, bei denen die Gefahr der Erkrankung besonders groß ist.

e) Welche Bezüge erhalten erkrankte Erwerbslose und Werksbeurlaubte?

1. siehe Band I, Seite 96.

f) Wie weit haben Erwerbslose Pflichtarbeit zu leisten?

1.—2. siehe Band I, Seite 96—97.

g) Wie ist Pflichtarbeit Erwerbsloser zu bezahlen?

1.—2. siehe Band I, Seite 97.

h) Unter welchen Bedingungen können Betriebe Mittel aus der produktiven Erwerbslosenfürsorge erhalten?

1.—2. siehe Band I, Seite 97.

i) Welche Sondervergünstigungen werden bei Einstellung Erwerbsloser gewährt?

1. siehe Band I, Seite 98.

XIII. Entlassungen und Entlassungspapiere.

A. Einschlägige Gesetzesbestimmungen.

1.—3. Siehe die unter den Nummern III A 1—3 aufgeführten Gesetze.

4. Das Betriebsrätegesetz vom 4. Februar 1920 (RGBl. S. 147).

5. Verordnung betr. Maßnahmen gegenüber Betriebsabbrüchen und Betriebsstillegung vom 8. November 1920 (RGBl. S. 1901).

6. Verordnung über Betriebsstillegung und Arbeitsstreckung vom 15. Oktober 1920 (RGBl. S. 983).

7. Gesetz über die Beschäftigung Schwerbeschädigter vom 12. Januar 1923 (RGBl. S. 57).

B. Die wichtigsten Einzelfragen.

a) Welche Kündigungsfristen sind einzuhalten?

1.—3. siehe Band I, Seite 99—100.

4.—10. » » II, » 82—84.

11. Unzulässigkeit des vertraglichen Kündigungsausschlusses bei längeren Kündigungsfristen der Arbeitsordnung. Sieht eine Arbeitsordnung eine mehrtägige Kündigungsfrist vor, so sind nach einem allerdings umstrittenen Urteile des Gewerbegerichtes Zwickau vom 17. April 1925, Nr. G G 50/25 (Neue Zeitschrift für Arbeitsrecht 1925, Heft 7/8, S. 468) Sondervereinbarungen zwischen dem Arbeitgeber und einzelnen Arbeitnehmern insoweit ungültig, als sie Kündigungsausschluß vorsehen. Eine Ausnahme gilt nach Ansicht des Gewerbegerichtes Zwickau nur bei der Probeeinstellung von Arbeitnehmern, da nach Ansicht des Gewerbegerichtes Zwickau für Entlassungen während der Probezeit selbst dann Kündigungsausschluß vereinbart werden kann, wenn die Arbeitsordnung im allgemeinen eine längere Kündigungsfrist vorsieht.

(Weitere Entscheidungen siehe unter Nr. III B c.)

b) Welche Formvorschriften sind bei der Kündigung zu beachten?

1.—6. siehe Band I, Seite 100—102.

7.—15. » » II, » 84—86.

16. Kündigungen durch Werksanschlag ersetzen gemäß einem in den Blättern für Arbeitsrecht 1925/27 veröffentlichten Urteile des Gewerbegerichtes Finsterwalde vom 12. März 1925, Nr. G 11/25, die Einzelkündigung nur dann, wenn entweder die Arbeitsordnung besagt, daß Mitteilungen des Arbeitgebers am schwarzen Brett allgemein verbindliche Kraft haben, oder wenn der Betrieb so groß ist, daß dem Arbeitgeber bei Massenentlassungen eine Einzelbenachrichtigung der in Frage kommenden Arbeitnehmer nicht zugemutet werden kann. In allen anderen Fällen wird durch den Werksanschlag die Kündigungsfrist für die gekündigten Arbeitnehmer erst zu dem Zeitpunkte in Lauf gesetzt, in welchem die betreffenden Arbeitnehmer von dem Kündigungsanschlag nachweislich erfahren. Den entsprechenden Nachweis hat der Arbeitgeber, notfalls durch Eideszuschiebung, zu führen.

c) Wann ist eine fristlose Entlassung durch den Arbeitgeber zulässig?

1.—24. siehe Band I, Seite 102—110.

25.—43. » » II, » 86—90.

44. Fristlose Entlassung wegen wiederholten unhöflichen Betragens gegenüber der Kundschaft ist gemäß einer Entscheidung des Schlichtungsausschusses Groß-Berlin (Mitteilungsblatt des Schlichtungsausschusses Groß-Berlin 1921, S. 397) zulässig.

45. Nur beschränkte fristlose Entlassung wegen Fernbleibens von der Arbeit auf Grund einer Abgeordneten-Tätigkeit. Gemäß Urteil des Gewerbegerichtes Berlin, Kammer 11, vom 19. März 1925, Nr. 250/25 (Neue Zeitschrift für Arbeitsrecht 1925, S. 371) ist die fristlose Entlassung eines Abgeordneten nur dann wegen unentschuldigten Fehlens zulässig, wenn der Abgeordnete ohne Genehmigung seines Arbeitgebers für eine verhältnismäßig erhebliche Zeit von der Arbeit unentschuldigt fernbleibt, obwohl durch sein Fernbleiben mit Rücksicht auf seine Dienststellung der Betrieb erheblich geschädigt wird. Kann dagegen der Arbeitgeber eine solche erhebliche Schädigung nicht nachweisen, so ist die fristlose Entlassung nicht schon deshalb zulässig, weil der Abgeordnete sich geweigert hat, dem Arbeitgeber im einzelnen anzugeben, zu welchen Zwecken er als Abgeordneter von der Arbeit fernbleiben will.

46. Fristlose Entlassung wegen Nichtentschuldigung bei Strafantritt. Nach einem Urteile des Gewerbegerichtes Berlin vom 16. Juni 1925, Nr. 610/25 K 11 (Mitteilungen des Verbandes Berliner

Metallindustrieller Nr. 7/1925, S. 104) stellt es ein unentschuldigtes Fehlen im Sinne des § 123 der Gewerbeordnung und entsprechender Bestimmungen der Arbeitsordnung dar, wenn ein Arbeitnehmer es unterläßt, unverzüglich nach seiner Verhaftung den Arbeitgeber über den Grund seines Fernbleibens von der Arbeit zu verständigen. Infolgedessen kann ein Arbeitnehmer in einem solchen Falle fristlos entlassen werden.

47. Fristlose Entlassung gemäß § 124a der Gewerbeordnung auch noch nach Ablauf der Wochenfrist. Während gemäß § 123, Absatz 2 der Gewerbeordnung die fristlose Entlassung gewerblicher Arbeiter aus den im § 123 der Gewerbeordnung angeführten Sondergründen nur binnen einer Woche nach Kenntnis von dem Vorliegen des wichtigen Kündigungsgrundes vom Arbeitgeber ausgesprochen werden kann, ist die fristlose Entlassung von Arbeitnehmern auf Grund des § 124a der Gewerbeordnung, also von Arbeitnehmern, die mit längerer als 14tägiger Kündigungsfrist oder für eine festbegrenzte Zeit von mindestens 4 Wochen Dauer angestellt sind, auch noch nach Ablauf der Wochenfrist seit Kenntnis des Arbeitgebers von dem Vorliegen des wichtigen Kündigungsgrundes zulässig, sofern der Entlassungsgrund und die Kenntnis des Arbeitgebers von demselben nicht so weit zurückliegt, daß der Entlassungsgrund vom Arbeitgeber als verziehen angesehen werden muß. (Urteil des Gewerbegerichtes Hamburg vom 27. Januar 1925, Hanseatische Gerichtszeitung, Abt. Arbeitsrecht 2, 28, S. 162.)

48. Fristlose Entlassung von Angestellten wegen Urlaubsverschaffung unter wahrheitswidrigen Behauptungen. Wenn Angestellte sich unter Vorbringung erdichteter Gründe Urlaub verschaffen, so liegt gemäß einem Urteile des Kaufmannsgerichtes Barmen vom 29. Juni 1925 (Rhein.-Westf. Zeitung, Nr. 499/25) ein grober Verbrauensbruch vor. Dieser berechtigt den Arbeitgeber zur fristlosen Entlassung.

49. Fristlose Entlassung wegen Verhängung der Untersuchungshaft. Während das Gewerbegericht Werdau i. S. mit Urteil vom 4. Juli 1924 den Standpunkt vertreten hatte, daß eine Untersuchungshaft im allgemeinen lediglich eine vorbeugende und vorübergehende Maßregel darstellt, die den Arbeitgeber nicht zur fristlosen Entlassung gemäß § 123 Ziffer 8 der Gewerbeordnung gegenüber dem in Untersuchungshaft genommenen Arbeitnehmer berechtigt, entschied das Landgericht Zwickau in einem Berufungsurteile vom 4. Oktober 1924, daß eine Untersuchungshaft im allgemeinen als wichtiger Kündigungsgrund im Sinne des § 123, Ziffer 8 der Gewerbeordnung anzusehen ist, sofern nicht im einzelnen Falle zur Zeit des Ausspruches der fristlosen Entlassung feststeht, daß die Untersuchungshaft nur gewisse Tage gedauert hat oder dauern wird.

50. Unentschuldigtes Fernbleiben am 1. Mai trotz ausdrücklicher Verwarnung seitens des Arbeitgebers und trotz ausdrücklicher Androhung der fristlosen Entlassung gibt dem Arbeitgeber auch nach einem in der Speditions- und Schiffahrtszeitung 1925, Nr. 31, S. 736, veröffentlichten Urteile des Randower Gewerbegerichtes Kammer 1 zu Stettin vom 22. Mai 1925 einen wichtigen Grund zur fristlosen Entlassung. Nach diesem Urteile kann ein am 1. Mai entgegen einer ausdrücklichen Verwarnung seitens des Arbeitgebers fehlender Arbeitnehmer sich auch nicht etwa damit entschuldigen, daß er das Fehlen am 1. Mai mit Rücksicht auf die Gepflogenheiten der Nachkriegszeit und das Verhalten der Arbeitnehmer in anderen Betrieben als erlaubt angesehen habe.

51. **Wegen Vorbereitungen eines Arbeitnehmers für seine Selbständigmachung** kann der Arbeitgeber gemäß einem Urteile des Reichsgerichtes, Nr. III/9/14 (Arbeitsrecht 1925, S. 593) das Dienstverhältnis mangels gegenteiliger ausdrücklicher Vereinbarung nicht fristlos aufkündigen.

52. **Die sog. Bubikopffrisur einer Angestellten** gibt dem Arbeitgeber nach einem Urteile des Kaufmannsgerichtes Thorn (Kölner Stadtanzeiger 1925, Nr. 504) keinen wichtigen Grund zur fristlosen Entlassung.

53. **Keine fristlose Entlassung wegen Beleidigung eines Vorarbeiters.** Im Gegensatz zu der in Bd. II, S. 140, angeführten Entscheidung des Gewerbegerichtes Berlin entschied das Landgericht Göttingen (siehe Gewerkschaftszeitung, Abteilung Arbeitsrecht 1925, S. 60), daß Beleidigung eines Vorarbeiters durch einen Arbeitnehmer im allgemeinen noch keinen wichtigen, die fristlose Entlassung rechtfertigenden Kündigungsgrund gibt.

54. **Die Weigerung eines Reisenden, dauernd Bureauarbeiten zu verrichten,** berechtigt den Arbeitgeber nach einem Urteile des Kaufmannsgerichtes Stuttgart vom 6. 6. 1925 und einem Urteile des Landgerichtes Stuttgart vom 25. 6. 1925 (Gewerbe- und Kaufmannsgericht, 31. Jahrg., Nr. 1, S. 40) nicht zur fristlosen Entlassung des betreffenden Angestellten, sofern nicht ausnahmsweise ein besonders wichtiger Grund vorliegt, der den Arbeitgeber zur Beauftragung des Reisenden mit Bureauarbeiten zwingt, und der das Interesse des Angestellten an einer Fortsetzung seiner Reisetätigkeit überwiegt.

55. **Einschränkung des Rechtes der fristlosen Entlassung und des fristlosen Dienstaustrittes durch Vertragsvereinbarungen.** Nach einem Urteile des Reichsgerichtes, Nr. III/33/14 (Arbeitsrecht 1925, S. 590) steht es im freien Ermessen der Vertragsparteien, gewisse Tatbestände, die an sich nach dem Gesetz zur fristlosen Kündigung oder zum fristlosen Dienstaustritt berechtigen würden, als wichtige Kündigungsgründe durch Parteivereinbarung auszuschließen. Dagegen können die Parteien nach derselben Entscheidung nicht überhaupt jedes Recht zur fristlosen Entlassung bzw. zum fristlosen Dienstaustritte durch Parteivereinbarung ausschließen. Auch gelten alle Tatbestände, die nicht ausdrücklich durch Parteivereinbarung

als wichtige Kündigungsgründe ausgeschlossen worden sind, als wichtige, kraft Gesetzes zur fristlosen Entlassung und zum fristlosen Dienstaustritt nach wie vor berechtigende Gründe.

56. Aufstellung besonderer wichtiger Kündigungsgründe durch die Arbeitsordnung. Gemäß Urteil des Landgerichtes I Berlin vom 26. März 1925, Nr. 23, S. 198/24 (Arbeiterrecht und Arbeiterversicherung, Nr. 7, S. 53) können in der Arbeitsordnung auch andere als im § 123 der Gewerbeordnung aufgezählten Tatbestände zu wichtigen Kündigungsgründen erklärt werden, sofern sachliche Betriebsrücksichten dies rechtfertigen. So kann beispielsweise Trunkenheit während der Arbeitzeit als wichtiger Kündigungsgrund in der Arbeitsordnung festgelegt werden.

d) Wann ist ein fristloser Dienstaustritt des Arbeitnehmers zulässig?

1. siehe Band II, Seite 90.

2. **Die Bemerkung: „Wenn es Ihnen nicht paßt, können Sie gehen"** gilt nach einem Urteile des Gewerbegerichtes Dresden (Handel und Industrie 1925, Nr. 1734, S. 2774) nicht als fristlose Entlassung seitens des Arbeitgebers, sondern lediglich als Einräumung eines Rechtes zum fristlosen Dienstaustritte an den Arbeitnehmer. Dementsprechend kann ein Arbeitnehmer keine Schadenersatzansprüche wegen unberechtigter fristloser Entlassung und keinen Anspruch auf Weiterbeschäftigung geltend machen, wenn er auf Grund einer solchen Äußerung des Arbeitgebers oder eines Vorgesetzten die Arbeit verlassen und sich seine Arbeitspapiere hat aushändigen lassen.

e) Welche Rechtsfolgen hat eine unzulässige fristlose Entlassung?

1.—2. siehe Band I, Seite 110.

3. » » II, » 90—91.

4. **Bei einseitiger Auflösung eines festen Vertrages unter Zusage der Weiterzahlung des Gehaltes,** d. h. wenn der Arbeitgeber dem Arbeitnehmer erklärt, er trete von dem festen Anstellungsvertrage zurück, werde aber das Gehalt bis zum Ablaufe der Vertragszeit fortzahlen, kommt gemäß einem Urteile des Reichsgerichtes, Nr. III 150/16 (Arbeitsrecht 1925, S. 597) der Anstellungsvertrag endgültig zum Erlöschen. Es tritt an Stelle dieses Anstellungsvertrages die einseitige Verpflichtung des Arbeitgebers zur Fortzahlung des Gehaltes bis zum Ablaufe der Vertragszeit, während der Angestellte von allen Vertragspflichten endgültig frei wird. Dementsprechend kann der Arbeitgeber auch nicht etwa nachträglich auf Grund des § 615 des BGB. auf die von ihm weiter zu

zahlende Vergütung die Beträge anrechnen, die der Angestellte durch anderweitige Verwendung seiner Arbeitskraft erworben oder zu erwerben böswillig unterlassen hat.

f) Welche Rechtsfolgen hat ein unzulässiger fristloser Dienstaustritt?

1. siehe Band I, Seite 111.

2.—8. siehe Band II, Seite 91.

g) Welche Rechtsfolgen hat die schuldhafte Verursachung des Dienstaustrittes durch den Arbeitgeber?

1. siehe Band I, Seite 111.

h) Wann ist ein Kündigungseinspruch zulässig und gerechtfertigt?

1.—8. siehe Band I, Seite 111—113.

9.—24. » » II, » 92—96.

25. **Kündigung von Arbeitnehmern vor Ablauf der tariflichen Aushilfszeit,** d. h. Kündigung von Arbeitnehmern vor Ablauf der Zeit, die im Tarifvertrage als Höchstdauer eines vorübergehenden Aushilfsverhältnisses bezeichnet ist, verstößt nach einer Entscheidung des Tarifschiedsgerichtes für die Hafenbetriebe in Bremen vom 22. Mai 1925 (Hanseatische Gerichtszeitung, Abteilung Arbeitsrecht 2/27, S. 157) gegen Treu und Glauben und verpflichtet den Arbeitgeber zum Schadenersatze bzw. zur Weiterbeschäftigung, wenn der Arbeitgeber die Kündigung kurz vor Ablauf der tariflich vorgesehenen zulässigen Höchstdauer eines Aushilfsverhältnisses ohne sachlichen Grund lediglich in der Absicht ausspricht, die Entstehung eines dauernden und einen Kündigungseinspruch zulassenden Arbeitsverhältnisses zu verhindern.

26. **Kein Kündigungseinspruch bei Entlassungen während der Probezeit.** Gegen Kündigungen und Entlassungen, die während einer ausdrücklich vereinbarten Probezeit mit der vertraglichen oder gesetzlichen Kündigungsfrist ausgesprochen werden, steht dem gekündigten und entlassenen Arbeitnehmer nach einem Urteile des Gewerbegerichtes Berlin vom 14. April 1925, Nr. 365/1925 GG K 11 (Mitteilungen des Verbandes Berliner Metallindustrieller 1925, Nr. 6, S. 88) ein Recht des Kündigungseinspruches auf Grund der §§ 84ff. des Betriebsrätegesetzes nach dem Sinne und Zwecke des Kündigungseinspruches nicht zu.

27. **Befristete Kündigung wegen hohen Alters** eines Arbeitnehmers stellt nach einem Urteile des Gewerbegerichtes Berlin vom

11. August 1924 (Soziale Praxis 25, S. 285) eine unbillige und daher im allgemeinen einen Kündigungseinspruch gemäß § 84f. des Betriebsrätegesetzes rechtfertigende Härte dar, wenn der gekündigte Arbeitnehmer trotz seines Alters noch die normale Leistungsfähigkeit besitzt, und wenn der Betrieb auch an sich zur Einschränkung und Herabminderung der Arbeitnehmerzahl nicht gezwungen ist.

28. **Bei der Anfechtung des Arbeitsvertrages** durch den Arbeitgeber wegen arglistiger Täuschung oder wegen Irrtums beim Vertragsabschlusse steht dem Arbeitnehmer gemäß einem Urteile des Gewerbegerichtes Hamburg vom 29. 1. 1925 (Blätter für Arbeitsrecht 1925, Nr. 15) ein Recht des Kündigungseinspruches in keinem Falle zu, da nach der Urteilsbegründung Vertragsanfechtungen als Kündigungen im Sinne der §§ 84ff. des Betriebsrätegesetzes nicht angesehen werden können.

29. **Kündigungen wegen Nichteinwilligung der Arbeitnehmer in Gehaltsherabsetzungen** bedeuten gemäß einem Urteile des Kaufmannsgerichtes Berlin (Braunkohlen- und Brikettindustrie Nr. 43, 1925) unter Umständen eine unbillige, einen Kündigungseinspruch rechtfertigende Härte, wenn die Kündigung ältere Angestellte betrifft, die seit langem bei demselben Unternehmen beschäftigt sind und wenn die jüngeren, noch nicht lange beschäftigten Arbeitskräfte weiter beschäftigt werden. Dies gilt nach der Urteilsbegründung auch dann, wenn an sich das Verlangen des Arbeitgebers auf Einwilligung in eine angemessene Lohnherabsetzung nicht als unbillig bezeichnet werden konnte.

30. **Keine Rechtfertigung des Kündigungseinspruches wegen Unterbringung von Bestellungen bei anderen Firmen.** Gemäß Urteil des Gewerbegerichtes Berlin vom 16. Juni 1925, Nr. 725/1925 K 11, steht es im völlig freien Ermessen des Arbeitgebers, ob er vorliegende Aufträge und Arbeiten durch seine eigenen Arbeitnehmer erledigen lassen oder an andere Firmen aus wirtschaftlichen Gründen vergeben will. Kündigungseinspruchsklagen können infolgedessen nicht mit der Behauptung begründet werden, der Arbeitgeber hätte Betriebseinschränkungen und Entlassungen dadurch verhüten können, daß er von der Herausgabe von Bestellungen an andere Firmen Abstand genommen hätte und die Arbeiten im eigenen Betriebe herstellen ließ.

31. **Berechtigung des Kündigungseinspruches wegen Verstoßes gegen den § 74 des Betriebsrätegesetzes.** Während die herrschende Meinung in Literatur und Rechtsprechung den § 74 des Betriebsrätegesetzes nur als Soll-Vorschrift betrachtet und Verletzungen dieses Paragraphen eine den Kündigungseinspruch rechtfertigende Bedeutung nicht beimißt, stellte sich ein Urteil des Gewerbegerichtes Harburg vom 5. Mai 1925 (Arbeiterrecht und Arbeiterversicherung 1925, Nr. 7, S. 55) auf den Standpunkt, daß in der Nichtbeachtung des § 74 des Betriebsrätegesetzes jedenfalls gegenüber lange Jahre beschäftigt gewesenen Arbeitnehmern eine unbillige Härte liegt.

Nach der Urteilsbegründung ist eine solche Härte auch in den Betriebsverhältnissen nicht begründet, weil die Nichtbeachtung des § 74 des Betriebsrätegesetzes der Betriebsvertretung die Möglichkeit nimmt, dem Arbeitgeber Vorschläge zur Milderung der mit den Betriebseinschränkungen verbundenen Härten zu unterbreiten. Daraus folgert das Gewerbegericht Harburg, daß in der Regel einem Kündigungseinspruch langfristig beschäftigt gewesener Arbeitnehmer stattzugeben ist, wenn sie nachweisen, daß der Arbeitgeber es unterlassen hat, die Betriebsvertretung rechtzeitig in einer ordnungsmäßig einberufenen Sitzung über die beabsichtigten Betriebseinschränkungen zu verständigen.

82. Kündigungseinspruch trotz Vereinbarung der Zulässigkeit von Entlassungen ohne Grundangabe. Mit Rücksicht auf die Bestimmungen des § 84, Ziff. 2 des Betriebsrätegesetzes, die dem Arbeitnehmer ein Recht des Kündigungseinspruches verleihen, wenn die Kündigung ohne Angabe von Gründen erfolgt ist, entschied das Gewerbegericht Bremen mit Urteil vom 28. 5. 1925, daß ein gekündigter Arbeitnehmer auch dann wegen Nichtangabe eines Kündigungsgrundes mit Erfolg gegen die Kündigung Einspruch erheben kann, wenn bei der Einstellung vereinbart worden ist, daß der Arbeitnehmer jederzeit ohne Angabe von Gründen entlassen werden kann. Nach der Urteilsbegründung vermag eine solche Kündigungsvereinbarung den Arbeitnehmer nicht um sein gesetzliches Recht aus § 84 Ziff. 2 des Betriebsrätegesetzes zu bringen. Nach derselben Entscheidung kann allerdings der Arbeitgeber den Kündigungsgrund noch im Einspruchsverfahren vor dem Arbeitsgerichte angeben. In diesem Falle kann dann der Kündigungseinspruch nicht mehr auf die Ziff. 2 des § 84 des Betriebsrätegesetzes sondern höchstens noch darauf gestützt werden, daß die Kündigung sich als eine unbillige Härte im Sinne des § 84 Ziff. 4 des Betriebsrätegesetzes oder als tendenziöse Kündigung im Sinne der Ziff. 1 des Betriebsrätegesetzes darstellt.

i) Welche Formvorschriften sind beim Einspruchsverfahren zu beachten?

1.—7. siehe Band I, Seite 113—116.

8.—27. » » II, » 96—101.

28. Die Abweisung der Einspruchsklage wegen Nichtbeachtung der Formvorschriften im Vorverfahren muß auch nach einem Urteile des Berggewerbegerichtes Dortmund, Kammer Essen I, vom 19. März 1925 (Nachrichtenblatt I/107) erfolgen, wenn sich herausstellt, daß der Gruppenrat zu den Sitzungen zwecks Prüfung des Kündigungseinspruches und zum Zwecke des Versuches der Verständigung mit dem Arbeitgeber nicht ordnungsmäßig oder vollzählig geladen worden war.

29. Die Abweisung der Einspruchsklage wegen Nichtanfertigung eines Protokolls über die Prüfungs- und Verständigungsverhandlungen des Gruppenrates ist nach einem Urteile des Gewerbegerichtes Ueckermünde vom 6. März 1925, Nr. 3/25 (Nachrichtenblatt I/163) notwendig, wenn der Gruppenrat entgegen der Vorschrift des § 33 des Betriebsrätegesetzes es unterlassen hat, den Verlauf und das Ergebnis der Verhandlungen des Gruppenrates, betreffend die Prüfung des Kündigungseinspruches und die Verständigung mit dem Arbeitgeber, in einer ordnungsmäßigen Niederschrift festzulegen.

30. Trotz Unterlassung ordnungsmäßiger Protokollierung der Prüfungs- und Verständigungsverhandlungen durch den Gruppenrat im Sinne der §§ 84ff. und 29ff. des Betriebsrätegesetzes darf das Arbeitsgericht gemäß einem Urteile des Gewerbegerichtes Durlach (Deutsche Arbeitgeberzeitung Nr. 43/1925) einem rechtzeitig eingelegten und vom Gruppenrat gebilligten Kündigungseinspruche beim Vorliegen der sachlichen Begründung des Kündigungseinspruches durch Verurteilung des Arbeitgebers zur Weiterbeschäftigung bzw. Zahlung einer Abfindungssumme stattgeben (vgl. jedoch Nr. 28, 29).

31. Wegen nicht ordnungsmäßiger Durchführung des Vorprüfungsverfahrens der Betriebsvertretung muß eine Kündigungseinspruchsklage nach einem Urteile des Kaufmannsgerichtes Breslau vom 18. März 1925 (Mitteilungen der Arbeitgeberverbände Unterelbe und Hamburg-Altona 1925, Nr. 13, S. 77) als unzulässig abgewiesen werden, wenn der Gruppenrat es unterlassen hat, in einer ordnungsmäßig und rechtzeitig einberufenen Gruppenratsitzung den rechtzeitig erhobenen Kündigungseinspruch des Arbeitnehmers ausdrücklich unter Festlegung im Sitzungsprotokolle für begründet zu erklären.

32. Der Einspruchерhebende muß die Unbilligkeit der Kündigung nachweisen. Nach einem Urteile des Arbeitsgerichtes Lübeck vom 18. Februar 1925 (Hanseatische Gerichtszeitung, Abt. Arbeitsr. 2, 34, S. 204) darf das Arbeitsgericht einem Kündigungseinspruche durch Verurteilung des Arbeitgebers zur Weiterbeschäftigung bzw. Zahlung einer Abfindungssumme nur dann stattgeben, wenn der Einspruchеrhebende den schlüssigen Nachweis erbringt, daß tatsächlich eine der Voraussetzungen der Ziffern 1 bis 4 des § 84 des Betriebsrätegesetzes vorliegt. Wenn jedoch der Sachverhalt, der zur Kündigung geführt hat, unklar ist, so ist die Streitsache im Zweifel zugunsten des Arbeitgebers dahin zu entscheiden, daß die Kündigung mangels Nachweises einer der Voraussetzungen der Ziffern 1 bis 4 des § 84 des Betriebsrätegesetzes rechtswirksam und einspruchsunfähig ist.

33. Zur Prüfung der Leistungsfähigkeit eines gekündigten Arbeitnehmers ist das Arbeitsgericht zwar nach einem Urteile des Kaufmannsgerichtes Hannover vom 25. November 1924 im Gegensatze zu den von uns bereits bekanntgegebenen Urteilen des Gewerbegerichtes Berlin vom 16. Juni 1925, Nr. 725/1925 K 11, berechtigt, falls der Arbeitnehmer behauptet, der Arbeitgeber habe ihn aus nicht stichhaltigen Gründen entlassen, während er weniger leistungsfähige Arbeitnehmer, die sozial gleich oder besser gestellt waren, weiter beschäftigt habe. Nach Ansicht des Kaufmannsgerichtes Hannover (Blätter für Arbeitsrecht 4, 16) ist das Gericht aber an das Urteil der Vorgesetzten des gekündigten Arbeitnehmers gebunden, und es darf nicht etwa Zeugenaussagen von Mitarbeitern des gekündigten Arbeitnehmers höhere Bedeutung beimessen als dem Urteile der Vorgesetzten, sofern letzteres nicht offensichtlich falsch ist.

k) Welche Sonderbestimmungen gelten für die Entlassung von Betriebsvertretungsmitgliedern?

1.—8. siehe Band I, Seite 116—118.

(Weitere Entscheidungen siehe unter Nr. XI, XVIII, XXII.)

l) Welche Sonderbestimmungen gelten für die Entlassung von Schwerbeschädigten?

(Entscheidungen siehe unter der Nr. XV.)

m) Welche Sonderbestimmungen gelten für Entlassungen bei Arbeitskämpfen?

(Entscheidungen siehe unter den Nr. XIII c und XXII.)

n) Welche Sonderbestimmungen gelten für Entlassungen bei Betriebsstillegungen und Betriebseinschränkungen?

1. siehe Band I, Seite 119.

(Weitere Entscheidungen siehe unter den Nr. XI und XIII.)

o) Wie sind die Entlassungspapiere und Zeugnisse auszustellen?

1.—4. siehe Band I, Seite 120—121.

5.—11. » » II, » 101—102.

p) Welche Rechtsfolgen erwachsen aus verspäteter oder falscher Ausstellung von Entlassungspapieren und aus nachteiliger Auskunftserteilung?

1.—4. siehe Band I, Seite 121—122.

5. Keine Haftung des Arbeitgebers bei vorsichtiger Abfassung des Zeugnisses. Bekanntlich hat der Arbeitgeber gemäß § 826 BGB. anderen Arbeitgebern den entstehenden Schaden zu ersetzen, wenn er einem Angestellten ein wahrheitswidrig gutes Zeugnis ausgestellt hat. Dieser Grundsatz verpflichtet den Arbeitgeber jedoch nach den Entscheidungen des Reichsgerichtes, Nr. VI/68/15 und VI 124/16 (Arbeitsrecht 1925, S. 599) nicht, in jedem Zeugnisse alle nachteiligen Erfahrungen festzulegen, die er mit einem Angestellten gemacht hat. Der Arbeitgeber genügt vielmehr seiner wahrheitsgemäßen Zeugnispflicht, wenn er bei ungünstigen Erfahrungen mit einem Angestellten das Zeugnis so vorsichtig und zurückhaltend abfaßt, daß sich jeder Arbeitgeber beim Studium des Zeugnisses sagen muß, daß Vorsicht bei der Anstellung und eine besondere Erkundigung am Platze ist.

6. Schadenersatzpflicht des Arbeitgebers bei ungünstiger oberflächlicher Auskunfterteilung über einen Angestellten. Nach einem Urteile des Reichsgerichtes, Nr. VI 228/13 (Arbeitsrecht 1925, S. 600) ist jeder Arbeitgeber nach den Grundsätzen von Treu und Glauben gegenüber seinen noch beschäftigten oder früheren Angestellten verpflichtet, dritten Personen über die Angestellten nur in vorsichtiger, sorgfältig abwägender Weise Auskunft zu erteilen. Gibt der Arbeitgeber ohne gewissenhafte Prüfung nach jeder Richtung hin über einen Angestellten eine ungünstige Auskunft, so macht er sich dem Angestellten gegenüber unter Umständen schadenersatzpflichtig.

q) Wann und in welcher Höhe ist eine Abfindungssumme zu zahlen?

1.—3. siehe Band I, Seite 122—123.

4.—7. » » II, » 103—104.

8. Berücksichtigung der Kündigungsgründe bei der Festsetzung der Entschädigungssummen des § 87 BRG. Nach einem Urteile des Gewerbegerichtes Berlin vom 5. März 1925, Nr. 96/G G K 6 (Arbeitsrecht 1925, S. 555) darf das Arbeitsgericht bei der Bemessung der Kündigungsentschädigungssummen des § 87 BRG. auch dann, wenn es die Kündigung an sich als eine unbillige Härte betrachtet, die Gründe, die zur Kündigung geführt haben, berücksichtigen. Wenn beispielsweise nach Ansicht des Arbeitsgerichtes der Arbeitnehmer die Kündigung selbst in gewisser Beziehung mitverschuldet hat, so darf das Arbeitsgericht dem Arbeitnehmer nur einen Bruchteil der an sich nach § 87 BRG. zulässigen Kündigungsentschädigung zusprechen.

9. Die Weiterbeschäftigung im Sinne des § 87 Absatz 3 des Betriebsrätegesetzes gilt auch dann als abgelehnt gemäß einem Urteile des Oberlandesgerichtes Kassel vom 21. 1. 1925, Nr. 1 U 91/23 (Neue Zeitschrift für Arbeitsrecht 1925, S. 611), wenn der Arbeitgeber sich zwar auf Grund des ihm ungünstigen Urteiles des Arbeitsgerichtes zur Weiterbeschäftigung bereit erklärt, wenn er dem Arbeitnehmer jedoch eine Arbeit anbietet, zu deren Leistungen er nach den bisherigen Vertragsbestimmungen nicht verpflichtet war, wenn er beispielsweise einem früher als Meister beschäftigt gewesenen Arbeitnehmer die Weiterbeschäftigung nur als Arbeiter anbietet.

10. Keine Anrechnung anderweitigen Einkommens auf die Abgangsentschädigung des § 87 des Betriebsrätegesetzes. Gemäß einem im Gewerbe- und Kaufmannsgericht, 30. Jahrgang, Heft 10, S. 474, veröffentlichten Urteile des Kaufmannsgerichtes Magdeburg vom 7. Januar 1925 kann ein gekündigter Arbeitnehmer die volle Auszahlung der ihm im Kündigungseinspruchsverfahren zugesprochenen Abgangsentschädigung im Falle der Ablehnung der Weiterbeschäftigung seitens des Arbeitgebers auch dann verlangen, wenn er in der Zeit zwischen der Entlassung und der Zahlung der Abgangsentschädigung durch anderweitige Tätigkeit ein Einkommen gehabt hat. Nach der Urteilsbegründung gilt eben die Abgangsentschädigung nicht als ein Entgelt für Arbeitslosigkeit sondern als eine Vergütung für die Aufgabe eines erworbenen Rechtes auf Weiterbeschäftigung im Betriebe.

r) Welche Zeit ist zum Aufsuchen einer neuen Stelle freizugeben?

1. siehe Band I, Seite 123.

s) Welche Rechtswirkungen haben Abfindungsquittungen?

1.—2. siehe Band I, Seite 123.

3. » » II, » 104.

4. Reichsgericht und Abfindungsquittungen. Nach einem Urteile des Reichsgerichtes vom 3. 12. 1924, Nr. 55/24 (Leipziger Zeitschrift XIX, Spalte 545, Nr. 5) gilt eine Quittung im Zweifel nur als Beweismittel für den Empfang der quittierten Leistung und nicht auch als Verzicht auf weitergehende Ansprüche. Wenn daher ein Arbeitnehmer bei seiner Entlassung über die Restlohnsumme quittiert, so verzichtet er damit auch dann auf weitergehende Ansprüche, wenn in die Quittung kein Vorbehalt aufgenommen wird. Soll die Abfindungsquittung die Wirkung eines weitergehenden Verzichtes haben, so muß in ihr ausdrücklich gesagt werden, daß der Arbeitnehmer zur Abfindung aller Ansprüche aus dem Arbeitsvertrage die in der Quittung bezeichnete Summe erhalten zu haben bescheinigt.

t) Welche Wirkung hat die Zurücknahme einer Kündigung?

1. **Bei Zurücknahme der Kündigung** unter Einwilligung des Vertragsgegners kommt gemäß einem Urteile des Reichsgerichtes, Nr. II/36/22 (Arbeitsrecht 1925, S. 597) im allgemeinen kein neuer Dienst- oder Anstellungsvertrag zustande. Es gilt vielmehr mangels gegenteiliger ausdrücklicher Vereinbarungen der alte Anstellungsvertrag als zu den alten Bedingungen fortgesetzt.

XIV. Schutz der Kinder, Jugendlichen und Frauen.

A. Einschlägige Gesetzesbestimmungen.

1.—6. Siehe die unter Nr. VIII A aufgeführten Gesetze.

7. Gesetz betr. Kinderarbeit in gewerblichen Betrieben vom 30. März 1903 (RGBl. S. 113) nebst Abänderung vom 31. Juli 1925 (RGBl. S. 162).

8. Gesetz über Gebühren für Arbeitsbücher vom 16. Juli 1925 (RGBl. I S. 145).

B. Die wichtigsten Einzelfragen.

a) Schutz der Kinder und Jugendlichen.

1. **Keine nur gelegentliche und ohne weiteres zulässige Beschäftigung von Kindern** unter 14 Jahren im Sinne des § 11 des Kinderschutzgesetzes liegt gemäß einem Urteile des Kammergerichtes vom 16. März 1925 (Jur. Rundschau 1925, Beilage, S. 455) vor, wenn ein Kind längere Zeit in regelmäßiger Wiederkehr beschäftigt wird, und wenn die Wiederholung der Beschäftigung auch von vorneherein in Aussicht genommen war. In solchen Fällen ist daher die Beschäftigung des betreffenden Kindes nur gestattet, wenn dem Arbeitgeber zuvor für dasselbe eine Arbeitskarte der zuständigen Ortspolizeibehörde ausgehändigt worden ist.

b) Schutz der Frauen.

1. **Durchführung des Schwangeren- und Wöchnerinnenschutzes.** In einem Erlaß vom 22. Juni 1925, Nr. III 5324, weist der Preußische Minister für Handel und Gewerbe die Gewerbeaufsichtsbeamten erneut auf die Notwendigkeit hin, im öffentlichen Interesse besonders darauf zu achten, daß der Schwangeren- und Wöchnerinnenschutz in den Fabrikbetrieben sorgfältig durchgeführt wird. In dem Erlasse führt der Minister u. a. aus:

Schwangere Arbeiterinnen leiden mehr als andere Personen unter den Einwirkungen von Hitze, Dämpfen und Gerüchen. Wesentliche Erleichterungen können für sie dadurch geschaffen werden, daß die Gewerbeaufsichtsbeamten auf eine für Schwangere geeignete Beschäftigung in einem Arbeitsraume, in dem die vorstehend genannten Belästigungen nicht auftreten, hinwirken. Ferner fallen bekanntlich Arbeiten, die im Stehen oder Laufen aufgeführt werden müssen, Schwangeren besonders schwer; sie können auch schwere Schädigungen für diese herbeiführen. Um der Schwangeren während des Arbeitsprozesses Gelegenheit zu kurzer Ruhe zu geben, ist die Schaffung von Sitzgelegenheit an ihrem Arbeitsplatze oder in seiner Nähe erforderlich. In der Regel werden einsichtsvolle Arbeitgeber einem derartigen Hinweise ohne weiteres Folge leisten; im Falle einer unbegründeten Weigerung wäre eine Anordnung auf Grund der §§ 120a und 120d GO. zu treffen. Die Besitzer oder Leiter großer Betriebe mit starker weiblicher Belegschaft, z. B. in der Textilindustrie, dürfen sich auch weiteren Anregungen nicht verschließen, deren Ausführung teilweise nicht nur im Interesse der Schwangeren, sondern des gesamten Betriebes liegen würde. So würde beispielsweise die Einstellung eines Fabrikarztes sämtlichen Arbeitern des Betriebes Nutzen bringen können. Durch die Einrichtung von ärztlichen Sprechstunden für die schwangeren Arbeiterinnen würde eine wirksame Schwangerenfürsorge im Betriebe geschaffen. Damit die Schwangeren während der Pausen sowie bei öfters vorkommenden Schwächezuständen und sonstigen aus der Schwangerschaft herrührenden Anfällen Gelegenheit zu bequemem Liegen haben, wäre die Herrichtung eines freundlich eingerichteten Raumes notwendig. Auch die Einrichtung guter Kantinen und die Bereitstellung von Speisen und Getränken, welche den besonderen Bedürfnissen der schwangeren Arbeiterinnen entsprechen, könnte zur Erleichterung der Lage der gewerblich tätigen Schwangeren wesentlich beitragen. Schließlich dürfte es sich empfehlen, in allen Betrieben, in denen weibliche Arbeitnehmer beschäftigt werden, Medikamente bereitzustellen, die nach ärztlichen Erfahrungen im Zustande der Schwangerschaft erforderlich sind.

XV. Schutz der Schwerbeschädigten.

A. Einschlägige Gesetzesbestimmungen.

1. Gesetz über die Beschäftigung Schwerbeschädigter vom 12. Januar 1923 (RGBl. S. 57).
2. Ausführungsverordnung zum Gesetz über die Beschäftigung Schwerbeschädigter vom 13. Februar 1924 (RGBl. I S. 73).
3. Betriebsrätegesetz vom 4. Februar 1920 (RGBl. S. 147).

B. Die wichtigsten Einzelfragen.

a) Wie weit ist der Arbeitgeber zur Neueinstellung von Schwerbeschädigten verpflichtet?

1. siehe Band I, Seite 126.

2. Pflicht zur Einstellung von Schwerbeschädigten nur beim Freiwerden eines Arbeitsplatzes. Selbst dann, wenn ein Arbeitgeber noch nicht die nach dem Schwerbeschädigtengesetze erforderliche Mindestzahl von Schwerbeschädigten in seinem Betriebe beschäftigt, braucht er nach einem Urteile des Oberlandesgerichtes Königsberg vom 29. 8. 1924, Nr. S 255/24 (Juristische Wochenschrift 1925, S. 1901) nur dann auf Verlangen der Hauptfürsorgestelle einen Schwerbeschädigten einzustellen, wenn bei ihm ein Arbeitsplatz frei wird oder neu besetzt werden soll, der für einen Schwerbeschädigten geeignet ist. Nach Ansicht des Oberlandesgerichtes Königsberg kann also ein Arbeitgeber insbesondere nicht schon deshalb bestraft werden, weil er es lediglich deshalb unterlassen hat, einen Schwerbeschädigten auf Verlangen der Hauptfürsorgestelle einzustellen, weil kein für einen Schwerbeschädigten geeigneter Arbeitsplatz frei geworden ist.

3. Kein Beschwerderecht gegen Zwangseinstellungen von Schwerbeschädigten gemäß § 7, Absatz 2, des Schwerbeschädigtengesetzes. Wenn ein Arbeitgeber auf Grund einer Androhung der Zwangseinstellung eines Schwerbeschädigten im Sinne des Absatz 1 des § 7 des Schwerbeschädigtengesetzes nicht innerhalb der vorgesehenen Frist Beschwerde erhoben oder einen Schwerbeschädigten freiwillig eingestellt hat, so steht ihm nach einem Entscheide des Schwerbeschädigtenausschusses bei der Reichsarbeitsverwaltung vom 30. April 1925 (RABl. 1925, Nr. 21, S. 242) kein Beschwerderecht mehr zu, wenn nach Ablauf der festgesetzten Frist die Hauptfürsorgestelle einen Schwerbeschädigten zwangsweise zuweist.

b) Wie weit genießen Schwerbeschädigte Sonderschutz bei Arbeitsstreckung und Betriebsstillegung?

1.—5. siehe Band I, Seite 126—128.

6.—8. » » II, » 106—107.

9. Beginn der Dreimonatschonfrist im Sinne des § 16 des Schwerbeschädigtengesetzes. Gemäß Entscheidung des Schwerbeschädigtenausschusses bei der Reichsarbeitsverwaltung vom 30. April 1925 (RABl. 1925, Nr. 21, S. 243) beginnt die im § 16 des Schwerbeschädigtengesetzes vorgesehene Dreimonatsschonfrist zugunsten der Schwerbeschädigten bei Betriebsstillegungen erst an dem Tage, an welchem der Arbeitgeber den Antrag auf Zustimmung an die Hauptfürsorgestelle abgesandt hat.

10. Kündigung von Schwerbeschädigten bei Betriebsstillegungen. Nach § 16 des Schwerbeschädigtengesetzes darf bekanntlich von der Hauptfürsorgestelle die Zustimmung zur Kündigung von Schwerbeschädigten nicht versagt werden, wenn der Betrieb oder eine selbständige Betriebsabteilung eines privaten Arbeitgebers nicht nur vorübergehend vollständig eingestellt oder wesentlich eingeschränkt wird und wenn zwischen dem Tage der Kündigung und dem Tage, bis zu dem Gehalt oder Lohn weiter gezahlt wird, mindestens 3 Monate liegen. Sind diese Voraussetzungen gegeben, so muß die Hauptfürsorgestelle nach einer Entscheidung des Schwerbeschädigtenausschusses bei der Reichsarbeitsverwaltung vom 20. März 1925 (Reichsarbeitsblatt 1925, S. 157) die Zustimmung zur Kündigung aller Schwerbeschädigten geben, die über die gesetzliche Mindestzahl von 2 vH der verbleibenden Belegschaft hinaus im Betriebe beschäftigt sind.

11. Nur beschränkte Lohnfortzahlungspflicht gemäß § 16 des Schwerbeschädigtengesetzes. Die Bestimmung des § 16 des Schwerbeschädigtengesetzes, nach welcher der Arbeitgeber dem Schwerbeschädigten 3 Monate lang seit dem Tage der Kündigung Lohn oder Gehalt fortzahlen muß, wenn die Hauptfürsorgestelle die Zustimmung zur Kündigung erteilen soll, ist nach einer Entscheidung des Schwerbeschädigtenausschusses bei der Reichsarbeitsverwaltung vom 20. März 1925 (Reichsarbeitsblatt 1925, S. 157) dahin auszulegen, daß der Schwerbeschädigte für die Dreimonatsfrist seinen bisherigen Mitarbeitern im Lohne vollständig gleichgestellt bleiben muß. Dementsprechend ist nach Ansicht des Schwerbeschädigtenausschusses bei der Reichsarbeitsverwaltung den Schwerbeschädigten für die Zeit der Arbeitsstreckung oder der Betriebsstillegung nur der gleiche Lohn- oder Gehaltsbetrag zu zahlen wie den übrigen Arbeitnehmern des Betriebes. Umgekehrt können aber Schwerbeschädigte während der Dreimonatsfrist auch eine entsprechende Erhöhung ihrer Bezüge verlangen, wenn der Lohn oder das Gehalt ihrer Mitarbeiter auf Grund freier Zugeständnisse des Arbeitgebers oder auf Grund von Tarifvereinbarungen erhöht wird.

12. Kein Recht zur einseitigen Werksbeurlaubung von Schwerbeschädigten bei notwendigen Betriebseinschränkungen. Betriebseinschränkungen stellen auch dann, wenn sie durch Wirtschaftskrisen ohne irgendein Mitverschulden des Arbeitgebers bedingt sind, keine Unmöglichkeit im Sinne der §§ 323 und 615 BGB. in einer den Arbeitgeber von der Lohnzahlungspflicht befreienden Weise gemäß einem Urteile des Gewerbegerichtes Düsseldorf vom 1. Oktober 1924 (Gewerbe- und Kaufmannsgericht, Nr. 10, S. 470) dar. Dementsprechend kann der Arbeitgeber nach dem gleichen Urteile auch nicht einseitig Schwerbeschädigte »werksbeurlauben«. Die Werksbeurlaubung ist vielmehr mit einer von der Lohnzahlungspflicht befreienden Wirkung nur zulässig, wenn entweder der Schwerbeschädigte in die Werksbeurlaubung von vorneherein im Arbeitsvertrage eingewilligt hat, oder wenn er im Einzelfalle darin einwilligt, oder wenn der Arbeitgeber die Werksbeurlaubung unter Einhaltung der vertraglichen Kündigungsfrist angekündigt hat. Auch die stillschweigende oder ausdrückliche Zustimmung der Fürsorgestelle gestattet dem Arbeitgeber nicht die einseitige sofortige Werksbeurlaubung nach Ansicht des Gewerbegerichtes Düsseldorf.

13. Ein Recht zur Kündigung von Schwerbeschädigten ohne Zustimmung der Hauptfürsorgestelle steht dem Arbeitgeber gemäß einem Urteile des Landgerichtes Dortmund vom 30. Juli 1924 (Gewerbe- und Kaufmannsgericht, Bd. 30, S. 401) nicht schon aus dem Grunde zu, weil infolge wesentlicher Betriebseinschränkungen und Entlassungen von nicht schwerbeschädigten Arbeitnehmern der Prozentsatz der Schwerbeschädigten 2 vH der Belegschaft übersteigt.

e) Wie weit genießen Schwerbeschädigte Sonderschutz bei Arbeitskämpfen?

1.—3. siehe Band I, Seite 128—129.

4.—8. » » II, » 107—109.

9. Arbeitswillige Schwerbeschädigte können bei Teilstreiks gemäß einem Urteile des Landgerichtes Leipzig vom 24. 7. 1924, Nr. 4 D g 128/24 (Juristische Wochenschrift 1925, S. 1918) in jedem Falle auf Grund des § 124 a der Gewerbeordnung ohne Rücksicht auf die im Einzelfalle geltende vertragliche Kündigungsfrist entlassen werden, da nach der Urteilsbegründung die durch den Teilstreik herbeigeführte Lage als wichtiger Kündigungsgrund im Sinne des § 124 a der Gewerbeordnung anzusehen ist.

10. Keine fristlose Entlassung von Schwerbeschädigten bei Sympathieaussperrungen. Schwerbeschädigte, die nicht durch ihr persönliches Verhalten dem Arbeitgeber einen wichtigen Grund zur fristlosen Entlassung gegeben haben, können gemäß einem Urteile des Gewerbegerichtes Stettin vom 18. März 1924 und einem Urteile des Landgerichtes Stettin vom 29. September 1924 (Gewerbe- und Kaufmannsgericht, Bd. 30, S. 468) weder fristlos noch ohne Zustimmung der Hauptfürsorgestelle entlassen werden.

d) Wie weit genießen Schwerbeschädigte Sonderschutz nach Arbeitskämpfen?

1.—7. siehe Band I, Seite 129—132.

8.—11. » » II, » 109—110.

12. **Für Wiedereinstellungsansprüche der Schwerbeschädigten** sind neben der Hauptfürsorgestelle auch die Gerichte zuständig. Im Gegensatz zu der unter Nr. 10 bekanntgegebenen Entscheidung des Landgerichtes Frankenthal entschied das Kammergericht mit Urteil vom 12. Juni 1925, Nr. 8 U 37/43/25, daß Schwerbeschädigte auch vor den für Streitigkeiten aus dem Arbeitsvertrage zuständigen Gewerbe-, Kaufmanns-, Amts- oder Landgerichten auf Wiedereinstellung oder Weiterbeschäftigung klagen und sich nicht nur beschwerdeführend an die Hauptfürsorgestelle wenden können. (Jur. Wochenschr. 1925, Heft 17, S. 1885.)

e) Wie weit genießen Schwerbeschädigte Sonderschutz bei Änderung der Arbeitsbedingungen?

1.—3. siehe Band I, Seite 132.

4. » » II, » 110.

5. **Notwendigkeit der Zustimmung der Hauptfürsorgestelle auch zu Kündigungen zwecks Änderung der Lohn- und Arbeitsbedingungen.** Nach einem Urteile des Kammergerichtes vom 12. Juni 1925, Nr. 8 U 3743/25 (Jur. Wochenschrift, Heft 17/1925, S. 1885), bedarf der Arbeitgeber mangels Vorliegens eines wichtigen Kündigungsgrundes zur befristeten Kündigung nicht nur dann der Zustimmung der Hauptfürsorgestelle, wenn durch die Kündigung das Dienst- oder Arbeitsverhältnis endgültig zur Beendigung gebracht werden soll, sondern auch dann, wenn die Kündigung lediglich ausgesprochen wird, damit der Arbeitgeber die Möglichkeit hat, nach Ablauf der Kündigungsfrist die Arbeits- und Lohnbedingungen zuungunsten des Schwerbeschädigten zu ändern (vgl. die gegenteiligen, Band I, S. 132, und Band II, S. 110, angeführten Entscheidungen des Kaufmannsgerichtes Plauen und des Gewerbegerichtes M.-Gladbach).

6. **Notwendigkeit der Zustimmung der Hauptfürsorgestelle auch bei Kündigungen zwecks Änderung der Arbeitsbedingungen?** Während die herrschende Meinung den Standpunkt vertritt, daß der Arbeitgeber gemäß § 13 des Gesetzes über die Beschäftigung von Schwerbeschädigten die Zustimmung zur befristeten Kündigung

mangels Vorliegens eines wichtigen Kündigungsgrundes nur dann benötigt, wenn er die Kündigung mit dem Ziele der Entlassung des Schwerbeschädigten aussprechen will, entschied das Gewerbegericht Köln mit einem ohne Datum und Nummer in der Kölnischen Zeitung Nr. 709/1925 veröffentlichten Urteile, daß der Arbeitgeber auch dann die Zustimmung der Hauptfürsorgestelle zur Kündigung eines Schwerbeschädigten einholen muß, wenn er die Kündigung lediglich ausspricht, um die Möglichkeit zu erhalten, nach Ablauf der Kündigungsfrist die bisherigen Lohn- und Arbeitsbedingungen zuungunsten des Schwerbeschädigten abzuändern.

f) Ist auch bei Entlassung eines Schwerbeschädigten nach Ablauf der Probezeit die Zustimmung der Hauptfürsorgestelle notwendig?

1.—2. siehe Band I, Seite 132.

g) Ist Kenntnis des Arbeitgebers von der Schwerbeschädigten-Eigenschaft Voraussetzung für den Kündigungssonderschutz?

1.—3. siehe Band I, Seite 133—135.
4.—10. » » II, » 111—112.

11. Kein Kündigungssonderschutz des Schwerbeschädigten bei verspäteter Bekanntgabe der Schwerbeschädigung. Das Landgericht Essen entschied mit Urteil vom 24. 10. 1924, Nr. 6 S 49/24, daß die Kündigungssonderschutzbestimmungen des Schwerbeschädigtengesetzes nur dann Anwendung finden, wenn der Arbeitgeber entweder bei der Einstellung des betreffenden Schwerbeschädigten die Tatsache der Schwerbeschädigung gekannt hat bzw. erkennen mußte, oder wenn er zwar die Schwerbeschädigung nicht kannte und nicht ohne weiteres erkennen konnte, wenn er jedoch im Zeitpunkte der Einstellung noch nicht den gesetzlich vorgeschriebenen Mindestprozentsatz von Schwerbeschädigten beschäftigte.

12. Kein Kündigungsschutz der Schwerbeschädigten bei Unkenntnis des Arbeitgebers von der Schwerbeschädigteneigenschaft. Auch ein Urteil des Landgerichtes Dortmund vom 6. April 1925, Nr. II 1 S 559/24 (Nachrichtenblatt I/165), entschied, daß der Arbeitgeber an die Kündigungsbeschränkungen des Schwerbeschädigtengesetzes nicht auch gegenüber solchen Schwerbeschädigten gebunden ist, deren Schwerbeschädigteneigenschaft er bei der Einstellung nicht kannte und auch nicht zu erkennen brauchte. In den Anmerkungen von Keute zu diesem Urteile in Nr. 143/25 der deutschen Bergwerkszeitung wird jedoch mit Recht hervorgehoben, daß der Arbeitgeber die Schwerbeschädigteneigenschaft dann erkennen mußte und sich auf Nichtkenntnis der Schwerbeschädigteneigenschaft nicht berufen kann, wenn dem Arbeitnehmer ausweislich seiner Steuerkarte ein besonderer Steuernachlaß zugebilligt war, oder wenn er von seiner Betriebsabteilung mit Rücksicht auf die Schwerbeschädigteneigenschaft einen tariflich vorgesehenen längeren Erholungsurlaub erhalten hat.

13. Kündigungssonderschutz der Schwerbeschädigten trotz Unkenntnis des Arbeitgebers von der Schwerbeschädigung bei der Einstellung. In Übereinstimmung mit dem Urteile des Landgerichtes Aachen vom 8. Juli 1924 (Gewerbe- und Kaufmannsgericht 1924, Spalte 50) entschied auch ein Urteil des Gewerbegerichtes Stolp vom 4. Februar 1925 (Arbeiterrecht und Arbeiterversicherung 1925, Nr. 7, S. 55), daß Schwerbeschädigte den Kündigungssonderschutz des Schwerbeschädigtengesetzes nicht deshalb verlieren, weil sie es unterlassen haben, den Arbeitgeber bei der Einstellung auf die Tatsache ihrer Schwerbeschädigung aufmerksam zu machen. Nur dann bewirkt ein Verschweigen der Schwerbeschädigteneigenschaft bei der Einstellung den Verlust des Kündigungssonderschutzes des Schwerbeschädigtengesetzes, wenn der Arbeitgeber ausdrücklich gefragt hatte, ob der neu eingestellte Arbeitnehmer schwerbeschädigt sei oder wenn der Schwerbeschädigte die Schwerbeschädigung verschwiegen hat, um in Fällen einer Kündigung dem Arbeitgeber die Möglichkeit zu nehmen, rechtzeitig die Zustimmung der Hauptfürsorgestelle einzuholen.

14. Verpflichtung von Schwerbeschädigten zur Bekanntgabe ihrer Schwerbeschädigung durch die Arbeitsordnung. Nach einem Bescheide des Sächsischen Arbeits- und Wohlfahrtsministeriums vom 20. Januar 1925, Nr. 965 B/24 (Schlichtungswesen 1925, Nr. 6, S. 110), verstößt es weder gegen die guten Sitten noch gegen ein gesetzliches Verbot, wenn in die Arbeitsordnung eine Bestimmung aufgenommen wird, derzufolge Schwerbeschädigte, welche die Vorteile des Schwerbeschädigtengesetzes für sich in Anspruch nehmen wollen, den Arbeitgeber bei ihrer Einstellung unaufgefordert auf die Tatsache der Schwerbeschädigung aufmerksam machen müssen.

h) Welche Vorschriften gelten für die Erteilung der Kündigungszustimmung durch die Hauptfürsorgestelle?

1.—2. siehe Band I, Seite 135.

3.—5. » » II, » 113.

6. Benennung der zu kündigenden Schwerbeschädigten bei der Zustimmungserteilung seitens der Hauptfürsorgestelle. Nach einem

Urteile des Kammergerichtes vom 12. 6. 1925, Nr. 8 U 3743/25 (Juristische Wochenschrift 1925, Heft 17, S. 1885) kann bei der Erteilung der Zustimmung zu Kündigungen einzelner Schwerbeschädigter seitens der Hauptfürsorgestelle die Auswahl der zu kündigenden Schwerbeschädigten nicht dem Arbeitgeber überlassen werden. Es muß vielmehr die Fürsorgestelle bei der Zustimmungserklärung die Namen derjenigen Schwerbeschädigten, zu deren Kündigung die Zustimmung erteilt wird, genau angeben. Dagegen ist die Hauptfürsorgestelle berechtigt, die Auswahl und Benennung der zu kündigenden Schwerbeschädigten im Einzelfalle der örtlichen Fürsorgestelle für Kriegsbeschädigte zu überlassen. In diesem Falle gilt die Zustimmung zur Kündigung einzelner Schwerbeschädigter erst dann als rechtsgültig erteilt, wenn die örtliche Fürsorgestelle auf Grund der Anweisung der Hauptfürsorgestelle ihr Auswahlrecht ausgeübt und die zu kündigenden Schwerbeschädigten dem Arbeitgeber bezeichnet hat.

7. Kein Widerruf der bereits erteilten Zustimmung der Hauptfürsorgestelle zur Kündigung eines Schwerbeschädigten. Nach einem Urteile des Landgerichtes Düsseldorf vom 5. 5. 1925, Nr. 7a S 142/25, kann die Hauptfürsorgestelle die von ihr einmal erteilte Zustimmung zur Kündigung eines Schwerbeschädigten nicht nachträglich widerrufen. Die einmal erteilte Zustimmung bleibt infolgedessen auch dann rechtswirksam, wenn die Hauptfürsorgestelle sie nachträglich widerrufen sollte. (Neue Zeitschrift für Arbeitsrecht 1925, Nr. 9, S. 559.)

8. Nachprüfung der Zustimmungserklärung der Hauptfürsorgestelle durch das Gericht. Gemäß einem, allerdings umstrittenen Urteile des Landgerichtes Insterburg vom 29. 8. 1924, Nr. 2 S 133/24, steht es nicht im völlig freien Ermessen der Hauptfürsorgestelle auf Antrag des Arbeitgebers in jedem Falle die Zustimmung zur Kündigung eines Schwerbeschädigten zu erteilen. Nach Ansicht des Landgerichtes Insterburg kann das Gericht vielmehr im Einzelfalle auf Antrag des Schwerbeschädigten nachprüfen, ob die Hauptfürsorgestelle nach den allgemeinen Bestimmungen des Schwerbeschädigtengesetzes berechtigt war, die Zustimmung zur Kündigung in dem betreffenden Einzelfalle zu erteilen und es kann die Zustimmungserklärung und damit auch die vom Arbeitgeber ausgesprochene Kündigung für nichtig erklären, weil die Hauptfürsorgestelle bei pflichtmäßiger Prüfung und Entscheidung die Zustimmung nicht hätte erteilen können. So kann das Gericht nach dem obigen Urteile beispielsweise deshalb die von der Hauptfürsorgestelle erteilte Zustimmung zur Kündigung eines Schwerbeschädigten für nichtig erklären, weil die Hauptfürsorgestelle die Zustimmung erteilt hat, obwohl für den Schwerbeschädigten noch kein anderer Arbeitsplatz gesichert war und obwohl auch keiner der Ausnahmegründe vorlag, in welche der Arbeitgeber die Zustimmungserteilung auch ohne vorherige Sicherung einer Arbeitsstelle verlangen konnte.

i) Wie weit kann der Schwerbeschädigte auf seine Sonderrechte verzichten?

1.—2. siehe Band I, Seite 135—136.

3.—4. » » II, » 113—114.

k) Sind Schwerbeschädigte verpflichtet, Notstandsarbeiten zu leisten?

1. siehe Band I, Seite 136.

l) Wie weit genießt der Schwerbeschädigten-Obmann Sonderschutz und wie weit ist er vertretungsberechtigt?

1. siehe Band I, Seite 136.

2. » » II, » 114.

3. **Keine Vertretungsbefugnisse des Schwerbeschädigtenobmannes.** Gemäß Urteil des Gewerbegerichtes Düsseldorf vom 1. Oktober 1924 (Gewerbe- und Kaufmannsgericht 30, 10, S. 470) besitzt der Obmann bzw. Vertrauensmann der Schwerbeschädigten nicht kraft Gesetzes irgendeine Vollmacht, für die Schwerbeschädigten des Betriebes dem Arbeitgeber gegenüber rechtsverbindliche Erklärungen abzugeben. Erklärungen des Schwerbeschädigtenobmannes gegenüber dem Arbeitgeber wirken daher grundsätzlich nicht zuungunsten der vom Obmann ohne besondere Einzelvollmacht vertretenen Schwerbeschädigten, so daß also beispielsweise die Zustimmung des Schwerbeschädigtenobmannes zur Kündigung eines Schwerbeschädigten nur ausnahmsweise dann den gekündigten Schwerbeschädigten selbst als Verzichtserklärung bindet, wenn dieser den Obmann zur Abgabe der betreffenden Erklärung ausdrücklich ermächtigt hatte.

m) Welche Wirkung hat die Rentenzuerkennung und die Gleichstellung mit einem Schwerbeschädigten?

1. siehe Band I, Seite 137.

2.—3. siehe Band II, Seite 114—115.

4. **Wirkung der nachträglichen Anerkennung der Schwerbeschädigteneigenschaft auf die früher ausgesprochene Kündigung.** Nach einem Urteile des Berggewerbegerichtes Dortmund vom 12. Februar 1925 (Mitteilungen der Arbeitgeberverbände Unterelbe und Hamburg-Altona 1925, Nr. 11, S. 65) bleibt die vom Arbeitgeber bereits ausgesprochene Kündigung eines Arbeitnehmers auch dann voll wirksam, wenn nach der Kündigung durch einen Rentenbescheid dem betreffenden Arbeitnehmer mit rückwirkender Kraft die Schwerbeschädigteneigenschaft zuerkannt wird.

n) Ist die Entlassung eines Schwerbeschädigten nach § 124 a der Gewerbeordnung zulässig?

1. siehe Band I, Seite 137.

2.—4. siehe Band II, Seite 115—116.

5. **Fristlose Kündigung von Schwerbeschädigten auf Grund des § 124a der Gewerbeordnung,** welche vielfach schlechthin bei Schwerbeschädigten für zulässig gehalten wird, ist nach einem Urteile des Landgerichtes Dortmund vom 30. Juli 1924 (Gewerbe- und Kaufmannsgericht 3, 8, S. 401) unzulässig, sofern es sich um gewerbliche Arbeitnehmer handelt, die nicht mit einer längeren als 14tägigen Kündigungsfrist oder für eine längere Zeit als 4 Wochen fest angestellt worden sind. Solche Arbeitnehmer können nach der Urteilsbegründung, auch wenn sie schwerbeschädigt sind, nur aus den besonderen Gründen des § 123 der Gewerbeordnung entlassen werden.

6. **Fristlose Entlassung von Schwerbeschädigten gemäß § 24a der Gewerbeordnung** ist auch nach einem Urteile des Gewerbegerichtes Hamburg vom 27. Januar 1925 (Hanseatische Gerichtszeitung, Abt. Arbeitsrecht 2, 28, S. 162) zulässig, da nach der Urteilsbegründung auch schwerbeschädigte gewerbliche Arbeiter mit Rücksicht auf die gesetzliche vierwöchige Mindestkündigungsfrist als mit längerer als 14tägiger Kündigungsfrist im Sinne des § 124a der Gewerbeordnung angestellt gelten.

o) Wann kann ein Arbeitgeber mit einer Buße auf Grund des Schwerbeschädigtengesetzes belegt werden?

1. siehe Band II, S. 116.

2. **Abstandnahme von der Bußfestsetzung trotz Verstoßes gegen das Schwerbeschädigtengesetz.** Nach einer Entscheidung des Schwerbeschädigtenausschusses bei der Reichsarbeitsverwaltung vom 30. April 1925 (RABl. 1925, Nr. 21, S. 243) steht es im freien Ermessen der Hauptfürsorgestelle, ob sie gegen einen Arbeitgeber wegen Verstoßes gegen das Schwerbeschädigtengesetz eine Buße beantragen will. Sie hat insbesondere das Recht, nach freiem Ermessen von der Beantragung einer Buße Abstand zu nehmen, wenn der Arbeitgeber sich bereit erklärt, mit der Hauptfürsorgestelle eine Vereinbarung zu treffen, die einer Förderung der Arbeits- oder Schwerbeschädigtenfürsorge dient.

3. **Bestrafung wegen Nichterfüllung einer Auflage gemäß § 6 Absatz 2 des Schwerbeschädigtengesetzes.** Nach § 6 Absatz 2 des Schwerbeschädigtengesetzes vom 12. 1. 1923 kann die Hauptfürsorgestelle einen Arbeitgeber von den ihm nach dem Schwerbeschädigtengesetze obliegenden Verpflichtungen befreien unter der Bedingung, daß der Arbeitgeber in anderer Weise die Schwerbeschädigtenfürsorge unterstützt, beispielsweise unter der Bedingung, daß er zur

Ablösung seiner gesetzlichen Beschäftigungspflicht bestimmte Zahlungen an die Hauptfürsorgestelle für Zwecke der Schwerbeschädigtenfürsorge leistet. Hat die Hauptfürsorgestelle von dieser Ermächtigung Gebrauch gemacht, so kann der Arbeitgeber gemäß einem Urteile des Oberlandesgerichtes Königsberg vom 15. 8. 1924, Nr. 6 S 322/24, auf Grund der §§ 18 und 26 des Schwerbeschädigtengesetzes schon dann bestraft werden, wenn er die ihm von der Hauptfürsorgestelle auferlegte Auflage nicht erfüllt.

p) Wann verliert der Schwerbeschädigte den Kündigungssonderschutz?

1. Schutzentziehung des Schwerbeschädigtengesetzes wegen Verursachung fristloser Entlassung. Nach einer Entscheidung des Schwerbeschädigtenausschusses bei der Reichsarbeitsverwaltung vom 20. März 1925 (Reichsarbeitsblatt 1925, Nr. 15, S. 156) kann einem Schwerbeschädigten wegen schuldhafter Vereitelung der Durchführung des Schwerbeschädigtengesetzes im Sinne des § 19 des Schwerbeschädigtengesetzes der Vorteil dieses Gesetzes auch dann zeitweilig entzogen werden, wenn der Schwerbeschädigte seinem Arbeitgeber einen wichtigen Grund zur fristlosen Entlassung gegeben hat.

2. Fristlose Entlassung von Schwerbeschädigten wegen grober Beleidigungen. Nach einem Urteile des Kaufmannsgerichtes Dresden vom 12. 8. 1925, Nr. VIII C 1/841/2 (Industrieschutz 1925, Nr. 93) können wegen grober Beleidigung des Arbeitgebers oder eines Vorgesetzten auch Schwerbeschädigte fristlos ohne Zustimmung der Hauptfürsorgestelle entlassen werden. Dies gilt nach der Urteilsbegründung auch dann, wenn der Schwerbeschädigte die Beleidigung in einer durch die Schwerbeschädigung hervorgerufenen Erregung ausgesprochen hat, wenn die Beleidigung jedoch gleichwohl unter Berücksichtigung sämtlicher Tatumstände als grobe Beleidigung des Arbeitgebers oder eines Vorgesetzten, insbesondere mit Rücksicht darauf angesehen werden muß, daß durch die Beleidigung die Betriebsdisziplin erheblich gefährdet werden würde, falls fristlose Entlassung nicht erfolgen würde.

3. Zustimmungsfreie befristete Kündigung von Schwerbeschädigten beim Vorliegen eines wichtigen Kündigungsgrundes. In Übereinstimmung mit einem Bescheide des Reichsarbeitsministers vom 5. 12. 1922 (Reichsarbeitsblatt 1922, 3. Jahrg., S. 17) entschied das Kammergericht mit Urteil vom 3. 3. 1925, Nr. 8 U 10495/24, daß Schwerbeschädigte beim Vorliegen eines wichtigen Kündigungsgrundes ohne Zustimmung der Hauptfürsorgestelle nicht nur fristlos, sondern auch befristet entlassen werden können, da es dem Sinne und Zwecke der Schutzbestimmungen der Gewerbeordnung und des Schwerbeschädigtengesetzes widersprechen würde, wenn der Arbeitgeber nicht als berechtigt angesehen würde, beim Vorliegen eines wichtigen Kündigungsgrundes aus Entgegenkommen gegenüber dem Schwerbeschädigten an Stelle der fristlosen Entlassung die mildere befristete Kündigung zu wählen.

4. Beurteilung der wichtigen Kündigungsgründe Schwerbeschädigten gegenüber. Nach einem Urteile des Kammergerichtes vom 3. 3. 1925, Nr. 8 U 10495/24 (Juristische Wochenschrift 1925, S. 1886) hat das Gericht bei der Prüfung der Frage, ob in dem Verhalten eines Arbeitnehmers ein wichtiger Kündigungsgrund liegt, die Eigenschaft des betreffenden Arbeitnehmers als Schwerbeschädigter nicht zu berücksichtigen. Wenn vielmehr objektiv und subjektiv in dem Verhalten des Arbeitnehmers ein wichtiger Kündigungsgrund liegt, so kann er fristlos entlassen werden, ohne Rücksicht darauf, ob er schwerbeschädigt ist oder nicht.

q) Krankheit eines Schwerbeschädigten als Kündigungsgrund?

1. Kündigung von Schwerbeschädigten wegen Krankheit. Während im allgemeinen Schwerbeschädigte aus allen gesetzlich wichtigen Kündigungsgründen ohne Zustimmung der Hauptfürsorgestelle fristlos entlassen werden können, und auch im allgemeinen längere, mit Arbeitsunfähigkeit verbundene Krankheit einen wichtigen Kündigungsgrund darstellt, bestimmt § 13, Absatz 2, des Schwerbeschädigtengesetzes, daß Schwerbeschädigte wegen einer Krankheit, die eine Folge ihrer Kriegsbeschädigung darstellt, nur mit Zustimmung der Hauptfürsorgestelle fristlos oder befristet entlassen werden können. Darüber, ob eine Krankheit im Einzelfalle als eine Folge der Kriegsbeschädigung zu betrachten ist, hat nach einer Entscheidung des Schwerbeschädigtenausschusses bei der Reichsarbeitsverwaltung vom 30. April 1925 (Reichsarbeitsblatt 1925, S. 243) nicht die Hauptfürsorgestelle, sondern das im Einzelfalle für Streitigkeiten aus dem Arbeitsvertrage zuständige Gewerbe-, Kaufmanns-, Amts- oder Landgericht zu entscheiden.

r) Wer entscheidet bei Streitigkeiten auf Grund des Schwerbeschädigtengesetzes?

1. Zuständigkeit des Schwerbeschädigtenausschusses bei der Reichsarbeitsverwaltung. Der Schwerbeschädigtenausschuß bei der Reichsarbeitsverwaltung kann gemäß einer eigenen Entscheidung vom 20. März 1925 (Reichsarbeitsblatt 1925, S. 157) bindende Entscheidungen nur in solchen Fragen fällen, die ihm von den Schwerbeschädigtenausschüssen der Hauptfürsorgestelle vorgelegt worden sind. Dagegen steht ihm kein Recht der Entscheidung in Streitigkeiten zu, die ihm von sonstigen Interessenten, beispielsweise von den Ausschüssen der Fürsorgestelle zur Entscheidung vorgelegt worden sind.

(Weitere Entscheidungen siehe unter Nr. XV B a—q und Nr. XXIV.)

XVI. Wettbewerbsverbote und Kautionen.

A. Einschlägige Gesetzesbestimmungen.

1. Handelsgesetzbuch vom 10. Mai 1897 (RGBl. S. 219), insbesondere dessen §§ 60, 61, 74 ff. nebst den Abänderungsbestimmungen vom 2. Juni 1892, 12. Mai 1904, 30. Mai 1908 und 7. Januar 1913 (RGBl. S. 218, 168, 307, 90).
2. Bürgerliches Gesetzbuch vom 18. August 1896 (RGBl. S. 195) insbesondere dessen §§ 336—345.
3. Gesetz gegen den unlauteren Wettbewerb vom 7. Juni 1909 (RGBl. S. 499).

B. Die wichtigsten Einzelfragen.

a) Wie weit ist Nebenbeschäftigung erlaubt?

1. siehe Band I, Seite 138.
2. » » II, » 117.

b) Wie sind Kautionen aufzuwerten?

1.—2. siehe Band I, Seite 138—139.
3.—6. » » II, » 117—118.

7. **Kautionsaufwertung trotz Einzahlung auf das Bankkonto des Arbeitgebers.** Auch wenn eine Kaution durch Einzahlung auf das Bankkonto des Arbeitgebers geleistet worden ist, kann der kautionsgebende Arbeitnehmer nach einem in der Rhein.-Westf. Zeitung, Nr. 472/1925, veröffentlichten Urteile des Landgerichtes Fürth eine angemessene Aufwertung der Kaution verlangen, obwohl nach dem neuen Aufwertungsgesetze Bankguthaben nicht aufgewertet werden. Voraussetzung ist allerdings nach der Urteilsbegründung des Landgerichtes Fürth, daß der Arbeitgeber sein Bankkonto einschließlich der von dem Arbeitnehmer darauf eingezahlten Kaution umgesetzt und damit also auch aus der Kaution mehr oder weniger wirtschaftlichen Nutzen gezogen hat. Mit Rücksicht auf die allgemeinen Inflationsverluste hält jedoch das Landgericht Fürth eine Kautionsaufwertung in Höhe von 75 vH des ursprünglichen Goldmarkwertes für ausreichend unter Zubilligung der vertraglich vereinbarten Zinsen mit Rückwirkung vom 1. Januar 1924.

c) Wie weit sind Konkurrenzverbote wirksam?

1.—4. siehe Band II, Seite 118—119.

5. **Rechtsgültigkeit von Konkurrenzvereinbarungen mit Fachingenieuren.** Das Reichsgericht vertritt in einem Urteile vom 27. März 1925, Nr. III 142/24, den Standpunkt, daß Konkurrenzvereinbarungen zwischen Fachingenieuren und Arbeitgebern nicht schon deshalb als nichtig gemäß § 138 des BGB. oder 133 a der Gewerbeordnung angesehen werden dürfen, weil es den Fachingenieuren durch eine solche Konkurrenzvereinbarung erschwert oder unmöglich gemacht wird, sich in bestimmten Bezirken oder in bestimmter Weise für die Zeit der Vertragsdauer der Konkurrenzvereinbarung zu betätigen. Voraussetzung ist jedoch, daß den Fachingenieuren noch die Möglichkeit bleibt, in der einen oder anderen Weise, wenn auch unter größeren Unbequemlichkeiten und unter einer gewissen Umstellung ihrer Tätigkeit, ihren Unterhalt zu finden. Nach Ansicht des Reichsgerichtes haben eben besonders Spezialfirmen ein erhebliches schutzwürdiges Interesse daran, daß ihre Fabrik- oder Geschäftsgeheimnisse nicht durch ihre besonderen Fachkräfte nach deren Ausscheiden aus der Firma zum Vorteile von Konkurrenzfirmen verwandt werden.

6. **Auch schwerbeschädigte Handlungsgehilfen fallen unter § 60 des Handelsgesetzbuches.** Nach einem Urteile des gemeinsamen Kaufmannsgerichtes Gera vom 15. April 1925 finden die Bestimmungen der §§ 60ff. des Handelsgesetzbuches auch auf schwerbeschädigte Handlungsgehilfen in vollem Umfange Anwendung, so daß Schwerbeschädigte, die als Handlungsgehilfen das Wettbewerbsverbot des § 60 des Handelsgesetzbuches, wenn auch nur einmal übertreten, gemäß § 13 des Schwerbeschädigtengesetzes fristlos ohne Zustimmung der Hauptfürsorgestelle unter den gleichen Voraussetzungen wie alle übrigen Handlungsgehilfen entlassen werden können.

7. **Fortdauer der Wettbewerbsverbote bei Geschäftsverkäufen usw.** Nach einer Entscheidung des Reichsgerichtes, Nr. II 492/20 (RGZ., Bd. 102, S. 127), bleibt mangels gegenteiliger ausdücklicher Vereinbarung ein Wettbewerbsabkommen zugunsten des Betriebes auch dann in Kraft, wenn der Eigentümer des Betriebes oder die Rechtsform des Betriebes wechselt. Nach einem weiteren Urteile des Reichsgerichtes, Nr. II/111/14, gilt das gleiche, wenn einzelne Mitgesellschafter einer offenen Handelsgesellschaft ausscheiden und das Geschäft unter Weiterbeschäftigung des an das Wettbewerbsverbot gebundenen Angestellten von einigen oder von mehreren Gesellschaftern fortgesetzt wird.

8. **Anspruch des Arbeitgebers auf Herausgabe von Schmiergeldern u. dgl.** Gemäß Urteil des Reichsgerichtes, Nr. III 411/19 (RGZ., Bd. 99, S. 31), kann der Geschäftsherr ohne Nachweis einer besonderen Schädigung verlangen, daß ihm ein Angestellter Schmier-

gelder, Überprovisionen usw. herausgibt, die er von Vertragsgegnern des Geschäftsherrn erhalten hat.

9. Fortdauer des Entschädigungsanspruches trotz Eintrittes bei einer Konkurrenzfirma. Wenn ein Arbeitgeber einem Arbeitnehmer aus Anlaß der vorzeitigen Auflösung eines mehrjährigen oder auf längere Zeit abgeschlossenen Dienstvertrages die Zahlung einer Entschädigungssumme bzw. die Fortzahlung des Lohnes oder Gehaltes für einen bestimmten Zeitraum zugesagt hat, so behält der Arbeitnehmer mangels gegenteiliger ausdrücklicher Vereinbarung gemäß Urteil des Reichsgerichtes Nr. III 88/25 den Anspruch auf die zugesagte Entschädigung auch dann, wenn der Arbeitnehmer vor Ablauf der Zeit, für die die Entschädigung gezahlt wird, bei einer Konkurrenzfirma neue Beschäftigung aufnimmt. (Wäschereizentralblatt 1925, Nr. 44.)

XVII. Koalitionsfreiheit.

A. Einschlägige Gesetzesbestimmungen.

1. Reichsgewerbeordnung vom 26. Juli 1900 (RGBl. S. 871), insbesondere deren § 152.
2. Reichsverfassung vom 11. August 1919 (RGBl. 1383ff.), insbesondere deren Artikel 124 und 159.
3. Bürgerliches Gesetzbuch vom 18. August 1896 (RGBl. S. 195), insbesondere dessen §§ 71—79.

B. Die wichtigsten Einzelfragen.

a) Besteht nur Vereinigungsfreiheit oder auch Vereinigungszwang?

1. siehe Band I, Seite 140.
2. » » II, » 120.

b) Genießen auch Lehrlinge Koalitionsfreiheit?

1. siehe Band I, Seite 141.

2.—3. siehe Band II, Seite 120—121.

c) Kann auf Einhaltung von Satzungsbestimmungen geklagt werden?

1. siehe Band I, Seite 141.
2. » » II, » 121.

d) Wie weit macht terroristisches Hinausdrängen von Mitarbeitern schadenersatzpflichtig?

1.—2. siehe Band I, Seite 141—142.

3.—5. » » II, » 121—122.

6. **Schadenersatzpflicht der Betriebsvertretung wegen Verdrängung eines nicht organisierten Arbeitnehmers.** Unter Aufhebung des im Bd. II, S. 122, besprochenen Urteiles des Amtsgerichtes Hamburg vom 10. 1. 1925 und in Übereinstimmung mit den Urteilen des Reichsgerichtes vom 6. 2. 1922, 8. 11. 1922 und 8. 11. 1923, des

Kammergerichtes vom 5. 7. 1924, des Gewerbegerichtes Schödmar vom 8. 10. 1924 sowie des Amts- und Landgerichtes Zwickau vom 15. 1. 1924 und 3. 3. 1924 (Bd. I, S. 141f., und Bd. II, S. 121f.) entschied das Landgericht Hamburg mit Urteil Nr. IX 276/25, daß Betriebsvertretungsmitglieder den verdrängten Arbeitnehmern gegenüber schadenersatzpflichtig sind, wenn sie, sei es auch auf Drängen der Belegschaft, den Arbeitgeber veranlaßt haben, einen Mitarbeiter zu entlassen, weil er überhaupt nicht oder nicht in dem von ihnen gewünschten Sinne organisiert war.

7. Schadenersatz wegen terroristischen Verdrängens von Arbeitnehmern. Auch nach einem Urteile des Landgerichtes Stettin vom 12. Januar 1925, Nr. S S 664/24 (Arbeit und Recht II, 3) machen sich Arbeitnehmer und insbesondere Betriebsratsmitglieder und Gewerkschaftsvertreter den verdrängten Arbeitnehmern gegenüber gemäß § 826 des BGB. schadenersatzpflichtig, wenn sie den Arbeitgeber durch Androhung der Betriebsstillegung zwingen, nicht- oder andersorganisierte Arbeitnehmer zu entlassen.

(Weitere Entscheidungen siehe unter Nr. XVIII B h.)

e) Wie weit sind tarifliche Organisations- und Absperrklauseln gültig?

1. siehe Band II, Seite 122.

XVIII. Betriebsvertretungen.

A. Einschlägige Gesetzesbestimmungen.

1. Betriebsrätegesetz vom 4. Februar 1920 (RGBl. S. 147).
2. Wahlordnung zum Betriebsrätegesetz vom 5. Februar 1920 (RGBl. S. 175).
3. Gesetz über die Betriebsbilanz und die Betriebs-Gewinn- und Verlustrechnung vom 5. Februar 1921 (RGBl. S. 159).
4. Gesetz über die Entsendung von Betriebsratsmitgliedern in den Aufsichtsrat vom 15. Februar 1922 (RGBl. S. 203).
5. Wahlordnung zum Gesetz über die Entsendung von Betriebsratsmitgliedern in den Aufsichtsrat vom 23. März 1922 (RGBl. S. 305).
6. Verordnung zur Ausführung des Betriebsrätegesetzes vom 24. Februar 1920 (RGBl. S. 259).
7. Verordnung zur Ausführung des Betriebsrätegesetzes vom 14. April 1920 (RGBl. S. 522).
8. Verordnung zur Ausführung des Betriebsrätegesetzes vom 5. Juni 1920 (RGBl. S. 1139).

B. Die wichtigsten Einzelfragen.

a) Wann und in welcher Größe sind Betriebsvertretungen zu errichten?

1.—5. siehe Band I, Seite 143—145.

6.—11. » » II, » 123—125.

12. Einfluß der Verringerung der Arbeitnehmerzahl unter 20 auf die bestehende Betriebsvertretung. Gemäß einem Urteile des Kammergerichtes vom 15. März 1925, Nr. 8 U 11003/24, verliert zwar eine Betriebsvertretung nicht automatisch beim Sinken der Belegschaftsziffer unter 20 ihr Amt, wie vielfach in der Literatur und Rechtsprechung angenommen wird. Es ist jedoch nach Ansicht des Kammergerichtes schon vor Ablauf der Wahlperiode die Neuwahl eines Betriebsobmannes erforderlich, wenn die Belegschaft eines Betriebes nicht nur vorübergehend unter 20 Arbeitnehmer sinkt. Wird eine solche Neuwahl nicht innerhalb der angemessenen Frist ausgeschrieben und durchgeführt, so verliert die alte Betriebsvertretung ihr Amt und ihren Kündigungssonderschutz in dem Zeitpunkte, in dem bei ordnungsmäßiger Durchführung der Neuwahl die Wahl eines Betriebsobmannes hätte durchgeführt sein können.

13. Die Bildung eines Gesamtbetriebsrates kann nach einer Entscheidung der Kreishauptmannschaft Bautzen vom 24. Januar 1925 (Schlichtungswesen 1925, Nr. 7, S. 135) nur dann verlangt werden, wenn die verschiedenen Einzelbetriebe desselben Unternehmens in derselben Gemeinde oder in räumlich und wirtschaftlich zusammenhängenden Gemeinden liegen.

14. Eine Neuwahl des Betriebsausschusses ist gemäß einem Urteile des Berggewerbegerichtes Dortmund, Kammer Lünen vom 10. 7. 1925 (Nachrichtenblatt I/36) erforderlich, wenn ein Mitglied des Betriebsausschusses aus irgendeinem Grunde ausscheidet, und wenn nicht von vorneherein Ersatzmitglieder gewählt werden

15. Das Amt der alten Betriebsvertretung endet bei Wahlenthaltung der Belegschaft nach einem Urteile des Amtsgerichtes Jever vom 18. März 1925 bereits nach Ablauf der einjährigen Wahlperiode gemäß § 18, Absatz 1, des Betriebsrätegesetzes, da der § 43, Absatz 1, des Betriebsrätegesetzes nur dann Anwendung findet, wenn eine Neuwahl tatsächlich ordnungsmäßig stattfindet (Neue Zeitschrift für Arbeitsrecht 1925, S. 373).

16. Keine Abberufung von Betriebsausschußmitgliedern. Nach einem Urteile des Gewerbegerichtes Hamburg vom 4. Oktober 1921 und einem Urteile des Landgerichtes Hamburg vom 17. März 1922 (Hanseatische Gerichtszeitung, Abt. Arbeitsrecht, 2, 34, S. 198 und 201) können Betriebsratsmitglieder, die einmal ordnungsmäßig in den Betriebsausschuß gewählt worden sind, vor Ablauf der Amtsperiode durch Beschluß der Betriebsvertretung nicht als Betriebsausschußmitglieder abberufen und durch andere Betriebsvertretungsmitglieder ersetzt werden. Betriebsvertretungsmitglieder verlieren vielmehr ihre Zugehörigkeit zum Betriebsausschusse erst mit dem Verlust ihrer Amtseigenschaft.

17. Ohne Neuwahl dauert gemäß einem Urteile des Gewerbegerichtes Berlin vom 19. Februar 1925 (Gewerbe- und Kaufmannsgericht, Bd. 30, S. 395) das Amt einer Betriebsvertretung auch dann nicht stillschweigend über ein Jahr weiter, wenn die Belegschaft oder der Arbeitgeber sich mit einer Fortsetzung der Betriebsratstätigkeit ausdrücklich oder stillschweigend einverstanden erklärt hat.

b) Welche Vorschriften sind bei der Betriebsvertretungswahl zu beachten?

1.—11. siehe Band I, Seite 145—148.
12.—17. » » II, » 125—126.

18. Nur rechtzeitige Anfechtung von Betriebsratswahlen. Nach einem Urteile des Gewerbegerichtes Königsberg vom 17. Februar 1925 (Der Kaufmann in Wirtschaft und Recht 1925/204) können angebliche Mängel bei den Betriebsvertretungswahlen vom Arbeitgeber nach Ablauf der Aushangsfrist nicht mehr geltend gemacht werden. In Nr. 143/1925 der Deutschen Bergwerkszeitung betont demgegenüber Dr. Keute, daß dieses Urteil nicht auch bezüglich solcher Wahlen als richtig anerkannt werden kann, welche wegen Nichtbeachtung wesentlicher Gesetzesvorschriften von vorneherein rechtsunwirksam bzw. nichtig waren.

19. Unwirksamkeit der Betriebsratwahl nur nach rechtzeitiger Wahlanfechtung. In einem umstrittenen Urteile vom 24. 2. 1925, Nr. 8 U 110/24 (Neue Zeitschrift für Arbeitsrecht 1925, S. 374) vertritt das Kammergericht den Standpunkt, daß eine Betriebsratswahl nur dann unwirksam ist, und daß der Arbeitgeber bei Kündigungsstreitigkeiten mit Betriebsvertretungsmitgliedern sich nur dann auf die Unwirksamkeit der Betriebsratswahl berufen kann, wenn er die Wahl innerhalb der 14 tägigen Frist, in der das Wahlergebnis aushängt, ordnungsmäßig angefochten hat. Dies gilt nach Ansicht des Kammergerichtes vom 24. 2. 1925 auch dann, wenn wesentliche Verfahrensvorschriften unbeachtet geblieben sind.

20. Auch Werksbeurlaubte sind wahlberechtigt und wählbar bei den Betriebsratswahlen gemäß einem Bescheide des bayerischen Ministers für soziale Fürsorge vom 20. Juni 1923, Nr. 503d 11 (D. Bergwerkszeitung Nr. 164/1925), solange das Arbeitsverhältnis noch nicht von einem der beiden Vertragsteile zur Beendigung gebracht worden ist, gleichgültig ob die betreffenden werksbeurlaubten Arbeitnehmer Erwerbslosen- oder Kurzarbeiterunterstützung beziehen.

21. Feuerwehrleute gelten als Arbeiter und nicht als Angestellte im Sinne der Wahlvorschriften des Betriebsrätegesetzes gemäß einem Urteile des Gewerbegerichtes Berlin vom 16. April 1925 (Gewerbe- und Kaufmannsgericht, Bd. 30, S. 433).

22. Werksfeuerwehrleute gelten als Arbeiter im Sinne der Wahlvorschriften des Betriebsrätegesetzes gemäß einem Urteile des Berggewerbegerichtes Dortmund, Kammer Essen III vom 30. April 1925 (D. Bergwerkszeitung Nr. 164/1925), gleichgültig, ob sie nebenher noch Wächterdienste oder ähnliche Dienste im Werke zu leisten haben. Als Angestellte und nicht als Arbeiter im Sinne der §§ 11 ff. des Betriebsrätegesetzes gelten dagegen nach einer Entscheidung des Oberbergamtes Dortmund vom 22. Oktober 1921 (Deutsche Bergwerkszeitung Nr. 164/1925) solche Werksfeuerwehrleute, die als Oberfeuerwehrmänner die Aufsicht über die übrigen Werksfeuerwehrleute bzw. die Fabrikwächter ausüben und deren Stellung derjenigen eines Werkmeisters gleicht.

23. Verlängerung der Wahlanfechtungsfrist bei nicht ordnungsmäßiger Bekanntgabe des Wahlergebnisses. Nach einem Beschluß der arbeitsgerichtlichen Kammer des Schlichtungsausschusses Braunschweig vom 18. Juni 1925 (Schlichtungswesen 1925, Nr. 7, S. 131) läuft die Wahlanfechtungsfrist bis zu dem Zeitpunkte, in welchem das Wahlergebnis ordnungsgemäß 14 Tage lang durch Aushang bekanntgegeben worden ist. Die Wahlanfechtungsfrist läuft also auf unbestimmte Zeit, wenn das Wahlergebnis überhaupt nicht durch Aushang bekanntgemacht wird, und die durch den Aushang des Wahlergebnisses in Lauf gesetzte Wahlanfechtungsfrist von 14 Tagen wird unterbrochen, wenn der Aushang, betreffend das Wahlergebnis, in vorschriftswidriger Weise vor Ablauf der vierzehntägigen Aushangsfrist abgenommen wird. Auch während der Zeit der Unterbrechung der Aushangsfrist kann jedoch nach Ansicht des Schlichtungsausschusses Braunschweig eine Betriebsvertretungswahl in rechtsgültiger Weise angefochten werden.

24. Voraussetzung für den Erfolg einer Wahlanfechtung. Nach einem Urteile des Arbeitsgerichtes Altona vom 6. Februar 1925 darf das Arbeitsgericht einer Wahlanfechtung durch Ungültigkeitserklärung der Wahl nur dann stattgeben, wenn nicht nur ein objektiver Verstoß gegen die Wahlvorschriften vorlag, sondern wenn auch gleichzeitig durch diesen Verstoß das sonst zu erwartende Wahlergebnis verändert werden konnte. (Stichworte des Arbeitsrechtes, Nr. 16/1925.)

25. Wegen ungenügender Bekanntgabe des Wahlausschreibens kann eine Betriebsvertretungswahl nach einem Beschlusse der arbeitsgerichtlichen Kammer des Schlichtungsausschusses Braunschweig vom 18. Juni 1925 (Schlichtungswesen 1925, Nr. 7, S. 131) angefochten werden, wenn das Wahlausschreiben lediglich an Stellen durch Aushang bekanntgegeben worden ist, zu denen im allgemeinen nur die Arbeiter und nicht auch die Angestellten Zutritt haben bzw. hinkommen. Die Wahl kann also beispielsweise angefochten werden, wenn nicht auch ein Exemplar des Wahlausschreibens in dem Arbeitsraume bzw. dem Aufenthaltsraume der Angestellten zum Aushang gebracht worden ist, und wenn infolgedessen die Angestellten überhaupt nicht oder nur zum Teil von der Wahl rechtzeitig erfahren und von ihrem Wahlrechte Gebrauch gemacht haben.

c) Wie weit geht das Mitwirkungs- und Mitbestimmungsrecht der Betriebsvertretungen?

1.—3. siehe Band I, Seite 148—149.

4.—8. » » II, » 126—127.

9. Die Vorlage von Anstellungsverträgen der Angestellten und Beamten kann der Betriebsrat nach einem Urteile des Gewerbegerichtes Hannover vom 15. 1. 1925 (Arbeitsrechtliche Beilage der Mitteilungen der Vereinigung deutscher Arbeitgeberverbände 1925/7) nicht verlangen. Auch kann der Betriebsrat vom Arbeitgeber keine Auskunft darüber verlangen, unter welchen Bedingungen die einzelnen Angestellten und Beamten angestellt sind.

10. **Ein Mitwirkungsrecht auch bei Festsetzung von Einzelstrafen** im Rahmen einer Arbeitsordnung steht den Betriebs-, Arbeiter- und Angestelltenräten nach einem Bescheide des preußischen Oberbergamtes Dortmund vom 25. 7. 1925 (Bergarbeiterzeitung Nr. 34/1925, S. 5) zu.

11. **Nur beschränktes Mitwirkungsrecht der Betriebsvertretung beim Erlaß von Arbeitsvorschriften.** Nach einem Urteile des Landgerichtes Altona vom 7. Mai 1925 (Stichworte des Arbeitsrechtes 1925, Nr. 16) steht dem Betriebs- bzw. Arbeiter- oder Angestelltenrate ein Mitwirkungsrecht beim Erlaß von Arbeitsvorschriften nur dann zu, wenn es sich entweder um gemeinsame Vorschriften für sämtliche Arbeitnehmer des Betriebes oder um Vorschriften entweder für sämtliche Arbeiter oder für sämtliche Angestellte handelt, nicht jedoch auch dann, wenn die Arbeitsvorschriften nur für bestimmte Untergruppen von Arbeitern oder Angestellten erlassen werden.

d) Welche Rechte haben die Betriebsvertretungsmitglieder im Aufsichtsrate?

1.–6. siehe Band I, Seite 149—152.
7.–10. » » II, » 128—129.

e) Wie weit haben Betriebsvertretungsmitglieder Anspruch auf Vergütung ihres Lohnausfalles und ihrer Unkosten, auf Freistellung von der Arbeit und Bereitstellung von Geschäftsräumen?

1.–9. siehe Band I, Seite 152—155.
10.–28. » » II, » 129—134.

29. **Vergütungsanspruch der freigestellten Betriebsvertretungsmitglieder bei Kurzarbeit.** Nach einem Urteile des Gewerbegerichtes Durlach vom 30. Oktober 1924 (Badische Rechtspraxis 1925, S. 58) können freigestellte Betriebsvertretungsmitglieder in der Zeit, in der ihre Betriebsabteilung kurz arbeitet und die übrigen Arbeitnehmer ihrer Betriebsabteilung nur eine gekürzte Arbeitsvergütung erhalten, auch nur eine entsprechend gekürzte Entschädigung beanspruchen, da Betriebsvertretungsmitglieder in bezug auf ihre Entlohnung an sich keine Bevorzugung vor den übrigen gleichartigen Arbeitnehmern des Betriebes beanspruchen können.

30. Vergütung der durch Betriebsratsgeschäfte versäumten Arbeitszeit können Betriebsvertretungsmitglieder nach einem Urteile des Gewerbegerichtes Stuttgart vom 13. Februar 1925, Nr. 29/25 (Nachrichtenblatt I/63) nur verlangen, wenn sie den schlüssigen Nachweis erbringen können, daß die Arbeitsversäumnis wegen dringlicher und unaufschiebbarer Betriebsratsangelegenheiten notwendig war. Es ist also nach diesem Urteile Sache der Betriebsvertretung, den Nachweis der Notwendigkeit zu erbringen und nicht, wie von Arbeitnehmerseite meist behauptet wird, Sache des Arbeitgebers, nachzuweisen, daß die betreffenden Betriebsratsgeschäfte auch noch nach der Arbeitszeit hätten erledigt werden können.

31. Die Teilnahme an gewerkschaftlichen Lohnverhandlungen gehört nach einer Entscheidung des Regierungspräsidenten von Magdeburg vom 5. Juli 1923 (Soziale Praxis 1925, S. 286) nicht zu dem gesetzlichen Aufgabengebiete der Betriebsvertretungen, so daß die durch solche Verhandlungen versäumte Arbeitszeit vom Arbeitgeber auf Grund des § 35 des Betriebsrätegesetzes nicht zu vergüten ist.

32. Selbständige Entscheidung des Betriebsvertretungsmitgliedes über die Notwendigkeit der Erledigung von Betriebsratsaufgaben während der Arbeitszeit? Gemäß einem vereinzelten und umstrittenen Urteile des Gewerbegerichtes Dresden vom 7. Juli 1925 steht die Entscheidung über die Notwendigkeit der Erledigung von Betriebsratsaufgaben während der Arbeitszeit lediglich dem Betriebsvertretungsmitgliede selbst zu. Daraus folgert das Gewerbegericht Dresden, daß Betriebsvertretungsmitglieder wegen Verstoßes gegen Anordnungen des Arbeitgebers nicht fristlos entlassen oder ihres Amtes enthoben werden können, wenn ihnen der Arbeitgeber die Erledigung bestimmter Betriebsratsaufgaben während der Arbeitszeit verboten hatte, wenn das Betriebsvertretungsmitglied jedoch gleichwohl diese Arbeiten während der Arbeitszeit erledigt hat in der Annahme, daß es hierzu berechtigt sei. Nach Ansicht des Gewerbegerichtes Dresden würde die Erledigung von Betriebsratsaufgaben entgegen einem ausdrücklichen Verbote des Arbeitgebers nur ausnahmsweise dann eine fristlose Entlassung rechtfertigen, wenn das Betriebsvertretungsmitglied wußte, daß es die Arbeitszeit zur Erledigung der betreffenden Betriebsratsangelegenheiten mangels Dringlichkeit nicht benutzen durfte und wenn es trotzdem wider besseres Wissen gehandelt hat.

f) Wie weit genießen Betriebsvertretungsmitglieder Sonderschutz bei Einzelkündigungen?

1.—3. siehe Band I, Seite 155—156.

4.—6. » » II, » 134—135.

7. **Wahlkandidaten genießen keinen Kündigungssonderschutz** gemäß einem Urteile des Berggewerbegerichtes Dortmund, Kammer Hattingen vom 7. 5. 1925 (Nachrichtenblatt I/32), da nach der Urteilsbegründung der Kündigungssonderschutz der Betriebsvertretungsmitglieder erst mit der Rechtskraft ihrer Wahl zur Betriebsvertretung beginnt.

8. **Kein Kündigungseinspruch von Betriebsvertretungsmitgliedern nach Einklagung des Gehaltes.** Gemäß einem Urteile des Gewerbegerichtes Berlin vom 21. 8. 1925 (Schlichtungswesen 1925, S. 196) kann ein Betriebsvertretungsmitglied jedenfalls dann eine Kündigungseinspruchsklage auf Grund der §§ 84ff. des Betriebsrätegesetzes mit dem Ziele der Erlangung einer Abfindungssumme nicht mehr einreichen, wenn es bereits im Wege der Klage vor dem Gewerbe-, Kaufmanns-, Amts- oder Landgericht die Nichtigkeit der ohne Zustimmung der Betriebsvertretung und mangels Vorliegens eines wichtigen Kündigungsgrundes ausgesprochenen Kündigung geltend gemacht und die Weiterzahlung der normalen Lohn- und Gehaltsbezüge verlangt hat.

9. **Klagen eines Betriebsvertretungsmitgliedes vor dem Arbeitsgerichte aus Anlaß einer Kündigung** müssen, soweit mit der Klage die Fortzahlung des Lohnes oder Gehaltes wegen Nichtigkeit der Kündigung verlangt wird, als unbegründet abgewiesen werden, weil Betriebsvertretungsmitglieder Kündigungseinspruch auf Grund der §§ 84ff. des Betriebsrätegesetzes nicht erheben können. (Arbeitsgerichtliche Kammer des Schlichtungsausschusses Rostock vom 16. 6. 1925.)

10. **Keine Zustimmung zur Kündigung von Wahlkandidaten** benötigt der Arbeitgeber gemäß einem Urteile des Landgerichtes I Berlin vom 21. 7. 1925, Nr. 23 O 277/25/6 (Arbeiterrecht und Arbeiterversicherung 1925, S. 69), und zwar auch dann nicht, wenn die Wahl des betreffenden Arbeitnehmers mit Sicherheit zu erwarten ist, und unmittelbar bevorsteht. Der gekündigte Wahlkandidat kann dagegen gegen die Kündigung unter Umständen Einspruch erheben mit der Begründung, daß die Kündigung aus tendenziösen Gründen im Sinne der Ziffer 1 des § 84 des Betriebsrätegesetzes erfolgt sei. Er kann auch unter Umständen die Nichtigkeit der Kündigung unter Berufung auf die §§ 134 BGB. und 95 BRG. geltend machen mit der Begründung, daß ihm nur deshalb gekündigt worden sei, um seine Wahl als Betriebsvertretungsmitglied zu vereiteln.

11. **Der Kündigungssonderschutz der Betriebsvertretungsmitglieder beginnt** nach einem Urteile des Kammergerichtes vom 24. 2. 1925, Nr. 8 U 110/24 (Neue Zeitschrift für Arbeitsrecht 1925, S. 374) nicht schon, wie der Reichsarbeitsminister in den Bescheiden vom 29. 1. und 17. 2. 1921, Nr. VI A 603 und 1036, betont hat, mit der Wahl, sondern erst in dem Zeitpunkte, in welchem die gewählten Betriebsvertretungsmitglieder von der erfolgten Wahl Kenntnis erhalten haben.

12. Kündigungseinspruch auf Grund der §§ 84ff. des Betriebsrätegesetzes können Betriebsvertretungsmitglieder nach einem Urteile des Gewerbegerichtes Hamburg vom 28. Januar 1925 (Hanseatische Gerichtszeitung, Abteilung Arbeitsrecht 2, 23, S. 133) grundsätzlich und insbesondere auch dann nicht einlegen, wenn ihnen mit Zustimmung der Betriebsvertretung gekündigt worden ist. Ein gekündigtes Betriebsvertretungsmitglied kann vielmehr lediglich die Unzulässigkeit der befristeten bzw. fristlosen Kündigung geltend machen mit der Begründung, daß weder ein wichtiger, die fristlose Entlassung ohne Zustimmung der Betriebsvertretung rechtfertigender Grund vorgelegen habe, noch die notwendige Zustimmung der Betriebsvertretung eingeholt worden sei.

13. Der Kündigungssonderschutz der Ersatzmitglieder einer Betriebsvertretung beginnt nach einem ohne Datum in den Stichworten des Arbeitsrechtes Nr. 14/1925 Nr. 268 angeführten Urteile des Gewerbegerichtes Berlin erst in dem Augenblicke, in welchem das gewählte Ersatzmitglied an Stelle eines weggefallenen Betriebsvertretungsmitgliedes in die Betriebsvertretung eingetreten ist. Solange dies nicht der Fall ist, kann der Arbeitgeber dem gewählten Ersatzmitgliede ohne Zustimmung der Betriebsvertretung oder des Arbeitsgerichtes unter den gleichen Voraussetzungen wie den übrigen Arbeitnehmern desselben Betriebes und derselben Berufs- und Beschäftigungsart kündigen.

g) Wann und wie ist die Zustimmung zur Kündigung oder Versetzung eines Betriebsvertretungsmitgliedes zu erteilen?

1.—11. siehe Band I, Seite 156—160.

12.—28. » » II, » 135—138.

29. Auch Kündigungen von Betriebsvertretungsmitgliedern zum Ablaufe der Wahlperiode bedürfen ebenso wie sonstige befristete Kündigungen mangels Vorliegens eines besonderen wichtigen Kündigungsgrundes gemäß einem Urteile des Kammergerichtes vom 20. Januar 1925 (Neue Zeitschrift für Arbeitsrecht 1925, S. 249) der Zustimmung der Betriebsvertretung bzw. der Ersatzzustimmung des Arbeitsgerichtes.

30. Zur Kündigung von Betriebsobmännern bedarf der Arbeitgeber, sofern für die Kündigung ein wichtiger Grund nicht vorliegt und die Kündigung auch nicht durch eine Betriebsstillegung veranlaßt ist, gemäß einem Urteile des Kammergerichtes vom 20. Januar 1925 (Neue Zeitschrift für Arbeitsrecht 1925, S. 249) der Zustimmung der Mehrheit der wahlberechtigten Arbeitnehmer.

31. Die Ersatzzustimmung zur Kündigung eines Betriebsvertretungsmitgliedes darf vom Arbeitsgericht gemäß einem Urteile des Gewerbegerichtes Essen (Arbeitsrecht 1925, S. 746) erst erteilt werden, wenn ein gültiger Beschluß der Betriebsvertretung des Inhaltes vorliegt, daß die vom Arbeitgeber zur Kündigung beantragte Zustimmung abgelehnt wird.

82. Ersatzzustimmung des Arbeitsgerichtes zur Kündigung eines Betriebsratsvorsitzenden wegen bestehender Differenzen mit dem Arbeitgeber. Nach einem Urteil des Gewerbegerichtes Hamburg (Hanseatische Gerichtszeitung, Abteilung Arbeitsrecht Nr. 22/1925) ist das Arbeitsgericht schon dann auf Antrag des Arbeitgebers berechtigt, zur Kündigung eines Betriebsratsvorsitzenden die Zustimmung zu erteilen, wenn »zutage getreten ist, daß es an der für ein gedeihliches Zusammenarbeiten von Betriebsleitung und Betriebsratsvorsitzenden erforderlichen Harmonie fehlt, und wenn zu befürchten ist, daß die bestehende Spannung nicht auf die Betriebsleitung und den Vorsitzenden des Betriebsrates beschränkt bleibt«.

83. Die Ersatzzustimmung zur Kündigung eines Betriebsvertretungsmitgliedes darf vom Arbeitsgericht nach den Entscheidungen des Gewerbegerichtes Mainz vom 27. 1. 1925, Nr. E 21/25, und des Amtsgerichtes Schwarzenbek vom 12. 8. 1924, C 127/24 (Merkblätter des deutschen Eisenbahnerverbandes Nr. 5/1925, S. 39, und »Der Kaufmann in Wirtschaft und Recht« 1925, S. 251) erst erteilt werden, wenn die Betriebsvertretung in einem gültigen Beschlusse es abgelehnt hat, auf ordnungsmäßigen Antrag des Arbeitgebers hin die Zustimmung zur Kündigung des betreffenden Betriebsvertretungsmitgliedes zu erteilen.

84. Auch nachträgliche Einholung und Erteilung der Zustimmung zur Kündigung eines Betriebsvertretungsmitgliedes seitens der Betriebsvertretung oder des Arbeitsgerichtes ist nach einem Urteile des Gewerbegerichtes Breslau vom 6. Dezember 1923 (Soziale Praxis 1925, S. 286) möglich. Wird in einem solchen Falle die Zustimmung erteilt, so wirkt sie auf den Zeitpunkt des bereits erfolgten Kündigungsausspruches mit der Maßgabe zurück, daß das Arbeitsverhältnis noch bis zum Zeitpunkte der Erteilung der Zustimmung fortdauert, auch wenn die gesetzliche oder vertragliche Kündigungsfrist bereits früher auf Grund der Kündigung abgelaufen ist.

85. Keine Rückwirkung der Zustimmung und Ersatzzustimmung zur Kündigung eines Betriebsvertretungsmitgliedes. Im Gegensatz zu den im Bd. I, S. 158f., und Bd. II, S. 137f., angeführten Entscheidungen entschied das Oberlandesgericht Celle mit Urteil vom 23. 6. 1925 (Juristische Wochenschrift 74, 17, S. 1886), daß die Zustimmung zur Kündigung eines Betriebsvertretungsmitgliedes nicht mit rückwirkender Kraft von der Betriebsvertretung oder vom Arbeitsgericht ausgesprochen werden kann, da nach seiner Ansicht die Vorschriften der §§ 182ff. des Bürgerlichen Gesetzbuches auf die Zustimmung zur Kündigung eines Betriebsvertretungsmitgliedes keine Anwendung finden können.

86. Keine Notwendigkeit der Zustimmung zur Versetzung eines Betriebsratsmitgliedes in eine andere Betriebsabteilung. Nach einem Urteile des Kammergerichtes vom 13. März 1925, Nr. I U 364/25, ist zur Versetzung eines Betriebsvertretungsmitgliedes auf Grund des § 96 des Betriebsrätegesetzes die Zustimmung der Betriebsvertretung bzw. die Ersatzzustimmung des Arbeitsgerichtes nur dann erforderlich, wenn die neue Betriebsstätte einen selbständigen Betrieb im Sinne des § 9 des Betriebsrätegesetzes darstellt, d. h. wenn die alte und die neue Betriebsstätte nicht zu demselben unter einheitlicher Gesamtleitung stehenden Gesamtunternehmen gehören.

87. Keine Notwendigkeit der Zuziehung des zu kündigenden Betriebsvertretungsmitgliedes zu den Zustimmungsverhandlungen. Im Gegensatz zu einem Urteile des Amtsgerichtes Hamm vom 18. Mai 1922 (Kartenauskunftei des Arbeitsrechtes, Karte Betriebsvertretung 60a, Sitzungen des Betriebsrates) entschied das Landgericht Dortmund mit Urteil vom 16. April 1923, Nr. II 1, S 131/23, daß das Betriebsvertretungsmitglied, dem gekündigt werden soll, zu der Sitzung, in welcher die Betriebsvertretung über die Erteilung der Zustimmung zu der Kündigung dieses Betriebsvertretungsmitgliedes beraten und Beschluß fassen soll, nicht geladen und zugezogen zu werden braucht. Nach derselben Entscheidung darf das zu kündigende Betriebsvertretungsmitglied auch an der Abstimmung über die Zustimmungserklärung der Betriebsvertretung nicht teilnehmen. Das Betriebsvertretungsmitglied, dessen Kündigung zur Erörterung steht, gilt vielmehr als zeitweilig verhindertes Betriebsvertretungsmitglied. Dementsprechend muß das für es in Frage kommende Ersatzmitglied zu der betreffenden Betriebsvertretungssitzung, in der über die Zustimmung beschlossen werden soll, rechtzeitig geladen werden.

h) Wie weit ist fristlose Entlassung von Betriebsvertretungsmitgliedern zulässig?

1.—7. siehe Band I, Seite 160—163.

8.—21. » » II, » 138—141.

22. Wegen Verstoßes gegen die Koalitionsfreiheit können Betriebsvertretungsmitglieder nach einem Urteile des Arbeitsgerichtes Breslau vom 6. Februar 1925 (Gewerkschaftszeitung, Beilage Arbeitsrecht 1925, S. 18) schon dann fristlos entlassen werden, wenn sie nur versucht haben, Mitarbeiter während der Arbeitszeit und innerhalb der Betriebsräume als Mitglieder für ihre Gewerkschaft zu gewinnen.

23. Keine fristlose Entlassung eines Betriebsvertretungsmitgliedes wegen Beleidigung eines Vorgesetzten ist gemäß einem Urteile des Landgerichtes Magdeburg vom 3. 2. 1925, Nr. 1 S 487/24/12 (Arbeiterrecht und Arbeiterversicherung 1925, Nr. 6, S. 45) zulässig, wenn das betreffende Betriebsvertretungsmitglied zwar gegenüber einem Vorgesetzten ungebührliche oder beleidigende Worte gebraucht hat, wenn jedoch diese Äußerungen im Einzelfalle nicht als »grobe« Beleidigungen angesehen werden können, weil solche Redensarten in den betreffenden Personenkreisen »gang und gebe« sind.

24. Fristlose Entlassung von Betriebsvertretungsmitgliedern wegen selbständiger Anordnung kurzfristiger Arbeitsruhe. Betriebsratsmitglieder, die aus eigenem Antriebe oder auf Grund einer von ihrer Partei herausgegebenen Parole zu Demonstrationszwecken, wenn auch politischer Art, eine auch nur kurzfristige Arbeitsruhe der Belegschaft oder eines Teiles derselben angeordnet oder veranlaßt haben, können nach einem Urteile des Gewerbegerichtes Berlin vom 23. April 1925, Nr. 419, 420, 451/25 GG K 8 (Mitteilungen des Verbandes Berliner Metallindustrieller 1925, Nr. 6, S. 88) fristlos entlassen werden.

25. Fristlose Entlassung von Betriebsvertretungsmitgliedern wegen Schlafens während der Arbeitszeit. Nach einem Urteile des Berggewerbegerichtes Dortmund, Kammer Essen, vom 19. März 1925 (Nachrichtenblatt I/107) können auch Betriebsvertretungsmitglieder fristlos und ohne Zustimmung der Betriebsvertretung entlassen werden, wenn sie während der Arbeitszeit schlafend angetroffen worden sind.

26. Fristlose Entlassung von Betriebsvertretungsmitgliedern wegen Aufforderung der Belegschaft zur Verweigerung von Überarbeit ist nach einem Urteile des Gewerbegerichtes Greiz vom 15. 4. 1925 (Mitteilungen des deutschen Industrieschutzverbandes 1925, Nr. 86) zulässig, wenn Betriebsratsmitglieder die Belegschaft aufgefordert haben, die Leistung von Überstunden oder Mehrarbeit zu verweigern, obwohl der Arbeitgeber diese Mehrarbeit auf Grund einer Tarifvereinbarung oder eines für verbindlich erklärten Schiedsspruches verlangen kann.

27. Fristlose Entlassung von Betriebsvertretungsmitgliedern wegen Verlassens der Arbeitsstelle gegen ausdrückliches Verbot der Betriebsleitung. Wenn ein Betriebsvertretungsmitglied gegen ausdrückliches Verbot der Betriebsleitung das Werksgelände verläßt, so kann es nach einem Urteile des Gewerbegerichtes Wetzlar, Nr. 53/76/1925, vom 9. Juli 1925 (Rhein.-Westf. Zeitung, Nr. 422/1925) fristlos entlassen werden, sofern es nicht im Einzelfalle nachweisen kann, daß es außerhalb der Arbeitsstätte eine dringliche und unaufschiebbare Betriebsratsangelegenheit zu erledigen hatte. Als eine solche, das Verlassen des Betriebes gegen ein ausdrückliches Verbot der Betriebsleitung rechtfertigende dringliche Angelegenheit ist nach Ansicht des Gewerbegerichtes Wetzlar insbesondere nicht schon eine Besprechung mit einer Gewerkschaft über Tarif- oder Lohnfragen oder irgendeine Verhandlung mit den Gewerkschaftsleitungen anzusehen, da nach der Urteilsbegründung die Betriebsvertretung lediglich Verhandlungen mit dem Arbeitgeber und der Belegschaft sowie vor den Schlichtungsausschüssen, nicht dagegen auch mit Gewerkschaftsorganisationen außerhalb des Werkes zu führen hat.

War im Einzelfalle das betreffende Betriebsvertretungsmitglied zum Verlassen des Werkes während der Arbeitszeit nicht berechtigt, so kann es bei ausdrücklichem Zuwiderhandeln gegen eine Anordnung der Betriebsleitung auch dann fristlos entlassen werden, wenn es von der Arbeit freigestellt war, da die Freistellung von der Arbeit nicht auch das Recht in sich schließt, beliebig oft und zu beliebigen Angelegenheiten den Betrieb während der Arbeitszeit zu verlassen.

28. Keine fristlose Entlassung wegen Verletzung der Betriebsvertretungspflichten. Gemäß Urteil des Gewerbegerichtes Düsseldorf vom 3. Juni 1925 (Arbeiterrecht und Arbeiterversicherung 1925, Nr. 7, S. 51) rechtfertigen Verletzungen besonderer Betriebsvertretungspflichten den Arbeitgeber lediglich zur Beantragung der Absetzung und nicht auch zur fristlosen Entlassung der betreffenden Betriebsvertretungsmitglieder, sofern in der Verletzung der Betriebsvertretungspflichten nicht gleichzeitig eine Verletzung besonderer Pflichten aus dem Arbeitsvertrage liegt.

29. Fristlose Entlassung von Betriebsvertretungsmitgliedern wegen Fehlens am 1. Mai. Nach einem Urteile des Gewerbegerichtes Düsseldorf vom 3. Juni 1925 (Arbeiterrecht und Arbeiterversicherung, Nr. 7/1925, S. 51) können Betriebsratsmitglieder wegen unentschuldigten Fehlens am 1. Mai auch dann fristlos entlassen werden, wenn der Arbeitgeber gegenüber den übrigen am 1. Mai von der Arbeit ferngebliebenen Arbeitnehmern von dem Rechte der fristlosen Entlassung keinen Gebrauch macht. Voraussetzung ist allerdings, daß der Arbeitgeber die Belegschaft vor unentschuldigtem Fehlen am 1. Mai ausdrücklich gewarnt und sich alle Rechte für den Fall des unentschuldigten Fehlens vorbehalten hat. Als ausreichende Entschuldigung gilt es nach demselben Urteile auch nicht, daß das Betriebsvertretungsmitglied dem Arbeitgeber am vorhergehenden Tage die Absicht seines Fernbleibens von der Arbeit am 1. Mai bekanntgegeben hat. Fristlose Entlassung wegen Fehlens am 1. Mai ist auch innerhalb der Wochenfrist des § 123, Absatz 2, der Gewerbeordnung noch zulässig, wenn der Arbeitgeber das Betriebsvertretungsmitglied nach dem 1. Mai zunächst noch vorübergehend hat weiter arbeiten lassen.

(Weitere Entscheidungen siehe unter Nr. XIII.)

i) Welchen Sonderschutz genießen Betriebsvertretungsmitglieder bei Arbeitsstreckung und Betriebsstillegung?

1.—3. siehe Band I, Seite 163—164.
4.—8. » » II, » 142—143.

9. Zustimmungsfreie Kündigung von Betriebsvertretungsmitgliedern nur bei Notwendigkeit der Entlassung anläßlich einer Betriebsstillegung. Während die herrschende Meinung annimmt, daß beim Vorliegen einer völligen oder teilweisen Betriebsstillegung im Sinne des § 96, Absatz 2, des Betriebsrätegesetzes der Arbeitgeber in jedem Falle Betriebsvertretungsmitglieder, die in der von der Stillegung betroffenen Betriebsabteilung beschäftigt sind, ohne Zustimmung der Betriebsvertretung und ohne Ersatzzustimmung des Arbeitsgerichtes entlassen darf, stellte sich das Landgericht Erfurt in einer Entscheidung vom 22. Mai 1925 (Blätter für Arbeitsrecht 4, 18) auf den Standpunkt, daß die Notwendigkeit der Zustimmung zur Kündigung eines Betriebsvertretungsmitgliedes auch beim Vorliegen einer teilweisen oder völligen Betriebsstillegung nur dann wegfällt, wenn die Betriebsstillegung die Entlassung tatsächlich notwendig macht. Diese Voraussetzung soll insbesondere dann nicht vorliegen, wenn der Arbeitgeber die Möglichkeit hat, an Stelle der Betriebsvertretungsmitglieder andere Arbeitnehmer zu entlassen, die sozial besser gestellt oder weniger leistungsfähig sind.

10. Kein Wegfall des Kündigungssonderschutzes der Betriebsvertretungsmitglieder bei nur vorübergehenden tendenziösen Aussperrungsstillegungen. In einem Urteile vom 12. 1. 1925, Nr. 23 S 924/38, vertritt das Landgericht I Berlin (Juristische Wochenschrift 1925, S. 1903) den Standpunkt, daß zwar im allgemeinen auch Aussperrungsstillegungen als Stillegungen im Sinne des § 96 Absatz 2 des Betriebsrätegesetzes angesehen werden können, daß jedoch ausnahmsweise dann trotz Vorliegens einer Aussperrungsstillegung Kündigungen von Betriebsvertretungsmitgliedern mangels Vorliegens eines wichtigen Kündigungsgrundes nur mit Zustimmung der Betriebsvertretung bzw. Ersatzzustimmung des Arbeitsgerichtes rechtsgültig ausgesprochen werden können, wenn in fast unmittelbarem Anschluß an die erfolgte Aussperrung der Betrieb in der alten Form und ungefähr in dem alten Umfange wieder aufgenommen wird und wenn die sofortige Wiederaufnahme der Arbeit nach Entlassung der mißliebigen Betriebsvertretungsmitglieder offenbar von vornherein beabsichtigt war.

11. Keine zustimmungsfreie Kündigung von Betriebsvertretungsmitgliedern bei nicht nur vorübergehenden Betriebsstillegungen. Während die wohl als herrschend anzusehende Meinung in Literatur und Rechtsprechung den Arbeitgeber in jedem Falle ohne Rücksicht auf die Dauer der Stillegung im Falle einer ernstlich gemeinten Betriebsstillegung für berechtigt hält, Betriebsvertretungsmitgliedern, die in den stillgelegten Betrieben oder der stillgelegten Betriebsabteilung beschäftigt sind, ohne Zustimmung der Betriebsvertretung unter den gleichen Voraussetzungen wie die übrigen Arbeitnehmer derselben Betriebsabteilung zu entlassen, stellte sich das Landgericht Dortmund mit Urteil vom 26. 6. 1924, Nr. II/1 S 308/24 (Juristische

Wochenschrift 1925, S. 1908) auf den Standpunkt, daß bei einer nur vorübergehenden Betriebsstillegung eine Kündigung von Betriebsvertretungsmitgliedern ohne Genehmigung der Betriebsvertretung oder ohne Ersatzzustimmung des Arbeitsgerichtes im allgemeinen überhaupt nicht zulässig ist, da eine nur vorübergehende Stillegung die Entlassung »nicht erfordere«, es vielmehr möglich sei, das Arbeitsverhältnis unter vorübergehender Beurlaubung fortbestehen zu lassen und das Betriebsvertretungsmitglied nach Wiederaufnahme des Betriebes in erster Linie wieder zu beschäftigen.

12. Keine zustimmungsfreie Kündigung von Betriebsvertretungsmitgliedern, falls Versetzung in eine andere Betriebsabteilung möglich. Nach der herrschenden Meinung in Literatur und Rechtsprechung genießen Betriebsvertretungsmitglieder bei völligen oder teilweisen Betriebsstillegungen keinerlei Sonderschutz. Sie können vielmehr auch bei Stillegung nur einer einzelnen selbständigen Betriebsabteilung unter denselben Voraussetzungen wie alle übrigen Arbeitnehmer derselben Abteilung ohne Zustimmung der Betriebsvertretung und ohne Ersatzzustimmung des Arbeitsgerichtes fristlos oder befristet gekündigt und entlassen werden. Der Arbeitgeber ist insbesondere nach der herrschenden Ansicht nicht verpflichtet, zur Vermeidung der Kündigung und Entlassung eines Betriebsvertretungsmitgliedes einen Arbeitnehmer einer anderen Betriebsabteilung zu entlassen, um dadurch für das Betriebsvertretungsmitglied der stillzulegenden Abteilung Arbeitsmöglichkeit zu schaffen. Ein vereinzeltes Urteil des Landgerichtes Dortmund vom 26. 6. 1924, Nr. II 1 S 308/24, besagt allerdings, daß der Arbeitgeber nach dem Sinn des § 96 des Betriebsrätegesetzes verpflichtet sei, Betriebsvertretungsmitglieder möglichst auch bei teilweisen Betriebsstillegungen dem Betriebe zu erhalten und, falls das Betriebsvertretungsmitglied nicht in der bisherigen Betriebsabteilung weiter beschäftigt werden kann, es wenn irgend möglich in eine andere, nicht stillgelegte Abteilung zu versetzen und notfalls an seiner Stelle einen anderen Arbeitnehmer mit der gleichen Berufsvorbildung zu entlassen. Es ist nach Ansicht des Landgerichtes Dortmund im Einzelfalle Sache des Arbeitnehmers, bei Klagen von Betriebsvertretungsmitgliedern auf Weiterbeschäftigung den Nachweis zu erbringen, daß es ihm auch nicht möglich war, die Entlassung durch Versetzung in eine andere Betriebsabteilung unter Entlassung eines anderen Arbeitnehmers zu verhüten.

(Weitere Entscheidungen siehe unter Nr. XI.)

k) Welchen Sonderschutz genießen Betriebsvertretungsmitglieder bei Arbeitskämpfen?

1.—2. siehe Band I, Seite 164—165.
3.—7. » » II, » 143—144.
(Weitere Entscheidungen siehe unter Nr. XI und XXII.)

l) Wie weit genießen Wahlkandidaten und Ergänzungsmitglieder Kündigungssonderschutz?

1.—2. siehe Band I, Seite 165—166.

3. Ein Ersatzmann für einen Betriebsobmann kann nach einem Urteile des Gewerbegerichtes Hamburg vom 24. April 1925 (Hanseatische Gerichtszeitung, Abteilung Arbeitsrecht 2, 24, S. 139) nicht rechtsgültig gewählt werden, da nach der Urteilsbegründung das Betriebsrätegesetz die Wahl eines Ersatzmannes für den Betriebsobmann nicht vorsieht. Infolgedessen genießt nach Ansicht des Gewerbegerichtes Hamburg auch ein lediglich als Ersatzmann für einen Betriebsobmann gewählter Arbeitnehmer nicht den Kündigungssonderschutz der §§ 96ff. des Betriebsrätegesetzes.

(Weitere Entscheidungen siehe unter Nr. XVIII B f.)

m) Wann und mit welcher Wirkung ist Absetzung von Betriebsvertretungsmitgliedern möglich?

1.—8. siehe Band I, Seite 166—169.

9.—17. » » II, » 144—146.

18. Absetzung von Betriebsvertretungsmitgliedern auch wegen Aufforderungen zum Streik in Gewerkschaftsversammlungen. Betriebsvertretungsmitglieder sind nach einem Urteile des Gewerbegerichtes Karlsruhe vom 14. 7. 1925 auch dann von ihren besonderen Betriebsvertretungspflichten und Betriebsvertretungsaufgaben nicht befreit, wenn sie als Mitglieder oder Funktionäre einer Gewerkschaft in einer Gewerkschaftsversammlung auftreten. Sie dürfen infolgedessen auch nicht in Gewerkschaftsversammlungen offen für einen Streik eintreten, wenn sie nach Lage der Sache als Betriebsvertretungsmitglieder verpflichtet wären, im Interesse der Betriebsruhe und der Betriebsproduktivität von dem Eintritt in den Streik abzuraten. Insbesondere stellt es nach den vorerwähnten Entscheidungen einen groben Verstoß gegen die Betriebsratspflichten dar, der das Arbeitsgericht zur Absetzung des betreffenden Betriebsvertretungsmitgliedes oder zur Erteilung der Zustimmung zur Kündigung auf Antrag des Arbeitgebers berechtigt, wenn ein Betriebsvertretungsmitglied, sei es auch in einer Gewerkschaftsversammlung, die Belegschaft bzw. einzelne Gruppen seiner Mitarbeiter zum Streik auffordert, obwohl in dem betreffenden Falle noch nicht sämtliche Einigungsinstanzen vergeblich in Anspruch genommen worden sind.

19. Absetzung eines Betriebsratsvorsitzenden wegen versuchter Vereitelung der Durchführung eines anerkannten Schiedspruches. Ein Betriebsratsvorsitzender, der versucht, die Durchführung eines von den Parteien anerkannten oder für verbindlich erklärten Schiedspruches zu vereiteln, obwohl das Betriebsrätegesetz den

Betriebsvertretungen die besondere Aufgabe zuweist, auf die Durchführung von Schiedssprüchen und Tarifverträgen zu achten, macht sich nach einem Urteile des Gewerbegerichtes Hamburg vom 26. Mai 1925 (Hanseatische Gerichtszeitung, Abteilung Arbeitsrecht 2/27, S. 153) einer groben Pflichtverletzung schuldig und kann auf Antrag des Arbeitgebers vom Arbeitsgerichte seines Amtes gemäß § 39 des Betriebsrätegesetzes enthoben werden.

20. Sachliche Zeitungspolemik von Betriebsratsmitgliedern gegen den Arbeitgeber berechtigt nicht zur Absetzung. Es verstößt gemäß einem Urteile des Gewerbegerichtes Friedberg-Hessen (Arbeiterrecht und Arbeiterversicherung 1925, Nr. 7, S. 53) nicht gegen die Pflichten eines Betriebsvertretungsmitgliedes, wenn das Betriebsvertretungsmitglied in sachlicher Form gegen das Vorgehen eines Arbeitgebers in der Presse polemisiert. Voraussetzung ist allerdings, daß das Betriebsvertretungsmitglied sich jeder aufhetzenden Bemerkung enthält, und daß es nicht beabsichtigt, durch die Zeitungspolemik das gute Einvernehmen zwischen dem Arbeitgeber und der Belegschaft zu stören.

n) Ist nach Beendigung eines Arbeitskampfes eine Neuwahl der Betriebsvertretung notwendig?

1.—4. siehe Band I, Seite 169—170.

5.—9. » » II, » 146—147.

10. Kein Wiederaufleben der Betriebsratseigenschaft nach Wiedereinstellung streikentlassener Betriebsvertretungsmitglieder. Nach einem Urteile des Landgerichtes Dresden vom 4. März 1925, Nr. 8 D g 178/24 (Neue Zeitschrift für Arbeitsrecht 1925, Heft 7/8, S. 474) kann eine streikentlassene Betriebsvertretung ihr Amt nur durch ordnungsmäßige Neuwahl wieder gewinnen. Auch durch Parteivereinbarung zwischen dem Arbeitgeber und der Belegschaft bzw. der Betriebsvertretung kann das durch Streikentlassung erloschene Betriebsvertretungsamt nicht wieder ohne Neuwahl zum Aufleben gebracht werden, da die Bestimmungen des Betriebsrätegesetzes öffentlich-rechtlicher Natur sind. Dagegen kann nach demselben Urteile in rechtsverbindlicher Weise in Streikbeilegungsvereinbarungen festgelegt werden, daß die Mitglieder der bisherigen Betriebsvertretung bis zur ordnungsmäßigen Durchführung einer Neuwahl den Kündigungssonderschutz des Betriebsrätegesetzes genießen sollen.

11. Wiederaufleben des Betriebsratsamtes ohne Neuwahl nach Streikbeilegung. Im Gegensatz zu der herrschenden Meinung, welche annimmt, daß durch die Streikentlassung das Betriebsvertretungsamt endgültig zur Beendigung kommt, und daß das Betriebsratsamt nach Streikbeilegung nur ausnahmsweise dann ohne Neuwahl wieder auflebt, wenn in der Streikbeilegungsvereinbarung oder dem Schiedsspruche, betreffend die Beilegung des Arbeitskampfes, ausdrücklich festgelegt wird, daß die Dienstverhältnisse als durch die Streikentlassung nicht unterbrochen anzusehen sind, stellte sich das Landgericht Breslau mit Urteil vom 8. 7. 1925 (Juristische Wochenschrift 74, 17, S. 1905) auf den Standpunkt, daß während eines Arbeitskampfes trotz der fristlosen Entlassung der streikenden oder ausgesperrten Arbeitnehmer und Betriebsvertretungsmitglieder das Betriebsvertretungsamt nicht erlischt, sondern nur ruht und ohne Neuwahl im Falle der Wiedereinstellung der gesamten Belegschaft einschließlich der früheren Betriebsvertretungsmitglieder wieder zum Aufleben kommt.

12. Das Amt streikentlassener Betriebsvertretungsmitglieder lebt ohne Neuwahl nur ausnahmsweise dann wieder auf gemäß einem Urteile des Landgerichtes I Berlin vom 21. 7. 1925, Nr. 23 O 277/25/6 (Arbeiterrecht und Arbeiterversicherung 1925, Nr. 9, S. 69), wenn zur Beilegung des Arbeitskampfes zwischen den streitenden Parteien vereinbart oder durch angenommenen oder für verbindlich erklärten Schiedsspruch festgelegt ist, daß die früheren Arbeitsverhältnisse als durch die ausgesprochene Streikentlassung nicht unterbrochen gelten sollen. Dagegen lebt nach dieser Entscheidung das Betriebsvertretungsamt nicht schon deshalb wieder auf, weil durch eine sog. Wiedereinstellungs- oder Maßregelungsklausel die streikentlassenen Arbeitnehmer geschlossen wieder eingestellt werden sollten und auch tatsächlich wieder eingestellt worden sind. In demselben Sinne entschieden die Urteile des Landgerichtes I Berlin Nr. 23 S 100/24 (Mitteilungen des Verbandes Berliner Metallindustrieller 1925, Spalte 11) und des Kammergerichtes vom 11. 3. 1925 (Gewerbe- und Kaufmannsgericht 1925, Spalte 406). (Vergleiche auch die im Bd. I, S. 169f. und im Bd. II, S. 146f., veröffentlichten Entscheidungen.)

o) Wie weit ist Verzicht auf den Kündigungssonderschutz möglich?

1.—2. siehe Band I, Seite 170.

3. » » II, » 147—148.

p) Wer darf an Betriebsversammlungen teilnehmen?

1. siehe Band II, Seite 148.

q) Wie weit macht sich der Arbeitgeber durch Nichtbestellung eines Wahlvorstandes schadenersatzpflichtig?

1. siehe Band II, Seite 148.

2. Schadenersatzklagen wegen Fehlens einer Betriebsvertretung auf Grund nicht rechtzeitiger Bestellung eines Wahlvorstandes durch den Arbeitgeber können nach einem Urteile des Gewerbegerichtes Halle vom 7. 4. 1925 nicht bei dem Gewerbe- oder Kaufmannsgerichte anhängig gemacht werden, da die Zuständigkeit der Gewerbe- und Kaufmannsgerichte im Gewerbe- und Kaufmannsgerichtsgesetz erschöpfend geregelt ist, und da in diesen Bestimmungen Schadenersatzklagen wegen nicht rechtzeitiger Bestellung einer Betriebsvertretung und wegen der dadurch bedingten Unmöglichkeit eines Kündigungseinspruches nicht aufgeführt sind.

3. Wegen Nichteinhaltung der Fristen im gesetzlichen Einspruchsverfahren, also wegen nicht rechtzeitiger Prüfung des Kündigungseinspruches in ordnungsmäßiger Sitzung oder wegen verspäteter Verhandlung mit dem Arbeitgeber machen sich Betriebsvertretungsmitglieder gemäß einem Urteile des Amtsgerichtes Altona vom 5. 5. 1925 (Neue Zeitschrift für Arbeitsrecht 1925, S. 610) den Einspruch erhebenden Arbeitnehmern gegenüber auf Grund des § 823, Absatz 2 des Betriebsrätegesetzes schadenersatzpflichtig.

r) Wann sind Betriebsratsmitglieder wegen Verstoßes gegen Betriebsratspflichten schadenersatzpflichtig?

1.—2. siehe Band II, Seite 148—149.

s) Welche Besonderheiten gelten bezüglich der Arbeitsbedingungen von Betriebsvertretungsmitgliedern?

1. siehe Band II, Seite 149.

t) Wie weit besitzt die Betriebsvertretung ein selbständiges Anschlagsrecht?

1. Bekanntgabe von Betriebsversammlungen durch die Betriebsvertretungen. Nach einem Beschlusse des Gewerbegerichtes Stuttgart vom 9. 12. 1924, Nr. 256/24, muß der Arbeitgeber der Betriebsvertretung gestatten, Einladungen zu gesetzlich zulässigen Betriebsversammlungen und Teilbetriebsversammlungen durch Anschlag an den werksüblichen Anschlagstafeln ordnungsmäßig bekanntzugeben. Dagegen braucht der Arbeitgeber nicht auch zu dulden, daß Einladungen zu Teilversammlungen an den werksüblichen Anschlagstafeln bekanntgegeben werden, die als Funktionärversammlungen vom Arbeitgeber nach der Notiz unter Nr. XVIII B u 1 nicht zu dulden sind.

u) Wie weit muß der Arbeitgeber Betriebsversammlungen dulden?

1. **Die Abhaltung von Teilbetriebsversammlungen** muß der Arbeitgeber nach einem Beschluß des Gewerbegerichtes Stuttgart vom 9. 12. 1924, Nr. 256/24 (Kartenauskunftei des Arbeitsrechtes Nr. 182 vom 15. 6. 1925, Karte »Betriebsversammlung; Teilversammlung«) gestatten, soweit es sich um Teilversammlungen geschlossener abgegrenzter Betriebsteile oder geschlossener Berufsgruppen, beispielsweise um Versammlungen der Gußputzerei eines Gießereibetriebes oder um eine Versammlung der Schmelzer eines Stahlwerksbetriebes handelt. Dagegen braucht der Arbeitgeber Betriebsteilversammlungen nicht zu dulden, welche sich als sog. Funktionärversammlungen darstellen, d. h. als Versammlungen von Gewerkschaftsfunktionären oder von Vertrauensleuten bestimmter Richtung. Der Arbeitgeber braucht auch nur für Teilversammlungen der ersteren Art Räume zur Verfügung zu stellen.

v) Wie weit darf und muß der Arbeitgeber an Betriebsratssitzungen teilnehmen?

1. **Eine Verpflichtung des Arbeitgebers zur Teilnahme an Sitzungen der Betriebsvertretungen** besteht gemäß einem Urteile des Berggewerbegerichtes Dortmund, Kammer Buer vom 6. 8. 1925 (Nachrichtenblatt I/36) in keinem Falle.

XIX. Arbeitgeber- und Arbeitnehmervereinigungen.

A. Einschlägige Gesetzesbestimmungen.

1.—3. siehe die unter Nr. XVII 1—3 angeführten Gesetze.

4. Verordnung über Tarifverträge, Arbeiter- und Angestelltenausschüsse und Schlichtung von Arbeitsstreitigkeiten vom 23. Dezember 1918 (RGBl. S. 1457).

5. Betriebsrätegesetz vom 4. Februar 1920 (RGBl. S. 147).

B. Die wichtigsten Einzelfragen.

a) Wie weit kann auf Einhaltung der Verbandssatzung geklagt werden?

1. siehe Band I, Seite 171.

2.—4. siehe Band II, Seite 150.

5. **Reichsgericht und § 152 Absatz 2 der Gewerbeordnung.** Unter Fallenlassen seiner im Urteil vom 8. Februar 1923 vertretenen gegenteiligen Ansicht hat der 4. Zivilsenat des Reichsgerichtes mit Urteil vom 2. Juli 1925, Nr. IV 154/25, entschieden, daß seit dem Inkrafttreten des Artikels 159 der Reichsverfassung Arbeitgeber- und Arbeitnehmerverbände vor den ordentlichen Gerichten gegen ihre Mitglieder auf Zahlung von satzungsmäßig festgesetzten Verbandsstrafen klagen können. Nach Ansicht des Reichsgerichtes ist der früher solchen Klagen entgegenstehende § 152 Absatz 2 der Gewerbeordnung durch den Artikel 159 der Reichsverfassung aufgehoben worden, da er mit dem Sinne des weitgehenden Artikels 159 der Reichsverfassung nicht in Einklang zu bringen sei.

(Weitere Entscheidungen siehe unter Nr. XVII und XXI.)

b) Ist fristloser Austritt aus Arbeitgeber- und Arbeitnehmer-Vereinigungen zulässig?

1. siehe Band I, Seite 171.

c) Wie weit haftet eine Arbeitgeber- oder Arbeitnehmervereinigung für Handlungen ihrer Organe?

1. siehe Band I, Seite 172.

d) Wer ist zur Vertretung einer Arbeitgeber- oder Arbeitnehmervereinigung berechtigt?

1. siehe Band I, Seite 172.

e) Wie weit kann ein Arbeitgeberverband seine Tariffähigkeit aufheben?

1. siehe Band I, Seite 173.

2.—3. siehe Band II, Seite 151.

4. **Die Aufhebung der Tariffähigkeit eines Arbeitgeberverbandes** durch Satzungsänderung ist gemäß einem Urteile des Schlichtungsausschusses Dresden vom 22. 5. 1925 (Schlichtungswesen 1925, S. 110) so lange wirkungslos, als der Arbeitgeberverband noch an einen von ihm abgeschlossenen Tarifvertrag oder auch nur noch an einen von ihm abgeschlossenen Manteltarif gebunden ist.

(Weitere Entscheidungen siehe unter Nr. XXI B a.)

f) Wie weit sind Arbeitgeber- und Arbeitnehmerverbände prozeßfähig?

1. **Parteifähigkeit örtlicher Gewerkschaftsstellen.** Nach einem Urteile des Oberlandesgerichtes Hamm vom 4. 3. 1925, Nr. V U 3/24, sind örtliche Gewerkschaftsstellen mangels Eintragung als selbständiger Verein in das Vereinsregister im allgemeinen nur dann parteifähig, d. h. sie können nur dann auf Einhaltung von Vereinbarungen bzw. auf Schadenersatz verklagt werden, wenn sie statutengemäß selbständiges Vermögen haben oder erwerben können, nicht jedoch auch dann, wenn lediglich der Hauptverband eigenes Vermögen erwerben kann und wenn die von den örtlichen Stellen eingezogenen Beiträge nach der Satzung sofort in das Vermögen des Hauptverbandes übergehen.

2. **Klagerecht auch gegenüber nicht rechtsfähigen Arbeitnehmerverbänden.** Im Gegensatz zu einem Urteile des Landgerichtes Hamburg vom 5. Mai 1925 entschied das Hanseatische Oberlandesgericht in Hamburg mit Urteil vom 8. Mai 1925, daß auch dann Arbeitnehmerverbände als solche von einem Tarifkontrahenten verklagt werden können, wenn sie es unterlassen haben, die Rechtsfähigkeit durch Erwirkung der Eintragung ins Vereinsregister zu erwerben. Ebenso können gegen nicht rechtsfähige Arbeitnehmerverbände einstweilige Verfügungen beim Vorliegen der übrigen gesetzlichen Voraussetzungen erwirkt werden.

XX. Arbeitsordnung und Betriebsvereinbarung.

A. Einschlägige Gesetzesbestimmungen.

1. Gewerbeordnung für das Deutsche Reich vom 26. Juli 1900 (RGBl. S. 871 ff.), insbesondere deren §§ 134a—k und 147 und 148.
2. Betriebsrätegesetz vom 4. Februar 1920 (RGBl. S. 147), insbesondere dessen §§ 66, 75, 78 und 80.
3. Verordnung über die Regelung der Arbeitszeit gewerblicher Arbeiter vom 23. November und 17. Dezember 1918 (RGBl. S. 1334 und 1436).
4. Verordnung über die Regelung der Arbeitszeit der Angestellten vom 18. März 1919 (RGBl. S. 315).
5. Verordnung über die Arbeitszeit vom 21. Dezember 1923 (RGBl. S. 1249).

B. Die wichtigsten Einzelfragen.

a) Wann und in welcher Weise ist eine Arbeitsordnung zu erlassen?

1.—2. siehe Band I, Seite 174—175.

3. » » II, » 152.

4. Gültigkeit von Arbeitsordnungen trotz Unterlassung der Aushändigung. Nach einem Urteile des Gewerbegerichtes Berlin vom 25. 4. 1925, Nr. 330/1925 GG K 8 (Mitteilungen des Verbandes Berliner Metallindustrieller 1925, Nr. 6, S. 88) gilt der Inhalt einer Arbeitsordnung, die ordnungsmäßig erlassen und durch Aushang bekanntgegeben worden ist, im Verhältnis zwischen dem Arbeitgeber und dem einzelnen Arbeitnehmer auch dann, wenn der Arbeitgeber es unter Verstoß gegen den § 134e Absatz 2 der Gewerbeordnung übersehen oder auch absichtlich unterlassen hat, dem Arbeitnehmer ein Exemplar der Arbeitsordnung auszuhändigen.

b) Was gilt bei Konkurrenz zwischen Bestimmungen eines Tarifvertrages, einer Arbeitsordnung und einer Betriebsvereinbarung?

1. siehe Band I, Seite 175.

c) Ist der Arbeitgeber zur selbständigen Straffestsetzung auf Grund der Arbeitsordnung berechtigt?

1. siehe Band I, Seite 175—176.

2. » » II, » 153.

3. **Mitwirkungsrecht der Betriebsvertretungen auch bei der Verhängung von Einzelstrafen.** In Übereinstimmung mit den Entscheidungen der Schlichtungsausschüsse Breslau vom 10. 1. 1923, Hanau vom 15. 11. 1920, Ulm vom 14. 1. 1921, Mannheim vom 19. 2. 1921, Hildesheim vom 8. 12. 1920, Hamburg vom 31. 1. 1921 und 23. 5. 1921, Amberg vom 21. 5. 1921, Duisburg-Meiderich vom 10. 5. 1921, Bonn vom 11. 8. 1921, des Preußischen Ministers für Handel und Gewerbe vom 13. 12. 1920 und 17. 1. 1921, des Reichsarbeitsministers vom 13. 9. 1920 und 25. 4. 1921, des Stadtrates Plauen vom 5. 11. 1920, der Kreishauptmannschaft Zwickau vom 29. 12. 1920, des Gewerbeaufsichtsamtes Hamburg vom 25. 2. 1922, des Landgerichtes Dortmund vom 19. 7. 1922 und des Kammergerichtes vom 11. 10. 1924 entschied auch der vorläufige Reichswirtschaftsrat am 25. 6. 1925 mit Urteil Nr. 552/949, daß mangels gegenteiliger ausdrücklicher Festlegung in der Arbeitsordnung auf Grund des § 80, Absatz 2 des Betriebsrätegesetzes den Betriebsvertretungen nicht nur bei der Festsetzung des Strafrahmens der Arbeitsordnung, sondern auch bei der Verhängung von Einzelstrafen auf Grund dieses Strafrahmens ein Mitwirkungsrecht mit der Maßgabe zusteht, daß die ohne Mitwirkung der Betriebsvertretung vom Arbeitgeber selbständig festgesetzten Einzelstrafen auch dann rechtsunwirksam sind, wenn sie sich innerhalb des Strafrahmens der Arbeitsordnung halten.

4. **Kein Mitwirkungsrecht der Betriebsvertretung bei der Verhängung von Einzelstrafen.** In der viel umstrittenen Frage, ob die Betriebsvertretungen auf Grund des § 80 Absatz 2 des Betriebsrätegesetzes lediglich ein Mitwirkungsrecht bei der Festsetzung des Strafrahmens der Arbeitsordnung oder auch ein Mitbestimmungsrecht bei der Verhängung von Einzelstrafen innerhalb des allgemeinen Strafrahmens der Arbeitsordnung haben, stellten sich bisher die Entscheidungen der Schlichtungsausschüsse Stuttgart vom 22. 9. 1920, Höchst vom 20. 1. 1922 und 3. 11. 1920, Bamberg vom 31. 1. 1921, Darmstadt vom 21. 10. 1921, Magdeburg vom 7. 9. 1920, Bonn vom 18. 10. 1920, Nürnberg vom 9. 12. 1920 und 13. 1. 1921, Krefeld vom 21. 12. 1920, Eisleben vom 23. 12. 1920, Bremen vom 2. 11. 1920, Düsseldorf vom 6. 10. 1921, Kiel vom 21. 4. 1921, Gelsenkirchen vom 13. 6. 1922, Groß-Berlin vom 17. 11. 1921, Bochum vom 17. 2. 1921, Augsburg vom 23. 3. 1921, Mainz vom 21. 4. 1921, Meschede vom 17. 12. 1920, Altona vom 15. 3. 1921 und Düsseldorf vom 7. 4. 1921, des Sächsischen Oberverwaltungsgerichtes vom 20. 5. 1921, der Regierung von Regensburg vom 31. 1. 1921, der Kreishauptmannschaft Dresden vom 27. 1. 1921, des Bayerischen Ministers für soziale Fürsorge in München vom 14. 7. 1921, des Schöffengerichtes Düssel-

dorf vom 9. 2. 1923, des Stadtrates Hof vom 15. 12. 1920 und des Landgerichtes Dortmund vom 19. 7. 1922 bzw. 30. 4. 1923 auf den Standpunkt, daß aus rechtlichen, mehr jedoch aus praktischen Gründen der Betriebsdisziplin der Betriebsvertretung lediglich ein Mitwirkungsrecht bei der Festsetzung des Strafrahmens der Arbeitsordnung und nicht auch bei der Festsetzung von Einzelstrafen zugestanden werden kann. Mit Rücksicht auf die gegenteiligen, unter der vorhergehenden Nummer angegebenen Entscheidungen anderer Instanzen empfiehlt es sich jedoch dringend zur Vermeidung von Streitigkeiten und Unannehmlichkeiten möglichst darauf zu dringen, daß in der Arbeitsordnung ausdrücklich dem Arbeitgeber bzw. der Betriebsleitung das Recht zugesprochen wird, innerhalb des mit der Betriebsvertretung vereinbarten und in der Arbeitsordnung festgelegten Strafrahmens die Einzelstrafen selbständig festzulegen. In diesem Falle kann über die Berechtigung des Arbeitgebers zur Festsetzung der Einzelstrafen ein berechtigter Zweifel nicht bestehen.

(Weitere Entscheidungen siehe unter den Nr. XV, XVIII und XXI.)

d) Wie weit gilt der Inhalt der Arbeitsordnungen und Betriebsvereinbarungen im einzelnen Dienstverhältnis?

1.—2. siehe Band II, Seite 153—154.

e) Unter welchen Voraussetzungen ist der Rücktritt von Betriebsvereinbarungen zulässig?

1. siehe Band II, Seite 154.

XXI. Tarifverträge.

A. Einschlägige Gesetzesbestimmungen.

1. Verordnung über Tarifverträge, Arbeiter- und Angestelltenausschüsse und Schlichtung von Arbeitsstreitigkeiten vom 23. Dezember 1918 (RGBl. S. 1456).
2. Bekanntmachung über die Übertragung der dem Reichsarbeitsministerium hinsichtlich der allgemeinen Verbindlichkeit von Tarifverträgen obliegenden Aufgaben auf das Reichsamt für Arbeitsvermittlung vom 1. Juni 1922 (Reichsarbeitsblatt 1922 Nr. 11, S. 292).
3. Bestimmungen des Reichsarbeitsministers über die Veröffentlichung der auf die allgemeine Verbindlichkeit von Tarifverträgen bezüglichen Bekanntmachungen im Reichsarbeitsblatt (Reichsarbeitsblatt 1920, Nr. 1, S. 9.)
4. Verordnung über das Schlichtungswesen vom 30. Oktober 1923 (RGBl. S. 1043).
5. Betriebsrätegesetz vom 4. Februar 1920 (RGBl. S. 147).

B. Die wichtigsten Einzelfragen.

a) Wer ist tariffähig und wie weit kann man die Tariffähigkeit beseitigen?

1. siehe Band I, Seite 177.

2.—4. siehe Band II, Seite 155—156.

5. Die Auslegung des Begriffes „Tariffähigkeit“ durch das Reichsgericht. Nach einem Urteile des Reichsgerichts vom 9. 10. 1925, Nr. III 237/25, sind Vereinigungen und Verbände von Arbeitgebern oder Unternehmern nur dann tariffähig im Sinne des Tarif- und Schlichtungsrechtes, können also insbesondere nur dann gegen ihren Willen durch Schiedssprüche und Verbindlichkeitserklärungen an Zwangstarife gebunden werden, wenn sie nach ihrer Satzung ausschließlich oder wenigstens nebenher gehalten sind, die Arbeitgeberinteressen ihrer Mitglieder gegenüber den wirtschaftlichen Interessen der Arbeitnehmer zu vertreten und Einfluß auf die Gestaltung der Lohn- und Arbeitsbedingungen zu gewinnen.

6. Wegfall der Tarifbestimmung bei Auflösung eines Arbeitgeberverbandes. Gemäß Urteil des Landgerichtes Mainz Nr. S 70/24 verliert ein Tarifvertrag bei Auflösung eines Arbeitgeberverbandes zwar automatisch seine Unabdingbarkeit und seine Rechtswirkung als obligatorischer Vertrag zwischen dem Arbeitgeberverband und den Gewerkschaften. Dagegen behalten die Tarifbedingungen als Arbeitsbedingungen innerhalb der Einzeldienstverhältnisse nach demselben Urteile noch solange ihre Wirkung, bis sie von Arbeitgeber- oder Arbeitnehmerseite unter Einhaltung der im Einzelfalle geltenden gesetzlichen oder vertraglichen Kündigungsfrist aufgekündigt worden sind.

7. Keine Aufhebung der Tariffähigkeit eines Arbeitgeberverbandes während einer bestehenden Tarifbestimmung. Nach einem Urteile des Schlichtungsausschusses Dresden vom 2. Mai 1925, Nr. 432/2 (Schlichtungswesen 1925, Nr. 6, S. 110), kann zwar jeder Arbeitgeberverband durch Aufnahme einer entsprechenden Bestimmung in seine Satzung seine Tariffähigkeit für die Zukunft aufheben. Durch eine solche Satzungsänderung wird aber die Tariffähigkeit erst zu dem Zeitpunkte aufgehoben, in welchem alle von dem Arbeitgeberverbande früher abgeschlossenen Tarifverträge abgelaufen sind. Solange dagegen noch ein Tarifvertrag oder auch nur ein Manteltarifvertrag, an welchem der betreffende Arbeitgeberverband beteiligt ist, zu Recht besteht, kann der betreffende Arbeitgeberverband nach Ansicht des Schlichtungsausschusses Dresden durch ein Schlichtungsverfahren und eine Verbindlichkeitserklärung an ein neues Tarif- oder Lohnabkommen zwangsweise gebunden werden.

(Weitere Entscheidungen siehe unter Nr. XIX.)

b) Welche Formvorschriften gelten beim Abschluß von Tarifvereinbarungen?

1.—3. siehe Band I, Seite 177—178.
4.—5. » » II, » 156.

c) Wie weit sind Tarifvereinbarungen abdingbar?

1.—4. siehe Band I, Seite 178—180.
5.—10. » » II, » 156—158.

11. Arbeitsordnung und Unabdingbarkeit der Tarifverträge. Es verstößt gemäß einem Urteile des Landgerichtes Wiesbaden vom 15. 6. 1925 (Das Schlichtungswesen 7/8, S. 177) nicht gegen die tarifliche Unabdingbarkeit, ist vielmehr voll rechtsgültig, wenn in der Arbeitsordnung festgelegt wird, daß Einsprüche gegen die Richtigkeit des berechneten Lohnes innerhalb einer bestimmten Frist bei einer bestimmten Stelle angemeldet werden müssen, widrigenfalls irgendwelche Nachforderungsansprüche nicht gestellt werden können. Liegt eine solche Bestimmung der Arbeitsordnung vor, so verlieren Arbeitnehmer im Falle verspäteter Einspruchserhebung auch alle Nachforderungsansprüche wegen Berechnung eines zu geringen Tariflohnes. Voraussetzung ist allerdings, daß der Arbeitnehmer nicht durch Krankheit oder durch einen ähnlichen unverschuldeten Grund an der rechtzeitigen Einspruchserhebung verhindert worden ist.

12. Zulässigkeit von Lohnverwirkungsklauseln der Arbeitsordnungen. Nach den Entscheidungen des Landgerichtes I Gießen vom 3. 7. 1924, Nr. Q 322/22, und des Oberlandesgerichtes Darmstadt vom 17. 2. 1925, Nr. U 503/28 (Neue Zeitschrift für Arbeitsrecht 1925 S. 378) verstößt es nicht gegen die tarifliche Unabdingbarkeit, sondern ist voll wirksam, wenn eine Arbeitsordnung besagt, daß Arbeitnehmer irgendwelche Nachforderungsansprüche wegen unrichtiger Lohn- oder Gehaltszahlung nicht mehr stellen können, wenn sie die Unrichtigkeit der Abrechnung oder Lohnzahlung nicht innerhalb der in der Arbeitsordnung vorgesehenen Beanstandungsfrist geltend gemacht haben. Nach den gleichen Entscheidungen beziehen sich mangels gegenteiliger ausdrücklicher Vereinbarungen solche Lohnverwirkungsklauseln auch nicht nur auf Rechen- oder Schreibfehler in den Abrechnungen, sondern auch auf die Anwendung falscher Tarife bzw. auf die zu Unrecht erfolgende Eingruppierung in eine unrichtige Lohn- oder Gehaltsklasse.

18. Keine widerrechtliche Erzwingung einer Tarifabdingung, die zur Anfechtung der getroffenen Vereinbarungen, betreffend die Minderentlohnung eines Arbeitnehmers, berechtigen könnte, liegt nach einem Urteile des Landgerichtes Dortmund vom 7. 5. 1925, Nr. II 1 S 95/25 (Nachrichtenblatt I/164) vor, wenn der Arbeitgeber zwecks Erzielung des Einverständnisses des betroffenen Arbeitnehmers oder der Betriebsvertretung mit einer geringeren Bezahlung eines tatsächlich minderleistungsfähigen Arbeitnehmers für den Fall der Ablehnung der Einwilligung mit einer Kündigung des betreffenden Arbeitnehmers droht.

d) Wie weit kann auf Tarifgehalt verzichtet werden?

1. siehe Band I, Seite 180.

2.—8. siehe Band II, Seite 158—160.

9. Auch der für die Zukunft ausgesprochene Verzicht auf Teile des Tariflohnes ist gemäß einem vereinzelten Urteile des Amtsgerichtes Schwandorf (Gewerkschaftszeitung, Beilage Arbeiterrecht und Arbeiterversicherung 1925, S. 28) rechtswirksam, sofern der Arbeitgeber nicht im Einzelfalle den Verzicht durch widerrechtliche Drohungen erzwungen hat.

e) Wie weit besitzen Tarifvereinbarungen rückwirkende Kraft?

1.—2. siehe Band I, Seite 180—181.
3. » » II, » 160.

f) Wie weit gelten noch Bestimmungen eines bereits außer Kraft getretenen Tarifvertrages?

1.—4. siehe Band I, Seite 181—183.
5.—8. » » II, » 160—162.

9. Für die Nachwirkung der Bedingungen abgelaufener Tarifverträge in tarifloser Zeit entschieden sich neuerdings auch die Urteile des Gewerbegerichtes Berlin, Kammer 14, vom 3. 7. 1925, Nr. 773/1925, und des Gewerbegerichtes Bocholt vom 22. 5. 1925, Nr. 29/25, so daß es sich mit Rücksicht auf die zunehmende Zahl der Entscheidungen, die sich für die Nachwirkung von Bedingungen abgelaufener Tarifverträge in tarifloser Zeit aussprechen, empfiehlt, den Arbeitnehmern rechtzeitig gelegentlich des Außerkrafttretens von Tarifverträgen die neuen Arbeitsbedingungen unter Einhaltung der im Einzelfalle geltenden gesetzlichen oder vertraglichen Kündigungsfristen bekanntzugeben, falls man in der tariflosen Zeit an die Bedingungen des abgelaufenen Tarifvertrages in der einen oder anderen Beziehung nicht mehr gebunden sein will.

10. Nachwirkung der Bedingungen abgelaufener Tarifverträge? Während nach der herrschenden Meinung, so beispielsweise nach einem Urteile des Gewerbegerichtes Hamburg vom 5. 5. 1924 (Neue Zeitschrift für Arbeitsrecht 1924/91) die Bedingungen abgelaufener Tarifverträge innerhalb der Einzeldienstverträge ihre Wirkung, allerdings unter Wegfall der Unabdingbarkeit solange behalten, als sie nicht vom Arbeitgeber oder Arbeitnehmer unter Einhaltung der im Einzelfalle geltenden gesetzlichen oder vertraglichen Kündigungsfrist aufgekündigt worden oder durch andere Lohn- und Arbeitsbedingungen ersetzt worden sind, entschieden die Urteile des Gewerbegerichtes Pforzheim vom 6. 2. 1924 (Neue Zeitschrift für Arbeitsrecht 1924, S. 300) und des Landgerichtes Dessau vom 4. 2. 1925 (Schlichtungswesen 7/10, S. 198), daß mit dem Tarifablauf selbst auch die Bedingungen des abgelaufenen Tarifvertrages automatisch ihre Wirkung innerhalb der Einzeldienstverträge verlieren.

11. Keine Nachwirkung der Bedingungen abgelaufener Tarifverträge. In besonders eingehender Begründung und unter Berücksichtigung des gesamten einschlägigen Schrifttums verneint das Landgericht Nürnberg mit Urteil vom 27. 5. 1925 (Schlichtungswesen 1925, S. 151) im Gegensatz zu seiner eigenen Entscheidung vom 24. 9. 1924, Nr. 150/1924, die vielfach in der Literatur und Rechtsprechung angenommene sog. Nachwirkung der Bedingungen abgelaufener Tarifverträge innerhalb der Einzeldienstverhältnisse, indem es ausführt, daß nach dem Sinne und Zwecke der Tarifabmachungen dieselben ihre Wirkung auch für die Einzeldienstverhältnisse restlos verlieren sollen, wenn der Tarifvertrag selbst abläuft. Mit Rücksicht auf die gegenteiligen Entscheidungen anderer Gerichte wird man jedoch vorerst gut tun, den Arbeitnehmern im Einzelfalle unter Einhaltung der jeweils geltenden gesetzlichen oder vertraglichen Kündigungsfrist mitzuteilen, daß man nach Ablauf der Kündigungsfrist die Bedingungen des außer Kraft getretenen Tarifvertrages nicht mehr als Vertragsbedingungen anerkennen werde, daß vielmehr von diesem Tage ab neue vom Arbeitgeber am besten gleichzeitig mit bekanntgegebene Bedingungen gelten sollen, sofern man nicht wünscht, daß Arbeitnehmer noch aus abgelaufenen Tarifverträgen Rechtsansprüche ableiten können.

12. Wegfall auch besserer früherer Tarifbedingungen beim Inkrafttreten eines neuen Tarifvertrages. Nach den Entscheidungen des Gewerbegerichtes Nürnberg vom 17. 3. 1924, Nr. 157/1924 und des Landgerichtes Nürnberg vom 27. 5. 1925 (Schlichtungswesen 1925, S. 151) treten mit dem Inkrafttreten eines neuen freiwillig abgeschlossenen oder durch Verbindlichkeitserklärung aufgezwungenen Tarifvertrages die Bedingungen eines früheren Tarifvertrages auch dann restlos außer Kraft, wenn sie für die Arbeitnehmer günstiger waren oder wenn der neue Tarifvertrag bezüglich der betreffenden Fragen nichts besagt. Wenn beispielsweise ein abgelaufener Tarifvertrag den Arbeitnehmern Gratifikationsansprüche zusprach, so können nach dem Inkrafttreten eines neuen Tarifvertrages nach den vorerwähnten Entscheidungen Gratifikationsansprüche auch dann nicht mehr geltend gemacht werden, wenn der neue Tarifvertrag über Gratifikationsansprüche überhaupt nichts besagt.

g) Welcher Tarifvertrag geht vor?

1. siehe Band I, Seite 183.

2. » » II, » 162.

3. Für gemischte Betriebe geht der Betriebstarif den Spezialtarifen vor. Auch nach einem Schiedsspruche des Schlichtungsausschusses Freiburg vom 19. Juni 1925 (Schlichtungswesen 1925, Nr. 7, S. 128) gilt für sämtliche Arbeitnehmer eines gemischten Betriebes einschließlich der im Betrieb beschäftigten Facharbeiter der für den Betrieb selbst geltende Haupttarifvertrag. Facharbeiter können infolgedessen eine Entlohnung nach einem für ihren Beruf im Bezirk bestehenden Facharbeitertarif auch dann nicht verlangen, wenn dieser Facharbeitertarif für allgemein verbindlich erklärt worden ist. Es können also beispielsweise die in einer Eisengießerei beschäftigten Modellschreiner nur die Bezahlung nach dem für die Gießerei bestehenden Tarifvertrage und nicht auch die Entlohnung nach einem in dem betreffenden Bezirke für verbindlich erklärten Holzarbeitertarife verlangen. Der Schlichtungsausschuß Freiburg begründet diese Entscheidung damit, daß einmal die Tätigkeit der in gemischten Betrieben beschäftigten Facharbeiter, z. B. der Schreiner in einer Eisengießerei, eine wesentlich andere ist wie diejenige der Facharbeiter in Fachbetrieben, also beispielsweise der Schreiner in Möbelfabriken, und daß zum anderen auch die Anwendbarkeit verschiedener Tarife in demselben Betriebe zu Schwierigkeiten führen müsse.

h) Wann kann ein Tarifvertrag vorzeitig gekündigt werden?

1. siehe Band I, Seite 183.

i) Für welche Arbeitgeber und Arbeitnehmer gilt ein Tarifvertrag?

1.—2. siehe Band I, Seite 183—185.
3.—6. » » II, » 162—163.

k) Welche Wirkung hat die Übernahme eines fremden Tarifvertrages?

1. siehe Band I, Seite 185.

l) Wie weit können die Arbeitsbedingungen für Lehrlinge tariflich geregelt werden?

1.—4. siehe Band I, Seite 185—187.
5.—7. » » II. » 163—164

m) Wie weit befreit der Austritt aus einem Arbeitgeberverbande von den Tarifverpflichtungen?

1. siehe Band I, Seite 187—188.

n) Welche Rechtsfolgen hat ein Tarifbruch?

1. siehe Band I, S. 188.

o) Wann sind Tarifabschlüsse nichtig oder anfechtbar?

1.—3. siehe Band II, Seite 165.

p) Wie weit besteht tarifliche Friedepflicht?

1. siehe Band II, Seite 165.

2. **Tarifbruch,** welcher zum Schadenersatz verpflichtet, liegt nach einem Urteile des Landgerichtes Hamburg vom 26. Mai 1925 (Stichworte des Arbeitsrechtes 1925, Nr. 13) vor, wenn eine tarifbeteiligte Gewerkschaft ohne Anrufung des Schlichtungsausschusses zum Streik auffordert, obwohl der noch zu Recht bestehende Tarifvertrag besagt, daß Arbeitskämpfe erst zulässig sind, wenn sämtliche Einigungsinstanzen erschöpft sind. In derartigen Fällen kann nach dem gleichen Urteile des Landgerichtes Hamburg auf Feststellung geklagt werden, daß jede Aufforderung und direkte oder indirekte Unterstützung des Streiks seitens einer der tarifbeteiligten Arbeitnehmerorganisationen einen unzulässigen Tarifbruch darstellt.

q) Wie weit können übertariflich entlohnte Arbeitnehmer bei Tariferhöhungen Aufbesserung ihrer Bezüge verlangen?

1. **Die übertariflich entlohnten Arbeitnehmer** können auch nach einem Urteile des Kaufmannsgerichtes Kiel vom 7. Juli 1925 (Mitteilungen der Arbeitgeberverbände Unterelbe und Hamburg-Altona 1925, Nr. 16, S. 99) im Falle von Tariferhöhungen eine Aufbesserung ihrer tatsächlichen Lohn- und Gehaltsbezüge nur dann verlangen, wenn entweder bei der Tarifänderung eine entsprechende Erhöhung aller tatsächlichen Bezüge vereinbart worden ist, oder wenn die Bezüge der bis dahin übertariflich entlohnt gewesenen Arbeitnehmer die neuen, für ihre Gruppe vorgesehenen Tarifsätze nicht mehr erreichen.

2. **Kein tariflicher Lohnaufbesserungsanspruch übertariflich bezahlter Arbeitnehmer bei tariflicher Erhöhung der Stundenlöhne.** Wenn durch Tarifvertrag die Stundenlöhne heraufgesetzt werden, ohne daß eine Bestimmung des Tarifvertrages besagt, daß auch die im Akkord beschäftigten und die bereits über Tarif entlohnten Arbeitnehmer eine entsprechende Aufbesserung erhalten sollen, können Arbeitnehmer, die bereits bisher übertariflich entlohnt waren, nach einem Urteile des Gewerbegerichtes Berlin vom 2. 4. 1925 Nr. 128/1925 G G K 7 eine entsprechende Aufbesserung ihrer Bezüge solange nicht verlangen, als ihre tatsächlichen Verdienste die neuen tariflichen Mindestlohnsätze erreichen oder gar übersteigen.

XXII. Arbeitskämpfe.

A. Einschlägige Gesetzesbestimmungen.

1. Artikel 159 der Reichsverfassung vom 11. August 1919 (RGBl. S. 1383).
2. Verordnung über das Schlichtungswesen vom 30. Oktober 1923 (RGBl. I, S. 1043).
3. Verordnung über Tarifverträge, Arbeiter- und Angestelltenausschüsse und Schlichtung von Arbeitsstreitigkeiten vom 23. Dezember 1918 (RGBl. S. 1456).
4. Betriebsrätegesetz vom 4. Februar 1920 (RGBl. S. 147).
5. Verordnung betr. Maßnahmen gegenüber Betriebsabbrüchen und Betriebsstillegungen vom 8. November 1920 (RGBl. S. 1901).
6. Verordnung über Betriebsstillegung und Arbeitsstreckung vom 15. Oktober 1923 (RGBl. S. 983).
7. Arbeitsnachweisgesetz vom 22. Juli 1922 (RGBl. S. 657).
8. Gesetz über die Beschäftigung Schwerbeschädigter vom 12. Januar 1923 (RGBl. S. 57).

B. Die wichtigsten Einzelfragen.

a) Wie weit berechtigen Arbeitskämpfe zu Entlassungen?

1.—4. siehe Band I, Seite 189—191.
5.—10. » » II, » 166—168.

11. Zur fristlosen Entlassung von Arbeitswilligen bei Teilstreiks ist der Arbeitgeber nach einem Urteile des Landgerichtes Leipzig vom 24. 7. 1924, Nr. 4 D g 128/24 (Juristische Wochenschrift 1925, S. 1918) auf Grund des § 124a der Gewerbeordnung bzw. der §§ 626 des Bürgerlichen Gesetzbuches, 70 des Handelsgesetzbuches und 133b der Gewerbeordnung berechtigt, sofern es sich um kaufmännische oder technische Angestellte oder um gewerbliche Arbeiter handelt, die für eine Zeit von mindestens vier Wochen oder mit einer längeren als 14tägigen Kündigungsfrist angestellt sind und deren Weiterbeschäftigung dem Arbeitgeber mit Rücksicht auf den Teilstreik nicht zugemutet werden kann.

12. Keine Aussperrung, sondern Arbeitsniederlegung im Streik liegt gemäß einem Urteile des Landgerichtes Heilbronn vom 5. 4. 1925, Nr. S 88/24 (Blätter für Arbeitsrecht 1925, Nr. 23) vor, wenn der Arbeitgeber Arbeitnehmern in einem Anschlage die fristlose Entlassung bzw. die Betriebsstillegung für den Fall eines vertragswidrigen Verhaltens, beispielsweise für den Fall der Abhaltung einer Betriebsversammlung während der Arbeitszeit gegen seinen Willen angekündigt hat, und wenn daraufhin die Belegschaft ohne sich von dem vertragswidrigen Verhalten abhalten zu lassen, von der Arbeit fernbleibt.

b) Wie weit haben Arbeitswillige bei Arbeitskämpfen Anspruch auf Lohn?

1.—4. siehe Band I, Seite 191—192.

5.—6. » » II, » 168.

7. Kein Lohnanspruch Arbeitswilliger bei Behinderung an der Arbeit durch Streikende. In Anlehnung an das bekannte Urteil des Reichsgerichtes in der Sammlung der Reichsgerichtsentscheidungen in Zivilsachen, Bd. 106, S. 272ff, entschied das Thüringische Oberlandesgericht in Jena mit Urteil vom 12. 3. 1925, Nr. 3 U 880/24, daß Arbeitswillige für die Zeit der Arbeitsbehinderung eine Fortzahlung ihrer üblichen Bezüge nicht verlangen können, wenn sie durch die Streikposten gehindert worden sind, am Arbeitsplatze zu erscheinen, oder wenn die Maßnahmen der Streikleitung bzw. der Streikenden es dem Arbeitgeber unmöglich machen, von der ihm angebotenen Arbeitskraft seiner Arbeitnehmer in produktiver Weise Gebrauch zu machen.

8. Wegfall des Lohnanspruches von Arbeitswilligen bei Teilstreiks. Nach einem Urteile des Gewerbegerichtes Dresden vom 10. 9. 1925 (Stichworte des Arbeitsrechtes 1925, Nr. 19, Ziffer 362) ist der Arbeitgeber schon vor Ablauf der im Einzelfalle geltenden gesetzlichen oder vertraglichen Kündigungsfristen von der Lohn- oder Gehaltszahlung frei, wenn ihm der Streik eines besonders wichtigen Teiles der Belegschaft die Möglichkeit nimmt, die betreffenden an sich arbeitswilligen Arbeitnehmer weiter zu beschäftigen. (Vergleiche auch die im Bd. I, S. 191f. und Bd. II, S. 168, veröffentlichten Entscheidungen.)

9. Keine Pflicht des Arbeitgebers zur Fortzahlung des Arbeitslohnes an Arbeitswillige bei Teilstreiks. Wenn durch den Streik eines besonders wichtigen Teiles der Belegschaft ein produktives Weiterarbeiten des ganzen Betriebes oder einzelner Betriebsabteilungen unmöglich gemacht wird, ist der Arbeitgeber gemäß einem Urteile des Reichsgerichtes, Nr. III/93/22, RGZ., Bd. 106, S. 272, berechtigt, die Lohn- und Gehaltszahlung an die arbeitswilligen Arbeitnehmer so lange einzustellen, als es ihm infolge des Teilstreiks unmöglich ist, von der Dienstleistung dieser Arbeitswilligen in produktiver Weise Gebrauch zu machen.

10. Zur Bezahlung von Arbeitswilligen trotz eines Teilstreiks und trotz der durch den Teilstreik heraufbeschworenen Behinderungen der Betriebsproduktivität ist der Arbeitgeber nach den Urteilen des Landgerichtes Leipzig vom 21. 1. 1922, Nr. 4 D g 294/21, vom 21. 4. 1922, Nr. 4 D g 97/22, vom 29. 12. 1922, Nr. 4 D g 258/22 und vom 24. 7. 1924, Nr. 4 D g 128/24, verpflichtet sofern er nicht aus Anlaß des Teilstreiks die fristlose Entlassung ausgesprochen hat. Das zuletzt angeführte Urteil des Landgerichtes Leipzig ist besonders deshalb beachtlich, weil es in eingehender Begründung den vom Reichsgericht in dem bekannten Urteile vom 6. 2. 1923 (Juristische Wochenschrift 1923, 831, Nr. 8) eingenommenen Standpunkt zu widerlegen versucht.

c) Wie weit sind Streikentlassene wieder einzustellen?

1.—3. siehe Band I, Seite 192—193.

4.—13. » » II, » 168—172.

14. Reichsgericht und Rechtswirkung der sog. Maßregelungsklauseln in für verbindlich erklärten Schiedssprüchen. In der bekannten Streitfrage, betreffend die Rechtswirkung der Maßregelungsklauseln in Vereinbarungen und Schiedssprüchen zur Beilegung von Arbeitskämpfen, liegt nunmehr auch ein erstes Urteil des Reichsgerichts vom 30. Juni 1925, Nr. III 371/24, vor. In diesem Urteile stellte sich das Reichsgericht auf den Standpunkt, daß sowohl durch freie Vertragsvereinbarungen als auch durch Schiedssprüche mit nachfolgender Verbindlichkeitserklärung die streitenden Parteien verpflichtet werden können, bei der Wiedereröffnung streikbeteiligter Betriebe von Maßregelungen Abstand zu nehmen. Dementsprechend hob das Reichsgericht die Urteile des Landgerichtes Halle und des Oberlandesgerichtes Naumburg auf, welche entschieden hatten, daß die dem Urteile zugrunde liegende Verbindlichkeitserklärung rechtsunwirksam sei, weil der für verbindlich erklärte Schiedsspruch eine Maßregelungsklausel enthalte. Das Reichsgericht entschied weiter, daß auf Einhaltung solcher Maßregelungsklauseln in Verbindlichkeitserklärungen und auf Schadenersatz wegen schuldhafter Nichteinhaltung derselben nicht nur die beteiligten Verbände sondern auch die im Gegensatz zu den Maßregelungsklauseln nicht oder nicht rechtzeitig wieder eingestellten Arbeitnehmer als Mitglieder der streikbeteiligten Gewerkschaften gegen die auf der Gegenseite beteiligten Arbeitgeberverbände klagen können. Dagegen können nach Ansicht des Reichsgerichtes weder die beteiligten Arbeitnehmerverbände noch die einzelnen Arbeitnehmer gegen Einzelmitglieder der auf der Gegenseite am Schieds- oder Schlichtungsverfahren beteiligten Arbeitgeberverbände auf Einhaltung bzw. auf Schadenersatz wegen Nichteinhaltung der

Wiedereinstellungsklauseln klagen. Auch Klagen gegen die beteiligten Arbeitgeberverbände sind nach der Urteilsbegründung nur dann begründet, wenn nachgewiesen werden kann, daß die beteiligten Arbeitgeberverbände nicht mit genügendem Nachdruck und unter Anwendung der satzungsmäßigen Druck- und Strafmittel ihre Mitglieder zur Einhaltung der Wiedereinstellungsklauseln angehalten haben.

15. Trotz rechtsgültiger Maßregelungsklausel in einer Vereinbarung oder einem für verbindlich erklärten Schiedsspruche behält der Arbeitgeber nach den Entscheidungen des Kaufmannsgerichtes Berlin vom 14. 9. 1923 und 7. 12. 1924 sowie des Gewerbegerichtes Görlitz vom 31. 7. 1925, Nr. G G 79/25 (Blätter für Arbeitsrecht 1925, Nr. 23) das Recht, die Wiedereinstellung bzw. die Weiterbeschäftigung solcher Arbeitnehmer nach Beilegung des Arbeitskampfes zu verweigern, welche sich während des Arbeitskampfes eine strafbare Handlung, beispielsweise strafbare Beleidigungen oder Bedrohungen des Arbeitgebers haben zuschulden kommen lassen.

16. Wiedereinstellungsklauseln in Streikbeilegungsvereinbarungen, welche besagen, daß der Arbeitgeber nach Wiedereröffnung des Betriebes vor der Einstellung betriebsfremder Personen auf die nicht wieder eingestellten streikentlassenen bisherigen Arbeitnehmer zurückzugreifen hat, geben den Mitgliedern der beteiligten Gewerkschaften, sofern die Vereinbarung mit einem Arbeitgeberverbande und nicht mit den einzelnen Arbeitgebern getroffen worden ist, gemäß einem Urteile des Gewerbegerichtes Hamburg vom 2. März 1925 (Arbeitsrecht 1925, S. 743) lediglich ein Klagerecht wegen Nichtwiedereinstellung bzw. Schadenersatz gegenüber der am Abkommen beteiligten Arbeitgeberorganisation. Die Klage gegen die Arbeitgeberorganisation ist auch nur dann begründet, wenn sie es unterlassen hat, auf ihre Mitglieder mit allen Verbandsmitteln dahin einzuwirken, daß sie die Streikbeilegungsvereinbarung auch tatsächlich innehalten. Dasselbe gilt, wenn die Wiedereinstellungsklausel sich in einem für verbindlich erklärten Schiedsspruche befindet, welcher gegen den bestreikten Arbeitgeberverband erlassen ist. Ist an der Streikbeilegungsvereinbarung oder dem für verbindlich erklärten Schiedsspruche nur ein einzelner Arbeitgeber beteiligt, so steht den entgegen der Wiedereinstellungsklausel nicht wieder eingestellten Arbeitnehmern unter Umständen auch ein Klagerecht gegenüber dem betreffenden Arbeitgeber zu.

d) Ist Streikpostenstehen zulässig?

1.—2. siehe Band I, Seite 193—194.

3.—4. » » II, » 172.

5. Widerrechtliche Drohungen der Streikposten gegenüber Arbeitswilligen, durch welche die Arbeitswilligen veranlaßt werden sollen, von der Arbeit fernzubleiben, sind gemäß Urteil des Reichsgerichtes, Nr. 8 D 161/21, als Nötigungen im Sinne des § 240 des Strafgesetzbuches strafbar.

6. Einstweilige Verfügungen gegen Ausstellen von Streikposten. Nach einem Urteile des Landgerichtes Köln (Stadtanzeiger 1925, Nr. 507) kann streikleitenden Gewerkschaftsangestellten auf Antrag des Arbeitgebers oder Arbeitgeberverbandes im Wege der einstweiligen Verfügung unter Androhung von Geld- oder Haftstrafen für jeden Fall der Zuwiderhandlung untersagt werden, durch Gewaltdrohung, Beleidigung oder Belästigungen anderer Art selbst oder durch Streikposten die arbeitswilligen Arbeitnehmer am Betreten der Arbeitsstätte zu hindern. Zur Begründung eines Antrages auf eine derartige einstweilige Verfügung braucht der Arbeitgeber nur glaubhaft zu machen, daß sich die Streikposten Übergriffe gegen die Arbeitswilligen haben zuschulden kommen lassen. Die einstweilige Verfügung kann alsdann antragsgemäß auf Kosten der streikleitenden Gewerkschaftsangestellten ergehen, falls diese nicht nachweisen, daß sie ihrerseits alles erdenkbare getan haben, um Übergriffe seitens der Streikposten zu verhüten.

7. Verbot des Aufstellens von Streikposten durch einstweilige Verfügung. Das Aufstellen von Streikposten kann Streikleitungen nach einem Urteile des Landgerichtes II Berlin (Arbeitsrecht 1925, Heft 9, S. 693) schon dann durch einstweilige Verfügung unter Strafandrohungen verboten werden, wenn die Arbeitsniederlegung einen Vertrags- oder Tarifbruch darstellt.

8. Verbot des Streikpostenstehens durch einstweilige Verfügung bei Tarifbruch. Wenn auch im allgemeinen das Streikpostenstehen und die Überredung Arbeitswilliger, der Arbeit fernzubleiben, zulässig ist, so kann gemäß den Entscheidungen des Landgerichtes Hamburg, Nr. Z III 502/25 und Z IV 338/25, »Stichworte des Arbeitsrechtes 1925«, Nr. 16, das Streikpostenstehen und die Abhaltung Arbeitswilliger von der Arbeit durch einstweilige Verfügung unter Strafandrohungen verboten werden, wenn der in Frage kommende Streik selbst sich als Tarifbruch darstellt und als solcher vertragswidrig ist.

e) Wer haftet für Streikschäden?

1.—2. siehe Band I, Seite 194—195.

3.—10. » » II, » 172—174.

11. Haftung der Betriebsvertretungsmitglieder für Streikschäden. Wenn Betriebsvertretungsmitglieder entgegen der ihnen im § 66, Ziffer 6, des Betriebsrätegesetzes auferlegten Verpflichtung die Belegschaft zum Streik aufgehetzt oder sie nicht davon abgehalten haben, in einen Streik unter Kontraktbruch oder zur Erzwingung eines rechtswidrigen Zieles, beispielsweise zur Erzwingung der Entlassung eines nicht organisierten Arbeitnehmers abgeraten haben, so sind sie gemäß einem Urteile des Amtsgerichtes Reichenbach i. V. vom 19. 5. 1925 (Deutsche Arbeitgeberkartothek, Karte »Streik, Bekämpfung des Terrors«) dem Arbeitgeber gegenüber schadenersatzpflichtig.

12. Haftpflicht der Gewerkschaften für Übergriffe der Streikposten. Nach einem Urteile des Landgerichtes II Berlin vom 10. 3. 1925. Nr. 2 Q 20/25 Z U (Mitteilungen des Verbandes Berliner Metallindustrieller 1925, Nr. 6) haften die streikleitenden Gewerkschaften dem Arbeitgeber gegenüber für Schäden, die durch Übergriffe der Streikposten, d. h. dadurch entstanden sind, daß die Streikposten in einer gegen ausdrückliche gesetzliche Bestimmungen oder gegen die guten Sitten verstoßenden Weise den Arbeitswilligen den Zugang zur Arbeitsstätte versperrt haben. Die Gewerkschaften können nach der gleichen Entscheidung den Entschuldigungsbeweis nach § 831 des BGB. nur dadurch führen, daß sie nachweisen, daß sie als Streikposten nur solche Mitglieder gewählt haben, welche die Gewähr der Enthaltung von allen Übergriffen boten, daß sie diese Streikposten ausdrücklich und nachdrücklich ermahnt haben, sich jeden Übergriffs zu enthalten, und daß sie sie auch genügend daraufhin überwacht haben.

13. Schadenersatzpflicht der Reichsgewerkschaft der Eisenbahner und der Mitglieder der Streikleitungen für Schäden eines Eisenbahnerstreikes. Nach einer in der Rhein.-Westf. Zeitung, Nr. 435/1925, veröffentlichten Entscheidung des Reichsgerichtes vom 9. Juli 1925 stellt es eine gemäß § 823, Absatz 2 des BGB. zum Schadenersatz verpflichtende Handlung dar, wenn Eisenbahner-Gewerkschaften oder deren Vorstandsmitglieder bzw. irgendwelche Reichsbahnbeamte als Mitglieder von Streikleitungen Eisenbahnerstreiks organisieren oder fördern, obwohl die Verordnung des Reichspräsidenten vom 1. Februar 1922 Streiks der Eisenbahner verbietet. Dementsprechend haben nach Ansicht des Reichsgerichtes Eisenbahnergewerkschaften und Mitglieder von Streikleitungen den Benutzern der Eisenbahn bzw. den Verfrachtern oder Empfängern von Eisenbahngütern Ersatz des Schadens zu leisten, der ihnen durch die Unterbrechung der Eisenbahnbeförderung im Streikfalle entsteht. Die Eisenbahnbeamten und Eisenbahnergewerkschaften können sich nach der Urteilsbegründung auch nicht auf den Artikel 131 der Reichsverfassung berufen, da die Streikbeschlüsse und die den Streik organisierende Handlung nicht als »in Ausübung der den Eisenbahnbeamten anvertrauten öffentlichen Gewalt« ergangen sind. Auch befreit es die Eisenbahngewerkschaften und Eisenbahner nicht von ihrer Haftung, daß in den Statuten der Reichsgewerkschaft der Eisenbahner der Streik als zulässiges Kampfmittel erwähnt ist und daß die Statuten bei ihrer Vorlegung eine Beanstandung durch den Polizeipräsidenten von Berlin nicht erfahren haben.

f) Statistik der Arbeitskämpfe.

1. siehe Band I, S. 195—196.

g) Wer ist zur Leistung von Notstands- und Streikarbeiten verpflichtet?

1.—10. siehe Band II, Seite 174—176.

11. **Nur beschränkte Verpflichtung zur Leistung von Streikarbeit.** Nach den Grundsätzen von Treu und Glauben kann der Arbeitgeber gemäß einem Urteile des Gewerbegerichtes Altona vom 11. 6. 1925 (Hanseatische Gerichtszeitung, Abteilung Arbeitsrecht 2/36, S. 215) im Streikfalle von den am Streik nicht beteiligten Arbeitnehmern nur solche Arbeiten verlangen, die zu ihren gewöhnlichen Dienstobliegenheiten gehören oder doch von der üblichen Beschäftigungsart nicht wesentlich abweichen. Dagegen kann der Arbeitgeber beispielsweise nach dieser Entscheidung von Angestellten, die in der Regel nur mit Aufsichtsarbeiten oder mit schriftlichen oder rechnerischen Arbeiten betraut sind, im Streikfalle nicht auch die Leistung rein körperlicher, untergeordneter Arbeiten verlangen. Er ist beispielsweise nicht berechtigt, einen Meister fristlos zu entlassen, weil er sich im Falle des Streikes der ungelernten Arbeiter geweigert hat, Waggons zu entladen.

h) Wie weit sind Zuzugswarnungen und ähnliche Kampfmittel erlaubt?

1.—5. siehe Band II, Seite 176—177.

6. **Kein Verstoß gegen ein Streikunterstützungsverbot durch Beeinflussung der Arbeitgeber.** Wenn einer Gewerkschaft mit Rücksicht auf einen vorliegenden Tarifbruch jede Unterstützung eines Streiks durch einstweilige Verfügung unter Strafandrohungen verboten ist, so liegt gemäß einem Urteile des Landgerichtes Hamburg, Nr. Z VIII 384/1925, kein Verstoß gegen die fragliche einstweilige Verfügung vor, wenn die betreffende Gewerkschaft sich mit Rundschreiben an die einzelnen Arbeitgeber wendet, um diese in ihrem Sinne gegen den Arbeitgeberverband zu beeinflussen. In der Versendung solcher Rundschreiben erblickt das Landgericht Hamburg keine auch nur mittelbare Unterstützung des Streikes.

i) Welche Kampfmittel sind verboten?

1. **Strafbarkeit von Aufforderungen zum Generalstreik.** Aufforderungen zum Generalstreik sind gemäß einem Urteile des Reichsgerichtes vom 30. 10. 1924, Nr. II 719/24 als Verstoß gegen die Verordnung des Reichspräsidenten vom 10. 11. 1920 betreffend die Still-

legung lebenswichtiger Betriebe und als gleichzeitiger Verstoß gegen den § 110 des Strafgesetzbuches, also als Aufforderung zum Ungehorsam gegen Gesetze oder obrigkeitliche Anordnungen strafbar, soweit durch solche Aufforderungen auch solche Arbeitnehmer zur Arbeitsniederlegung aufgefordert werden, welche in Betrieben beschäftigt sind, die die Bevölkerung mit Gas, Wasser und Elektrizität versorgen.

2. Strafbarkeit der Aufforderungen zum Beamtenstreik. Wer Beamte trotz des für sie bestehenden Streikverbotes zum Streik oder zur Verweigerung von Streikarbeit auffordert, macht sich gemäß einem Urteile des Reichsgerichtes vom 17. März 1925 (Reichsarbeitsblatt 1925, S. 274) nach § 110 des Strafgesetzbuches strafbar.

3. Aufforderung oder Begünstigung passiver Resistenz stellt einen zum Schadenersatz verpflichtenden Tarifbruch dar. Gemäß Urteil des Reichsgerichtes vom 9. Juni 1925 Nr. III 322/24 stellt es einen zum Schadenersatz verpflichtenden Tarifbruch dar, wenn Gewerkschaftsangestellte oder Vorstände einer Gewerkschaft ihre Mitglieder während der Dauer eines noch bestehenden Tarifvertrages auffordern oder sie nicht nachdrücklich davon abhalten, passive Resistenz zur Erzwingung von Vergünstigungen über den Tarifvertrag hinaus zu üben. Durch ein solches Verhalten machen sich die Gewerkschaften und ihre Vorstände und Angestellten solidarisch dem Arbeitgeber gegenüber schadenersatzpflichtig. Nur muß der Arbeitgeber nach der Urteilsbegründung im Einzelfalle nachweisen, daß und in welcher Höhe ihm durch das tarifwidrige Verhalten der Gewerkschaftsangestellten und Vorstandsmitglieder der Gewerkschaften Schaden zugefügt worden ist.

4. Verbot von Streikaufforderungen durch einstweilige Verfügung. Das Landgericht Köln entschied gemäß einem im »Arbeitsrecht« 1925, Heft 9, S. 693, veröffentlichten Urteile, daß Gewerkschaften die Aufforderung ihrer Mitglieder zum Streik durch einstweilige Verfügung unter Androhung von Geld- oder Haftstrafen verboten werden kann, wenn die Arbeitsniederlegung nach Lage der Sache einen Tarifbruch der Gewerkschaft darstellen würde.

5. Verbot der Arbeitsniederlegung durch einstweilige Verfügung. Sofern eine Arbeitsniederlegung im Einzelfalle einen Vertrags- oder Tarifbruch darstellen würde, kann den beteiligten Arbeitnehmern auf Antrag des Arbeitgebers nach einem Urteile des Amtsgerichtes München (Arbeitsrecht 1925, Nr. 9, S. 693) durch einstweilige Verfügung unter Androhung von Geld- oder Haftstrafen verboten werden, die Arbeit vor Ablauf der Kündigungsfrist niederzulegen.

6. Verbot der Veröffentlichung von „Streikbrecherlisten“. Auf Antrag des Arbeitgebers oder der Arbeitswilligen kann den Streikleitungen nach einer Entscheidung des Amtsgerichtes Berlin-Mitte (Arbeitsrecht 1925, Heft 9, S. 694) in jedem Falle ohne weitere Voraussetzungen durch einstweilige Verfügungen verboten werden, weiterhin Listen von Arbeitswilligen mit dem Zusatze zu veröffentlichen, daß die betreffenden Arbeitswilligen als Streikbrecher zu betrachten seien.

7. **Die Drohung mit Einstellung der Notstandsarbeiten** stellt gemäß einem Urteile des Reichsgerichtes Nr. III 1239/20 im allgemeinen eine strafbare Erpressung im Sinne des § 253 des Strafgesetzbuches dar.

8. **Die Aufforderung zum Streik oder die Unterstützung eines Streikes** kann tarifbeteiligten Arbeitnehmerverbänden nach einem Urteile des Hanseatischen Oberlandesgerichtes vom 8. Mai 1925 (Stichworte des Arbeitsrechtes 1925, Nr. 13) durch einstweilige Verfügung auf Antrag der benachteiligten Arbeitgeber unter Strafandrohungen verboten werden, wenn eine Aufforderung zum Streik oder die Unterstützung eines Streiks mit Rücksicht auf die vorliegenden Tarifbeziehungen einen unzulässigen Tarifbruch darstellen würde.

XXIII. Schlichtung von Arbeitsstreitigkeiten.

A. Einschlägige Gesetzesbestimmungen.

1. Verordnung über Tarifverträge, Arbeiter- und Angestelltenausschüsse und Schlichtung von Arbeitsstreitigkeiten vom 23. Dezember 1918 (RGBl. S. 1456).
2. Verordnung über das Schlichtungswesen vom 30. Oktober 1923 (RGBl. S. 1043).
3. Verordnung zur Ausführung der Verordnung über das Schlichtungswesen vom 10. Dezember 1923 (RGBl. S. 1191).
4. Zweite Verordnung zur Ausführung der Verordnung über das Schlichtungswesen vom 29. Dezember 1923 (RGBl. 1924, S. 9).

B. Die wichtigsten Einzelfragen.

a) Für welche Streitigkeiten sind die Schlichtungsausschüsse zuständig?

1. siehe Band I, Seite 197.

2. Kein Schiedsverfahren zur Herbeiführung eines neuen Tarifvertrages während der Dauer eines noch geltenden Tarifvertrages. Nach einem Beschlusse des Schlichtungsausschusses Heilbronn vom 28. März 1925 (Schlichtungswesen 1925, Nr. 7, S. 129) kann während der Geltungsdauer eines Tarifvertrages auf Antrag einer bisher am Tarifvertrage nicht beteiligt gewesenen Gewerkschaft auch im Wege des Schlichtungsverfahrens und der Verbindlichkeitserklärung ein neuer Tarifvertrag nicht herbeigeführt werden. Dies gilt nach der Schiedsspruchbegründung auch dann, wenn seit dem Abschlusse des noch bestehenden Tarifvertrages die Mehrzahl der in dem tarifbeteiligten Betriebe beschäftigt gewesenen Arbeitnehmer zu einer anderen Gewerkschaft übergetreten ist. Diese neue Mehrheitsgewerkschaft kann vielmehr ebenso wie jede andere außenstehende Gewerkschaft den Schlichtungsausschuß mit dem Antrage auf Vermittlung eines neuen Tarifvertrages erst anrufen, wenn der alte Tarifvertrag durch Kündigung oder Fristablauf außer Kraft getreten ist.

3. Keine erneute Schlichtungsverhandlung in derselben Sache ohne öffentliches Interesse oder ohne Zustimmung beider Streitteile. Nach einem Beschlusse des Schlichtungsausschusses Karlsruhe, Zweigstelle Pforzheim, vom 25. Mai 1925, Nr. 65/25 (Das Schlichtungswesen 1925, Heft 6, S. 111), kann gemäß § 12, Absatz 3, der zweiten Verordnung zur Durchführung der Verordnung über das Schlichtungswesen ein neues Schlichtungsverfahren in derselben Streitigkeit nur mit Zustimmung aller daran beteiligten Parteien oder nur dann eingeleitet werden, wenn es das öffentliche Interesse erfordert. Diese letztere Voraussetzung liegt nach Ansicht des Schlichtungsausschusses Karlsruhe nur dann vor, wenn die Zahl der an der Streitigkeit beteiligten Arbeitnehmer oder die große Fülle vorliegender Aufträge eine alsbaldige Beilegung der Streitigkeit im Interesse der Allgemeinheit dringend wünschenswert erscheinen läßt.

4. Kein Tätigwerden der Schlichter bei Tarifbrüchen. Wenn eine Belegschaft mit oder ohne Unterstützung ihrer Gewerkschaft in einen Arbeitskampf eintritt, obwohl darin nach den für die Belegschaft bestehenden Tarifverträgen ein Tarifbruch liegt, so ist der Schlichter auch auf Anruf der Streikenden hin gemäß einer Entscheidung des Schlichters für das Rheinland (Kölnische Zeitung, Nr. 677/1925, vom 12. September 1925) nicht berechtigt, vermittelnd einzugreifen, sofern der bestreikte Arbeitgeber sich nicht ausdrücklich damit einverstanden erklärt.

b) Wann und wie weit sind tarifliche Schlichtungsstellen zuständig?

1.—2. siehe Band I, Seite 198.

3. Konkurrenz zwischen vertraglichen und gesetzlichen Schlichtungsinstanzen. Nach einer Entscheidung des Schlichtungsausschusses Leipzig vom 28. 5. 1925 (Neue Zeitschrift für Arbeitsrecht 1925, S. 478) muß der staatliche Schlichtungsausschuß eine bei ihm anhängig gemachte Streitsache zur Entscheidung an die vereinbarte Schlichtungsstelle verweisen, wenn zwischen den streitenden Parteien besondere Schiedsinstanzen tariflich vereinbart worden sind.

c) Wie sind die Schlichtungsausschüsse zu besetzen und welche Verfahrensvorschriften sind zu beachten?

1.—2. siehe Band I, Seite 198—199.

3.—4. » » II, » 178—179.

5. Aufwandsentschädigung der Schlichtungsausschußbeisitzer. Gemäß einem Rundschreiben des Reichsarbeitsministers vom 1. Juli 1925 (Reichsarbeitsblatt 1925, S. 286) erhalten mit Wirkung vom

15. Juli 1925 ab die Beisitzer der Schlichtungsausschüsse im allgemeinen als Aufwandsentschädigung:

bei Amtstätigkeit bis zu 2 Stunden . . . M. 2,50,
bei Amtstätigkeit bis zu 4 Stunden . . . » 5,00,
bei Amtstätigkeit bis zu 8 Stunden . . . » 7,50,
und bei mehr als 8 Stunden . . . . » 9,00.

Beamte und Angestellte des Reiches, der Länder und Gemeinden und sonstiger öffentlicher Körperschaften erhalten diese Aufwandsentschädigung nur, wenn sie im Hauptamte nicht entlastet werden. Auswärtigen Beisitzern wird die Fahrzeit als Zeit der Amtstätigkeit angerechnet. Außerdem werden ihnen die tatsächlichen Fahrtkosten erstattet, soweit sie die Preise für die 3. Eisenbahnklasse und die 2. Schiffsklasse nicht übersteigen.

6. **Unwirksamkeit der Annahme eines Schiedsspruches nach Ablauf der Erklärungsfrist.** Ist die im Schiedsspruch für die Annahmeerklärung gesetzte Frist abgelaufen, ohne daß beide Parteien sich dem Schiedsspruche durch eine Annahmeerklärung unterworfen haben, so kann der Schiedsspruch nach einem Urteile des Gewerbegerichtes Hagen vom 16. 7. 1925 (Neue Zeitschrift für Arbeitsrecht 1925, S. 612) Rechtswirkung nur dadurch erlangen, daß er entweder nachträglich für verbindlich erklärt oder im Wege einer gegenseitigen Verständigung der streitenden Parteien zum Vertrage erhoben wird. Der Schiedsspruch erlangt aber insbesondere mangels Verbindlichkeitserklärung nicht schon dadurch Rechtskraft, daß die eine Partei ohne ausdrückliche Verständigung mit der anderen Partei den Schiedsspruch nach Ablauf der Erklärungsfrist nachträglich annimmt, gleichgültig, ob die andere Partei den Schiedsspruch rechtzeitig innerhalb der Erklärungsfrist angenommen hat.

d) Wie weit besteht für die Mitglieder der Schlichtungsausschüsse Schweigepflicht?

1. siehe Band I, Seite 199.

e) Wer kann den Schlichtungsausschuß anrufen?

1. siehe Band I, Seite 199.

2.—7. siehe Band II, Seite 179—180.

8. **Zur Anrufung des Schlichtungsausschusses berechtigt** sind als »wirtschaftliche Vereinigungen« gemäß einer Entscheidung des Gewerbegerichtes Höchst a. M. vom 22. 5. 1925 (Schlichtungswesen 7/9, S. 172) nur solche wirtschaftliche Vereinigungen, die auf eine feste, auf einem Statut beruhende Organisation sich gründen, die Möglichkeit haben, nach außen hin aufzutreten, einen Apparat zur Aufbringung regelmäßiger Beiträge haben, von fremden Einflüssen,

sei es von Arbeitgeber- oder von politischer Seite, frei sind und die Absicht haben, mit wirtschaftlichen Mitteln die Lohn- und Arbeitsverhältnisse der Mitglieder zu fördern.

9. Verbindlichkeitserklärung von Schiedssprüchen betreffend Tariferhöhungen trotz ungünstiger wirtschaftlicher Lage des Arbeitgebers. Nach einer Entscheidung des Bayerischen Staatsministeriums für soziale Fürsorge vom 14. 5. 1925 (Neue Zeitschrift für Arbeitsrecht 1925, Nr. 9, S. 558) können Schiedssprüche, in welchen den Arbeitnehmern mit Rücksicht auf die Lebensmittelteuerung erhöhte Löhne oder Gehälter zugesprochen werden, auch dann für verbindlich erklärt werden, wenn die am Schlichtungsverfahren beteiligten Arbeitgeber sich nachweislich in einer ungünstigen wirtschaftlichen Lage befinden. Das Bayerische Staatsministerium begründet diese Entscheidung mit der Erwägung, daß der Ausbau der Betriebe und ihre wirtschaftliche Gestaltung wesentlich von der Erhaltung der Arbeitskraft der Arbeitnehmer abhängt, und daß die Betriebs- und Wirtschaftsverhältnisse sich noch mehr verschlechtern müßten, wenn infolge einer Nichtberücksichtigung der unbedingt erforderlichen Lebensbedürfnisse der Arbeitnehmer die Arbeitskraft und Leistungsfähigkeit der Arbeitnehmer beeinträchtigt würde.

f) Wann ist die Verbindlichkeitserklärung eines Schiedsspruches zulässig?

1.—4. siehe Band I, Seite 200—201.

5.—6. » » II, » 180—181.

7. Unzulässigkeit eines Zwangstarifes bei beschränkter Tariffähigkeit eines Arbeitgeberverbandes. Nach einem Urteile des Schlichtungsausschusses Minden vom 5. 5. 1925 (Mitteilungen der Arbeitgeberverbände Unterelbe und Hamburg-Altona 1925, Nr. 11, S. 6) ist der Schlichtungsausschuß nicht befugt, gegen einen Arbeitgeberverband einen Schiedsspruch betr. Regelung der Angestelltengehälter zu erlassen, wenn die Satzung des beklagten Arbeitgeberverbandes ausdrücklich besagt, daß der Verband nicht befugt ist, Tarifverträge oder Gehaltsabkommen für Angestellte abzuschließen.

8. Der Antrag auf Verbindlichkeitserklärung eines Schiedsspruchs ist nach einem vom preußischen Minister für Handel und Gewerbe bestätigten Bescheide des Regierungspräsidenten in Düsseldorf vom 27. Februar 1925, der im Reichsarbeitsblatt 1925, Nr. 25, S. 273, veröffentlicht ist, auch dann rechtsgültig, wenn er mit der Erklärung des Antragstellers über die Annahme des Schiedsspruches verbunden und statt bei der für die Verbindlichkeitserklärung zuständigen Stelle beim Schlichtungsausschuß selbst eingereicht wird. Der Schlichtungsausschuß hat einen bei ihm eingehenden Antrag auf Verbindlichkeitserklärung an die zuständige Stelle unverzüglich weiterzuleiten.

g) Wie weit unterliegen Schiedssprüche und Verbindlichkeitserklärungen der Nachprüfung?

1.—3. siehe Band II, Seite 181.

4. **Klagen auf Feststellung der Nichtigkeit eines Zwangstarifes,** d. h. eines durch Schiedsspruch und Verbindlichkeitserklärung begründeten Tarifvertrages können gemäß einem Urteile des Landgerichtes Elberfeld vom 2. Dezember 1924, Nr. 7 Q 187/24 (Neue Zeitschrift für Arbeitsrecht 1925/308) nur gegen die am Schlichtungsverfahren beteiligte Gewerkschaft und nicht auch gegen die einzelnen im Betriebe beschäftigten Arbeitnehmer gerichtet werden.

h) Wer ist als Vertreter im Schlichtungsverfahren zuzulassen?

1.—2. siehe Band II, Seite 181—182.

XXIV. Arbeitsgerichte.

A. Einschlägige Gesetzesbestimmungen.

1. Gewerbegerichtsgesetz vom 29. September 1901 (RGBl. S. 353ff.).
2. Gesetz betr. Kaufmannsgerichte vom 6. Juli 1904 (RGBl. S. 266).
3. Zivilprozeßordnung vom 30. Januar 1877 in der Fassung vom 13. Mai 1924 (RGBl. S. 437).

4.—6. Siehe die unter Nr. XXIII 2—4 angeführten Verordnungen.

B. Die wichtigsten Einzelfragen.

a) Welches Gericht ist im Einzelfalle zuständig?

1.—5. siehe Band I, S. 202—203.

6.—14. » » II, » 183—185.

15. Rechtsgültigkeit der Entscheidung trotz örtlicher Unzuständigkeit des Gewerbe- oder Kaufmannsgerichtes. Nach einem Urteile des Reichsgerichtes vom 23. 9. 1925, Nr. V 549/24, ist die Entscheidung eines sachlich zuständigen Gewerbe- oder Kaufmannsgerichtes auch dann rechtsverbindlich, wenn das betreffende Gewerbe- oder Kaufmannsgericht örtlich unzuständig war. Es kann daher nach Ansicht des Reichsgerichtes im Wege der Klage vor den ordentlichen Gerichten die Unwirksamkeit eines an sich rechtskräftigen Gewerbe- oder Kaufmannsgerichtsurteiles nicht mit der Begründung geltend gemacht werden, daß das entscheidende Gewerbe- oder Kaufmannsgericht örtlich unzuständig war und auch eine entsprechende Einrede der verurteilten Partei unberücksichtigt gelassen hat.

16. Unzuständigkeit der Gewerbe- und Kaufmannsgerichte für Klagen aus abgetretenen Forderungen. Nach einem Urteile des Gewerbegerichtes Nürnberg vom 17. 3. 1924, Nr. 157/1924 (Schlichtungswesen 1925, S. 151ff.) können Rechte aus abgetretenen Forderungen auch dann vor den Gewerbe- und Kaufmannsgerichten nicht eingeklagt werden, wenn die Forderung an sich unter die Zuständigkeit des Gewerbe- oder Kaufmannsgerichtes fallen würde, und wenn sie auch an einen Arbeitnehmer abgetreten worden ist, der unter die Zuständigkeit des Gewerbe- oder Kaufmannsgerichtes fällt. Es können eben nach der Urteilsbegründung vor den Gewerbe-

und Kaufmannsgerichten nur solche Forderungen aus dem Arbeitsvertrage eingeklagt werden, welche einem Arbeitnehmer unmittelbar kraft eigenen Rechtes gegen den Arbeitgeber zustehen.

17. **Zuständigkeit der Gewerbe- und Kaufmannsgerichte für Schadenersatzklagen wegen Vereitelung der Einstellung bei einem anderen Arbeitgeber.** Die Gewerbe- und Kaufmannsgerichte sind gemäß einem Urteile des Gewerbegerichtes Berlin, Kammer 10 (Gewerbe- und Kaufmannsgericht, 31. Jahrgang, Nr. 1, S. 38) auch für solche Klagen zuständig, mit denen Schadenersatz mit der Begründung begehrt wird, daß der beklagte Arbeitgeber als Mitglied eines Arbeitgeberverbandes die Einstellung des klagenden Arbeitnehmers bei einem anderen Mitgliede des gleichen Arbeitgeberverbandes durch seinen Einspruch vereitelt hat.

18. **Zuständig für Feststellungsklagen betr. Rechtswirksamkeit eines für verbindlich erklärten Schiedsspruches** ist nach einem Urteile des Landgerichtes Elberfeld vom 2. 12. 1924 (Neue Zeitschrift für Arbeitsrecht 5, 5 S. 308) nicht das ordentliche Gericht, sondern das Gewerbe- bzw. Kaufmannsgericht, da es sich bei solchen Klagen um die beiderseitigen Leistungen auf Grund des zwischen dem Arbeitgeber einerseits und den klagenden Arbeitnehmern anderseits bestehenden Arbeitsverhältnisses handelt.

19. **Zuständig bei Streitigkeiten, betreffend die Konkurrenz zwischen Betriebsvereinbarungen und Tarifverträgen** sind nach einem Urteile des Reichsgerichtes vom 15. 2. 1924 (Juristische Wochenschrift LIV, S. 224, Nr. 2) nicht die ordentlichen Gerichte sondern nur die Schlichtungsausschüsse, da es sich bei solchen Streitigkeiten um sogenannte Gesamtstreitigkeiten handele, für die die Schlichtungsausschüsse ausschließlich zuständig seien.

20. **Zuständigkeit der Gewerbe- und Kaufmannsgerichte für Klagen auf Erstattung veruntreuter Gelder.** Gemäß einem Urteil des Reichsgerichtes, Nr. III 131/22 (RGZ. 106, 32) sind die Gewerbe- und Kaufmannsgerichte im Verhältnis zwischen dem Arbeitgeber und seinen Handlungsgehilfen und gewerblichen Arbeitern auch für Klagen auf Ersatz veruntreuter Gelder zuständig. Dementsprechend sind in solchen Fällen die ordentlichen Gerichte unzuständig, und sie können auch nicht durch Parteivereinbarung zuständig gemacht werden.

21. **Zuständig für Streitigkeiten zwischen den Tarifparteien selbst** über die Rechtsgültigkeit oder Auslegung eines Tarifvertrages sind nach einem Urteile des Landgerichtes Hamburg vom 26. Mai 1925 (Stichworte des Arbeitsrechtes 1925, Nr. 13) auch dann die ordentlichen Gerichte, wenn der betreffende Tarifvertrag eine Schieds- oder Schlichtungskommission vorsieht und bestimmt, daß alle aus dem Tarifvertrage oder dem Arbeitsverhältnisse entstehenden Streitigkeiten vor diesen tariflichen Schieds- oder Schlichtungseinrichtungen entschieden werden sollen, und daß

die Beteiligten von etwaigen Streitigkeiten und Meinungsverschiedenheiten ihre Organisation sofort zu verständigen haben.

b) Wie sind die Gerichte zu besetzen?

1.—3. siehe Band I, S. 203—204.

4. » » II, » 185.

5. **Arbeitgeber dürfen nicht Vorsitzende eines Gewerbegerichtes sein.** Nach einem Urteile des Landgerichtes Dessau vom 18. Februar 1925 (Schlichtungswesen 1925, Nr. 7, S. 134) können Entscheidungen eines Gewerbegerichtes im Berufungsfalle vom Berufungsgericht zur erneuten Verhandlung unter einem anderen Vorsitzenden an das Gewerbegericht zurückverwiesen werden, wenn als Vorsitzender des Gewerbegerichtes eine Person tätig gewesen ist, die mit Rücksicht auf ihre berufliche Stellung als Arbeitgeber anzusehen ist.

c) Wer ist zur Vertretung vor den Gerichten berechtigt?

1. siehe Band I, Seite 204.

2.—3. siehe Band II, Seite 185.

4. **Auch Beamte einer Gewerkschafts- oder Betriebsrätezentrale** sind gemäß einem Urteile des Oberlandesgerichtes Karlsruhe vom 2. 7. 1925 (Arbeitsrecht 1925, S. 956) auf Grund des § 31, Absatz 2 des Gewerbegerichtsgesetzes zur Vertretung von Arbeitnehmern vor den Gewerbe- und Kaufmannsgerichten berechtigt, ohne Rücksicht darauf, ob sie gleichzeitig für mehrere oder nur für eine Gewerkschaft beruflich tätig sind.

d) Welche Verfahrensvorschriften gelten?

1.—4. siehe Band I, Seite 205—206.

5.—9. » » II, » 186—187.

10. **Verhängung von Ordnungsstrafen wegen Ungebühr vor Arbeitsgerichten.** Nach einem Beschlusse des Sächsischen Oberlandesgerichtes vom 19. Januar 1925 (Schlichtungswesen 1925, Nr. 7, S. 136) ist die Verhängung einer Ordnungsstrafe wegen Ungebühr vor dem Arbeitsgerichte im allgemeinen nicht schon deshalb zulässig, weil ein Parteivertreter der Gegenseite vor Gericht vorgeworfen hat, seine Ausführungen seien unwahr oder stellten eine Lüge dar.

11. **Keine nachträgliche Ergänzung von Gewerbegerichtsentscheidungen durch Einsetzung der Höhe der Urteilssumme.** Nach einem Urteile des Landgerichtes Halberstadt vom 5. November 1924, Nr. II T 368/24 (Braunkohle 1925, Nr. 42, S. 799), ist das

Gewerbegericht nicht berechtigt, nachträglich im Wege eines neuen Beschlusses auf Antrag des Klägers ein bereits verkündetes Urteil durch Einsetzung der Höhe der Urteilssumme zu ergänzen. Wenn also beispielsweise das Urteil zunächst auf Zahlung des Tariflohnes für 7 Monate lautet, so kann das Urteil nicht nachträglich dahin ergänzt werden, daß die Höhe des Tariflohnes für die Dauer von 7 Monaten eingesetzt wird. Geschieht dies doch, so kann der benachteiligte Beklagte im Wege der Beschwerde die Gültigkeit einer solchen Urteilsergänzung anfechten.

12. **Keine Zeugengebühren im arbeitsgerichtlichen Beschlußverfahren.** Da nach § 5, Absatz 1, der Verordnung vom 10. 12. 1923 der § 60, Absatz 2, des Gewerbegerichtsgesetzes keine Anwendung findet, können im arbeitsgerichtlichen Beschlußverfahren, also beispielsweise im Verfahren über die Erteilung der Zustimmung zur Kündigung eines Betriebsvertretungsmitgliedes Zeugengebühren nicht verlangt und nicht bewilligt werden. (Beschluß des Gewerbegerichtes Berlin vom 14. 5. 1925, Neue Zeitschrift für Arbeitsrecht 1925, S. 557.)

e) Wie weit sind die Entscheidungen nachprüfbar?

1.—2. siehe Band I, S. 206—207.

3.—4. » » II, » 187.

5. **Auch bei Nichtigkeit des Urteils eines Arbeitsgerichtes** wegen Nichtbeachtung wesentlicher Verfahrensvorschriften steht dem Verurteilten gemäß einem Urteil des Kammergerichtes vom 11. März 1925 (Gewerbe- und Kaufmannsgericht 1925, S. 408) ein Recht der Berufung nicht zu. Dagegen können die Beteiligten im Wege der Klage vor den ordentlichen Gerichten gegebenenfalls die Nichtigkeit des Urteils geltend machen, wenn ein genügendes Rechtsschutzbedürfnis vorliegt.

6. **Entscheidungen der Arbeitsgerichte sind auch dann berufungsunfähig** gemäß einem Urteile des Landgerichtes Bielefeld vom 25. November 1924 (Gewerbe- und Kaufmannsgericht, Bd. 30, S. 389), wenn das als Arbeitsgericht tätige Gewerbe- oder Kaufmannsgericht es versehentlich unterlassen hat, in dem Urteile festzulegen, daß es als Arbeitsgericht tätig geworden ist.

7. **Beschwerde gegen Entscheidungen der Arbeitsgerichte.** Trotz des an sich endgültigen Charakters, den die Entscheidungen der Arbeitsgerichte gemäß § 3, Absatz 1, der Verordnung vom 10. 12. 1923 haben, kann nach einem Urteile des Landgerichtes Erfurt vom 15. 2. 1925 gegen Entscheidungen der Arbeitsgerichte Beschwerde beim übergeordneten Landgerichte eingereicht werden, wenn mit der Beschwerde lediglich formale Mängel, z. B. die Nichtbeachtung von Verfahrensvorschriften gerügt werden. Nur kann nach Ansicht des Landgerichtes Erfurt eine Beschwerde nicht auf die

Behauptung gestützt werden, daß das Arbeitsgericht sich bei seiner Entscheidung in tatsächlicher oder materiellrechtlicher Hinsicht geirrt habe.

8. Kein Recht der Beschwerde gegen Entscheidungen im arbeitsgerichtlichen Beschlußverfahren. Mit Rücksicht auf die Bestimmungen des Abschnittes II § 3 der Verordnung zur Ausführung der Verordnung über das Schlichtungswesen vom 10. 12. 1923 und die durch diese Bestimmungen den Entscheidungen im arbeitsgerichtlichen Beschlußverfahren verliehene Endgültigkeit gibt es gegen die Entscheidungen im arbeitsgerichtlichen Beschlußverfahren gemäß einem Beschlusse des Landgerichtes I Berlin vom 4. 6. 1925, Nr. 23 T 13/25 (Neue Zeitschrift für Arbeitsrecht 1925, Nr. 9, S. 557) auch kein Recht der Beschwerde an das übergeordnete Landgericht.

f) Wer trägt die Kosten und wie werden sie berechnet?

1.—2. siehe Band I, Seite 207.

XXV. Werkswohnungen.

A. Einschlägige Gesetzesbestimmungen.

1. Gesetz über Mieterschutz und Mieteinigungsämter vom 1. Juni 1923 (RGBl. S. 353).
2. Wohnungsmangelgesetz vom 26. Juli 1923 (RGBl. S. 751).
3. Reichssiedelungsgesetz vom 11. August 1919 (RGBl. S. 1429).
4. Reichsheimstättengesetz vom 10. Mai 1920 (RGBl. S. 962).
5. Kleingarten- und Kleinpachtlandordnung vom 31. Juli 1919 (RGBl. S. 1371).

B. Die wichtigsten Einzelfragen.

a) Unter welchen Voraussetzungen kann die Räumung von Werkswohnungen verlangt werden?

1.—2. siehe Band I, Seite 208—209.

3.—9. » » II, » 188—189.

10. Räumungsklagen wegen säumiger Mietzahlung entlassener Werkswohnungsinhaber. Nach § 3 des Mieterschutzgesetzes kann der Arbeitgeber gegen die im Genusse des Mieterschutzgesetzes stehenden entlassenen Werkswohnungsinhaber auch bei säumiger Mietzahlung nur dann mit Aussicht auf Erfolg auf Räumung klagen, wenn die betreffenden Werkswohnungsinhaber mit der Mietzahlung für mindestens 2 Monate im Rückstande sind und wenn sie nicht nachträglich, sei es auch erst nach der Klageerhebung, die rückständigen Beträge entrichten. Mit Rücksicht auf die Belästigungen, die für den Werkswohnungseigentümer darin liegen, daß er bei säumiger Mietzahlung die Werkswohnungsinhaber erst immer wieder auf Mietzahlung verklagen muß, hat sich jedoch das Landgericht III Berlin in einer Entscheidung vom 13. 6. 1925 (Deutsche Bergwerkszeitung 1925, Nr. 254, vom 29. 10. 1925) auf den Standpunkt gestellt, daß der Werkswohnungseigentümer auch auf Grund des § 2 des Mieterschutzgesetzes schon dann die Räumung der Werkswohnung verlangen kann, wenn der Werkswohnungsinhaber wiederholt mit der Mietzahlung im Rückstand geblieben, ihn schon öfters zur Klageanstrengung gezwungen, die Verurteilung zur Räumung auf Grund des § 3 des Mieterschutzgesetzes jedoch dadurch vereitelt hat, daß er nachträglich die rückständigen Beträge zahlte.

11. Keine Ausdehnung der Bestimmungen des Wohnungsmangelgesetzes durch Vereinbarung auf Neubauten, die erst nach dem 1. Juli 1918 bezugsfertig geworden sind. Nach einem Rechtsentscheide des Kammergerichts vom 20. 2. 1925, Nr. 17 Y 103/24 (RABl. 1925, Nr. 21, S. 240) können Neubauten oder durch Umbau oder Einbau neugeschaffene Räume, die erst nach dem 1. Juli 1918 bezugsfertig geworden sind, auch dann nicht auf Grund des Wohnungsmangelgesetzes von der Gemeinde oder Stadtbehörde in Anspruch genommen oder durch Zwangsmietvertrag Wohnungssuchenden ohne Zustimmung des Eigentümers zugesprochen werden, wenn für die Neubauten oder Umbauten von den Gemeinden unter der ausdrücklichen Bedingung und Vereinbarung mit dem Eigentümer Zuschüsse gegeben worden sind, daß die Neu- oder Umbauten der öffentlichen Zwangsbewirtschaftung unterstellt sein sollten.

12. Als Werkswohnungen gelten auch solche Räume gemäß einem Rechtsentscheide des Kammergerichtes vom 12. 1. 1925, Nr. 17 Y 149/24, welche von dem Arbeitgeber vor dem 1. Juli 1918 zu Eigentum in bereits fertigem Zustande erworben und wenn auch nicht sofort, wohl aber noch vor dem 1. Juli 1918 zur Unterbringung von Betriebsangehörigen bestimmt und auch verwendet worden sind. Wenn also beispielsweise ein Unternehmer im Jahre 1909 ein Haus für den eigenen Bedarf erworben und dieses Haus im Jahre 1913 zur Unterbringung von Betriebsangehörigen bestimmt und seit dieser Zeit verwendet hat, so gilt dieses Haus nach dem vorerwähnten Rechtsentscheide des Kammergerichtes als Werkswohnung.

13. Zur Weiterbenutzung einer Werkswohnung nach Aufhebung eines Dienstvertrages bedarf nach einem Urteil des Kammergerichtes vom 17. Februar 1925 (Preußisches Verwaltungsblatt 46, 465) der beim Werkswohnungseigentümer beschäftigt gewesene Arbeitnehmer nicht der Genehmigung des Wohnungsamtes.

14. Räumung von Wohnungen, die erst als Werkswohnungen eingerichtet werden sollen. Nach einem in der Deutschen Bergwerks-Zeitung Nr. 141 vom 19. 6. 1925 ohne Orts- und Zeitangabe veröffentlichten Urteile kann der Arbeitgeber auf Grund des § 4 des Mieterschutzgesetzes auch dann von dem Inhaber im Wege der Klage die Räumung der Wohnung verlangen, wenn diese noch nicht den Charakter einer Werkswohnung genießt oder wenn die Voraussetzungen der §§ 20ff. des Mieterschutzgesetzes, unter denen die Räumung von Werkswohnungsinhabern verlangt werden kann, nicht vorliegen. Der Arbeitgeber braucht in einem solchen Falle nur zu beweisen, daß er mit Rücksicht auf die Betriebserfordernisse ein dringendes Interesse an dem Freiwerden der Räume hat, und daß auch bei Berücksichtigung der Verhältnisse des Wohnungsinhabers die Vorenthaltung der Räume eine schwere Unbilligkeit für ihn darstellen würde. Der Arbeitgeber muß jedoch in einem solchen Falle dem Wohnungsinhaber eine angemessene Ersatzwohnung stellen, und er muß außerdem die entstehenden Umzugskosten tragen.

15. Zeitweilige Benutzung einer Wohnung durch Betriebsfremde nimmt den Charakter der Werkswohnung nicht. Gemäß einem Rechtsentscheid des Kammergerichtes vom 20. Februar 1925, Nr. 17 Y 139/24, behalten Wohnungen, welche vor dem 1. Juli 1918 zur Unterbringung von Angehörigen eines Betriebes vom Inhaber des Betriebes errichtet, erworben oder gemietet worden sind, den Charakter der Werkswohnung im Sinne der Mieterschutzgesetze auch dann, wenn sie vorübergehend, wenn auch mehrere Jahre lang, von Betriebsfremden bewohnt worden sind. (Reichsarbeitsblatt 1925, Nr. 26, S. 292.)

b) Welches Gericht ist für Räumungsklagen zuständig und welche Verfahrensvorschriften gelten?

1.—2. siehe Band I, Seite 209—210.
3. » » II, » 190.

c) Wann ist polizeiliche Wiedereinweisung in Werkswohnungen zulässig?

1.—2. siehe Band I, Seite 210—211.
3. » » II, » 190.

d) Unter welchen Bedingungen werden Zuschüsse für den Bau von Werkswohnungen gewährt?

1.—3. siehe Band I, Seite 211—212.

e) Welche Wohnungsentschädigungen sind für Werkswohnungen zu zahlen?

1. Festsetzungen der Friedensmiete für Werkswohnungen. Während die Mieteinigungsämter im allgemeinen in Werkswohnungsstreitigkeiten unzuständig sind, kann das Mieteinigungsamt gemäß einem Urteil des Landgerichtes München II, Nr. F 194/24 von dem Werkswohnungsinhaber zur Festsetzung der Friedensmiete angerufen werden, wenn der Werkswohnungsinhaber nicht mehr in Diensten des Werkswohnungseigentümers steht, wenn er jedoch nach den Bestimmungen der §§ 20ff. des Mieterschutzgesetzes zur Weiterbenutzung der Werkswohnung und zur Geltendmachung der Sonderschutzrechte des Mieterschutzgesetzes berechtigt ist, weil der Arbeitgeber das Dienstverhältnis aufgelöst hat, ohne daß ihm der Arbeitnehmer hierzu einen gesetzlich begründeten Anlaß gegeben hatte.

XXVI. Betriebsdiebstähle.

A. Einschlägige Gesetzesbestimmungen.

1.—3. Siehe die unter Nr. III 1—3 angeführten Gesetze.

4.—7. Siehe die unter Nr. XIII 4—7 angeführten Gesetze.

B. Die wichtigsten Einzelfragen.

a) Wie weit berechtigen Betriebsdiebstähle den Arbeitgeber zur Anfechtung und fristlosen Kündigung von Dienstverträgen?

1. siehe Band I, Seite 213.

2.—3. siehe Band II, Seite 191.

b) Wie weit berechtigt Diebstahl oder Diebstahlsverdacht den Arbeitgeber zur Bekanntgabe?

1. siehe Band I, Seite 213—214.

2. Keine Schadenersatzpflicht des Arbeitgebers wegen Bekanntgabe der Namen Diebstahlsverdächtiger trotz späterer gerichtlicher Freisprechung. Nach einem Urteile des Landgerichtes III Berlin vom 20. 1. 1925, Nr. 10 O 42/24 (Mitteilungen des Verbandes Berliner Metallindustrieller 1925, Nr. 6, S. 86) machen sich Arbeitgeber auch dann nicht durch die Veranlassung der Bekanntgabe der Namen von Arbeitnehmern, die wegen Diebstahlsverdachtes entlassen worden sind, schadenersatzpflichtig, wenn die betreffenden Arbeitnehmer später freigesprochen werden. Der Arbeitgeber ist lediglich zur Verhütung berechtigter Schadenersatzansprüche der betreffenden Arbeitnehmer verpflichtet, dem Verbande zur weiteren Bekanntgabe entsprechende Mitteilung zu machen, wenn ihm das freisprechende Urteil bekannt wird.

3. Mitteilungen über Entlassungen wegen Diebstahls, die ein Arbeitgeber regelmäßig seinem Arbeitgeberverbande oder einem Vereine zur Bekämpfung von Fabrikdiebstählen macht, verpflichten den Arbeitgeber nach einem Urteile des Landgerichtes Düsseldorf vom 7. 7. 1925 (Arbeitsrechtliche Beilage der Mitteilungen der Vereinigung der deutschen Arbeitgeberverbände 10/1925) nur ausnahmsweise dann zum Schadenersatz, wenn die Mitteilungen bewußt unwahr sind.

c) Wie weit haftet der Arbeitgeber für Betriebsdiebstähle an Sachen seiner Arbeitnehmer?

1. siehe Band I, Seite 214.

2.—7. siehe Band II, Seite 192—193.

d) Wie weit sind die Arbeitnehmer verpflichtet, sich der Torkontrolle und Leibesvisitation zu unterwerfen?

1.—4. siehe Band II, Seite 193—194.

5. Auch Schwerbeschädigte müssen sich gemäß einem Urteile des Landgerichtes Leipzig vom 15. 5. 1925, Nr. 4 D g 324/24 der in der Arbeitsordnung oder in den Tarifverträgen vorgesehenen Torkontrolle und Leibesvisitation in demselben Umfange wie alle übrigen Arbeitnehmer des Betriebes unterwerfen, widrigenfalls sie fristlos entlassen werden können. (Deutsche Arbeitgeberkartothek, Karte »Rechtsprechung« 54.)

XXVII. Arbeitsgemeinschaften.

A. Einschlägige Bestimmungen.

1. Reichsverfassung vom 11. August 1919 (RGBl. S. 1383 ff.).
2. Vereinbarung zwischen den Arbeitgeber- und Arbeitnehmerverbänden vom 15. November 1918 (siehe Deutscher Reichsanzeiger vom 18. November 1918).

XXVIII. Sozialisierung.

A. Einschlägige Gesetzesbestimmungen.

1. Reichsverfassung vom 11. August 1919 (RGBl. S. 1383 ff.) insbesondere deren Artikel 153, 155 und 156.
2. Sozialisierungsgesetz vom 13. Mai 1919 (RGBl. S. 341).
3. Gesetz betr. Regelung der Kohlenwirtschaft vom 23. März 1919 (RGBl. S. 342).
4. Gesetz betr. Regelung der Kaliwirtschaft vom 24. April 1919 (RGBl. S. 413).
5. Gesetz betr. die Sozialisierung der Elektrizitätswirtschaft vom 31. Dezember 1919 (RGBl. S. 19 ff).

B. Die wichtigsten Einzelfragen.

a) Welche Fortschritte machten die Sozialisierungsbestrebungen?

1. siehe Band I, S. 216.

XXIX. Gewerbeaufsicht.

A. Einschlägige Gesetzesbestimmungen.

1.—6. Siehe die unter Nr. VIII 1—6 angeführten Gesetzesbestimmungen.

7.—10. Siehe die unter Nr. IV 1—4 angeführten Verordnungen.

11.—12. Siehe die unter Nr. XI 1—2 angeführten Gesetzesbestimmungen.

XXX. Internationales Arbeitsrecht.

A. Einschlägige Bestimmungen.

1. Friedensvertrag vom 28. Juni 1919 (RGBl. S. 687).
2. Entwurf eines Übereinkommens betr. die Beschränkung der Arbeitszeit in gewerblichen Betrieben auf 8 Stunden täglich und 48 Stunden wöchentlich (Washingtoner Konferenz vom 29. Oktober bis 29. November 1919).
3. Entwurf eines Übereinkommens betr. die Arbeitslosigkeit (Washingtoner Konferenz vom 29. Oktober bis 29. November 1919).
4. Vorschlag betr. Maßnahmen gegen die Arbeitslosigkeit (wie vor).
5. Entwurf eines Übereinkommens betr. Beschäftigung der Frauen vor und nach der Niederkunft (wie vor).
6. Vorschlag betr. gegenseitige Gleichbehandlung der ausländischen und inländischen Arbeiter (wie vor).
7. Entwurf eines Übereinkommens betr. die Nachtarbeit der Frauen (wie vor).
8. Vorschlag betr. den Schutz der Frauen und Kinder gegen Bleivergiftung (wie vor).
9. Entwurf eines Übereinkommens über die Festsetzung der Altersgrenze für die Zulassung von Kindern zur gewerblichen Arbeit (wie vor).
10. Entwurf eines Übereinkommens betr. die Nachtarbeit der Kinder in der Industrie (wie vor).
11. Gesetz über den Verwaltungsrat des Internationalen Arbeitsamtes vom 25. 5. 1925 (RGBl. II S. 161).
12. Gesetz betreffend das Washingtoner Übereinkommen über die Arbeitslosigkeit vom 25. 5. 1925 (RGBl. II S. 162) nebst Bekanntmachung vom 30. Juli 1925 (RGBl. II S. 737).

13. Gesetz betreffend das Genueser Übereinkommen über die Stellenvermittlung für Seeleute vom 25. 5. 1925 (RGBl. II S. 166) nebst Bekanntmachung vom 30. Juli 1925 (RGBl. II S. 737).
14. Gesetz betreffend das Genfer Übereinkommen über das Vereins- und Koalitionsrecht der landwirtschaftlichen Arbeiter vom 25. 5. 1925 (RGBl. II S. 171) nebst Bekanntmachung vom 30. Juli 1925 (RGBl. II Seite 738).
15. Gesetz betreffend das Genfer Übereinkommen über die Entschädigung der Landarbeiter bei Arbeitsunfällen vom 25. 5. 1925 (RGBl. II S. 174) nebst Bekanntmachung vom 30. Juli 1925 (RGBl. II S. 738).

C. Zusammenstellung der am 31. Dezember 1925 geltenden arbeitsrechtlichen Gesetze und Verordnungen.

Lfd. Nr.	Tag des Gesetzes	Titel des Gesetzes	RGBl. Seite	Abgeändert durch	RGBl. Seite
1	21. 6. 69	Gesetz betr. die Beschlagnahme des Arbeits- oder Dienstlohnes	242	RG. v. 29. 3. 97	159
				RG. v. 17. 5. 98	332
				Bek. v. 17. 5. 15	285
				RG. v. 13. 12. 17	1102
				V. v. 2. 5. 18	382
				V. v. 22. 6. 19	587
				RG. v. 10. 8. 20	1572
				RG. v. 23. 12. 21	1657
				RG. v. 26. 10. 22	806
				V. v. 23. 2. 23	153
				V. v. 5. 7. 23	554
				V. v. 13. 8. 23	783
				V. v. 22. 11. 23	1110
				RG. v. 13. 12. 23	1186
				V. v. 7. 1. 24	25
2	17. 5. 74	Strandungsordnung	73	RG. v. 30. 12. 01	1
3	30. 1. 77	Zivilprozeßordnung (insbesondere der § 850 Nr. 1 über die Pfändung des Arbeits- und Dienstlohnes und die §§ 887—888 über die Zwangsvollstreckung bei Verurteilung zur Leistung von Diensten	410	RG. v. 20. 5. 98	369
				RG. v. 5. 6. 05	536
				RG. v. 1. 6. 09	475
				RG. v. 22. 5. 10	767
				RG. v. 24. 6. 14	233
				RG. v. 13. 9. 19	1448
				RG. v. 18. 12. 19	2113
				RG. v. 17. 8. 20	1579
				RG. v. 11. 3. 21	229
				RG. v. 23. 3. 21	329
				RG. v. 23. 12. 21	1658
				RG. v. 8. 3. 22	269
				RG. v. 8. 7. 22	569
				RG. v. 11. 7. 22	573
				RG. v. 26. 10. 22	805
				RG. v. 21. 12. 22	1
				RG. v. 27. 3. 23	217
				RG. v. 13. 5. 24	552
				Neufassung vom 13. 5. 24	437
4	10. 2. 77	Konkursordnung, insbesondere deren §§ 17, 22, 23, 27 und 61	612	Neufassung 20. 5. 98	612
5	15. 6. 95	Gesetz betr. die privatrechtlichen Verhältnisse der Binnenschiffahrt	301	RG. v. 20. 5. 98	868

Lfd. Nr.	Tag des Gesetzes	Titel des Gesetzes	RGBl. Seite	Abgeändert durch	RGBl. Seite
6	15. 6. 95	Gesetz betr. die privatrechtlichen Verhältnisse der Flößerei vom 15. 6. 1895	341		
7	18. 6. 96	Bürgerliches Gesetzbuch, insbesondere dessen §§ 610—630 betr. den Dienstvertrag	195		
8	10. 5. 97	Handelsgesetzbuch, insbesondere dessen §§ 59ff., 83, 511 ff. betr. Handlungsgehilfen, Lehrlinge u. Schiffer	219	RG. v. 2. 6. 92	218
				RG. v. 12. 5. 04	168
				RG. v. 30. 5. 08	307
				RG. v. 7. 1. 13	90
				RG. v. 10. 6. 14	209
				RG. v. 12. 7. 21	927
				RG. v. 21. 7. 22	652
				RG. v. 22. 12. 22	967
				V. v. 6. 7. 23	618
				V. v. 30. 8. 23	845
				V. v. 23. 10. 23	990
9	26. 7. 00	Gewerbeordnung für das Deutsche Reich	871	RG. v. 30. 5. 08	356
				RG. v. 28. 12. 08	667
				RG. v. 27. 12. 11	139
				RG. v. 22. 5. 18	423
				RG. v. 23. 11. 18	1329
				RG. v. 23. 11. 18	1334
				RG. v. 17. 12. 18	1436
				RG. v. 5. 2. 19	176
				RG. v. 18. 3. 19	315
				RG. v. 3. 2. 21	142
				RG. v. 27. 3. 23	247
10	29. 9. 01	Gewerbegerichtsgesetz	353	V. v. 12. 5. 20	958
				V. v. 29. 10. 20	1843
				V. v. 19. 3. 21	234
				V. v. 14. 1. 22	155
				V. v. 27. 11. 22	887
				V. v. 15. 3. 23	193
				V. v. 16. 6. 23	384
				V. v. 12. 7. 23	614
				V. v. 9. 8. 23	765
				V. v. 30. 8. 23	845
				V. v. 6. 6. 24	645
11	2. 6. 02	Seemannsordnung, insbesondere die §§ 27 ff. betr. den Heuervertrag	175	RG. v. 23. 3. 03	57
				RG. v. 12. 5. 04	167
12	30. 3. 03	Gesetz betr. die Kinderarbeit	113	RG. v. 31. 7. 25	161
13	6. 7. 04	Gesetz betr. die Kaufmannsgerichte	266	Abänderungen wie beim Gewerbegerichtsgesetz	

Lfd. Nr.	Tag des Gesetzes	Titel des Gesetzes	RGBl. Seite	Abgeändert durch	RGBl. Seite
14	7. 6. 09	Gesetz betr. den unlauteren Wettbewerb	499		
15	2. 6. 10	Stellenvermittlungsgesetz	860	RG. v. 22. 7. 22 Bek. v. 28. 4. 23 V. v. 13. 1. 19 V. v. 29. 12. 19	657 284* 85 2
16	20. 12. 11	Hausarbeitsgesetz	976	V. v. 28. 11. 24 Neufassung vom 30. 6. 23	757 472
17	19. 7. 11	Reichsversicherungsordnung	509	Neufassung: 15. 12. 24	779
18	20. 12. 11	Versicherungsgesetz für Angestellte	989	Neue Fassung vom 28. 5. 24	563
19	21. 6. 13	Verordnung über Geschäftsgang und Verfahren der Schiedsgerichte f. Angestellte	329	V. v. 13. 1. 19	42
20	14. 6. 16	Bek. betr. die Anordnung der Geschäftsaufsicht zur Abwendung des Konkurses	1363	RG. v. 12. 6. 24 V. v. 14. 6. 24	641 641
21	4. 10. 18	Erlaß über die Errichtung eines Reichsarbeitsamtes	1231	Erl. v. 21. 3. 19	327
22	12. 11. 18	Verordnung über Arbeiterschutz	1309		
23	12. 11. 18	Aufruf des Rates der Volksbeauftragten	1303		
24	23. 11. 18	Verordnung über die Arbeitszeit in den Bäckereien u. Konditoreien	1329		
25	23. 11. 18	Anordnung über die Regelung gewerblicher Arbeitszeit	1334	V. v. 17. 12. 18 V. v. 21. 12. 23 V. v. 17. 4. 24	1436 1249 416
26	2. 12. 18	Verordnung über die Entlohnung und die Errichtung von Fachausschüssen im Bäckerei- u. Konditoreigewerbe	1397		
27	7. 12. 18	Verordnung betr. die vorläufige Regelung des Luftfahrtrechtes	1407	V. v. 30. 4. 20	857
28	9. 12. 18	Verordnung über die Gewährung v. Sterbegeld u. Hinterbl.-Rente bei Gesundheitsschädigung durch Gaskampfstoffe und Nikro-Nithan	1439		

* Reichsarbeitsblatt.

Lfd. Nr.	Tag des Gesetzes	Titel des Gesetzes	RGBl. Seite	Abgeändert durch	RGBl. Seite
29	23. 12. 18	Verordnung zur Sich. d. ärztlichen Versorgung bei d. Krankenkassen	1454	V. v. 13. 1. 19 V. v. 14. 11. 24	41 743
30	23. 12. 18	Verordnung über Tarifverträge, Arbeiter- u. Angest.-Aussch. und Schlichtung von Arbeitsstreitigkeiten	1456	V. v. 7. 5. 19 V. v. 21. 9. 19 RG. v. 4. 2. 20 V. v. 31. 5. 20 RG. v. 23. 1. 23 V. v. 30. 10. 23	446 1707 147 1128 67 1043
31	15. 1. 19	Verordnung zur Behebung der dringendsten Wohnungsnot	69	V. v. 9. 12. 19	1968
32	15. 1. 19	Verordnung über das Erbbaurecht	72		
33	18. 1. 19	Verordnung betr. den Bergbau	64	RG. v. 4. 2. 20	147
34	24. 1. 19	Verordnung betr. eine vorläufige Landarbeitsordnung	111	Berichtigung § 12	184
35	26. 1. 19	Verordnung zur Beschaffung v. landwirtschaftlichem Siedelungsland	115		
36	4. 2. 19	Verordnung betr. Auskunftspflicht gegenüber der Sozialisierungskommission	198		
37	5. 2. 19	Verordnung über Sonntagsruhe im Handelsgewerbe und in Apotheken	174		
38	5. 2. 19	Verordnung über die Wahl des Vorst. u. Vorsitzenden bei d. Ortskrankenkassen u. über die Kassenangestellten	181		
39	8. 2. 19	Verordnung über die Errichtung von Arbeitskammern im Bergbau	202		
40	17. 2. 19	Verordnung üb. d. Pflicht der Arbeitgeber z. Anmeldung eines Bedarfs an Arbeitskräften	201		
41	18. 3. 19	Verordnung üb. d. Regelung der Arbeitszeit der Angestellten während der Zeit der wirtschaftlichen Demobilmachung	315	V. v. 21. 12. 23 V. v. 17. 4. 24	1249 416
42	23. 3. 19	Sozialisierungsgesetz	341		

Lfd. Nr.	Tag des Gesetzes	Titel des Gesetzes	RGBl. Seite	Abgeändert durch	RGBl. Seite
43	23. 3. 19	Gesetz betr. Regelung d. Kohlenwirtschaft	342	Ges. v. 20. 8. 19	1447
				Ausführ.-Bestimm. v. 21. 8. 19	1449
				Bek. v. 21. 8. 19	1472
				V. v. 31. 5. 20	1107
44	14. 4. 19	Gesetz betr. Regelung d. Kaliwirtschaft	413	Bek. v. 9. 7. 19	642
				V. v. 18. 7. 19	663
				Ges. v. 19. 7. 19	661
				V. v. 29. 9. 19	1774
				V. v. 2. 7. 20	1437
				V. v. 22. 10. 21	1321
45	7. 5. 19	Bestimmungen über die Führung des Tarifregisters	446		
46	21. 6. 19	Verordnung über die Errichtung e. Ausschusses zur Prüfung der Frage der Arbeitszeit im Bergbau des Ruhrgebietes	579		
47	25. 6. 19	Bekanntmachung d. Wortlautes der Verordnung über Lohnpfändung	589	RG. v. 10. 8. 20	1572
48	28. 6. 19	Gesetz über Landkrankenkassen, Kassenangestellte und Ersatzkassen	615		
49	16. 7. 19	Gesetz über den Friedensschluß zwischen Deutschland und den alliierten und assoziierten Mächten	687	V. v. 14. 2. 20	235
				V. v. 14. 2. 20	237
				RG. v. 25. 8. 21	1317
				Bek. v. 17. 11. 21	1369
50	31. 7. 19	Kleingarten- und Kleinpachtlandordnung	1371		
51	11. 8. 19	Verfass. des Deutschen Reiches, insbes. Abschnitt 5 üb. d. Wirtschaftsleben, Art. 151 bis 165	1383		
52	11. 8. 19	Reichssiedelungsgesetz	1429		
53	26. 9. 19	Gesetz üb. Wochenhilfe und Wochenfürsorge	1757	Bek. v. 30. 9. 19	1813
				Ges. v. 30. 4. 20	853
				Neue Fassung v. 22. 5. 20	1069
54	31. 12. 19	Gesetz betr. Sozialisierung der Elektrizitätswirtschaft	19	Bek. v. 18. 6. 20	1456
				Bek. v. 1. 7. 20	1468
55	15. 1. 20	Gesetz über weibl. Angestellte in Gast- und Schankwirtschaften	69		

Lfd. Nr.	Tag des Gesetzes	Titel des Gesetzes	RGBl. Seite	Abgeändert durch	RGBl. Seite
56	28. 1. 20	Verordnung über den Betrieb der Anlagen der Großeisenindustrie	75		
57	23. 1. 20	Verordnung über die Beschäftigung v. Arbeiterinnen und jugendlichen Arbeitern in Glashütten usw.	75		
58	27. 1. 20	Verordnung über die Einrichtung und den Betrieb von Anlagen zur Herstellung von Bleifarben und anderen Bleiverbindungen	109		
59	27. 1. 20	Bekanntmachung üb. das Bleimerkblatt	118		
60	27. 1. 20	Bekanntmachung üb. die Dienstanweisung f. die ärztliche Untersuchung von Bleiarbeitern	120		
61	4. 2. 20	Betriebsrätegesetz	147	V. v. 24. 2. 20 V. v. 14. 4. 20 V. v. 21. 4. 20 V. v. 27. 4. 20 V. v. 30. 4. 20 V. v. 12. 5. 20 V. v. 5. 6. 20 V. v. 28. 9. 20 V. v. 31. 12. 20 V. v. 8. 1. 21 V. v. 5. 2. 21 V. v. 12. 8. 21 RG. v. 15. 2. 22 RG. v. 23. 3. 22 RG. v. 29. 4. 23	259 522 563 682 902 961 1139 1689 81 82 159 1199 209 307 258
62	4. 2. 20	Wahlordnung zum Betriebsrätegesetz	175		
63	1. 4. 20	Verordnung zur Regelung der Eisenwirtschaft	433	V v. 15. 6. 20	1205
64	6. 4. 20	Gesetz über die Beschäftigung Schwerbeschädigter	457	Ausführungsbestimmungen V. v. 21. 4. 20 V. v. 17. 5. 20 Neue Fassung 12. 1. 23	 521 978 57
65	21. 4. 20	Verordnung betr. das Verbot des Trennens, Schneidens u. Sortierens von Kleidern und Lumpen usw.	563		

Lfd. Nr.	Tag des Gesetzes	Titel des Gesetzes	RGBl. Seite	Abgeändert durch	RGBl. Seite
66	4. 5. 20	Verordnung üb. den vorläufigen Reichswirtschaftsrat	858	V. v. 20. 6. 20 V. v. 28. 6. 20	1527 1335
67	21. 4. 20	Verordnung z. Ausführung der §§ 5 und 10 des Gesetzes über die Beschäftigung Schwerbeschädigter	521		
68	27. 4. 20	Verordnung z. Ausführung des Betriebsrätegesetzes	682		
69	10. 5. 20	Reichsheimstättengesetz	962		
70	11. 5. 20	Gesetz über Maßnahmen geg. Wohnungsmangel	949		
71	12. 5. 20	Reichsversorg.-Gesetz, insbes. § 89 ff.	989		
72	15. 5. 20	Erlaß betr. die Einberufung und die Befugnisse d. Sozialisierungskommission	981		
73	21. 5. 20	Verordnung über das Inkrafttreten der Vorschriften der §§ 45 bis 52 des Einkommensteuergesetzes (Steuerabzug)	1093	V. v. 19. 12. 23 V. v. 10. 11. 24 RG. v. 29. 5. 25	1205 737 75
74	21. 5. 20	Verordnung über das Reichswirtsch.-Gericht	1167		
75	31. 5. 20	Verordnung üb. die Aufbringung der Mittel f. die Kohlenwirtschaftsstellen	1107		
76	31. 5. 20	Verordnung über die Regelung d. Schwefelsäurewirtschaft	1113		
77	31. 5. 20	Gesetz üb. weitere Ausdehnung d. Versicherungspflicht in der Angestelltenversicherung	1144		
78	7. 6. 20	Verordnung üb. die Regelung d. Teerwirtschaft	1156		
79	9. 6. 20	Pachtschutzordnung	1156	RG. v. 23. 7. 25	151
80	12. 6. 20	Gesetz betr. Übernahme einer Haftung des Reiches für Lasten des Saarbrücker Knappschaftsvereins	1433		
81	28. 6. 20	Verordnung zum Schutze der Preßluftarbeiter	1357		

Lfd. Nr.	Tag des Gesetzes	Titel des Gesetzes	RGBl. Seite	Abgeändert durch	RGBl. Seite
82	21. 7. 20	Gesetz zur ergänzenden Regelung des Steuerabzugs vom Arbeitslohn	1463		
83	8. 11. 20	Verordnung betr. Maßnahmen gegenüber Betriebsabbrüchen und Betriebsstillegungen	1901	V. v. 8. 11. 20 V. v. 15. 10. 23	267 983
84	10. 12. 20	Verordnung betr. die Stilllegung von Betrieben, die die Bevölkerung mit Gas, Wasser und Elektrizität versorgen	1865		
85	5. 2. 21	Gesetz über die Betriebsbilanz und die Betriebsgewinn- und -verlustrechnung	159		
86	30. 3. 21	Verordnung über d. Rückgewährung von Beiträgen bei privaten Pensionseinrichtungen	369		
87	15. 2. 22	Gesetz über die Entsendung von Betriebsratsmitgliedern in den Aufsichtsrat	209		
88	23. 3. 22	Wahlordnung zum Gesetz über die Entsendung v. Betriebsratsmitgliedern in den Aufsichtsrat	307		
89	24. 3. 22	Reichsmietengesetz	273	V. v. 30. 10. 23	1065
90	22. 7. 22	Arbeitsnachweisgesetz	673	V. v. 16. 3. 25	25
91	19. 10. 22	Verordnung über die Anwerbung und Vermittlung ausländ. Landarbeiter	590*	V. v. 2. 1. 23	45*
92	2. 1. 23	Verordnung über die Einstellung und Beschäftigung ausländischer Arbeiter	43*	V. v. 16. 3. 25	25
93	10. 1. 23	Vorschriften über die statistische Berichterstattung bei Streiks und Aussperrungen	46*		
94	12. 1. 23	Gesetz über die Beschäftigung Schwerbeschädigter	57	V. v. 13. 2. 24	73

* Reichsarbeitsblatt.

Lfd. Nr.	Tag des Gesetzes	Titel des Gesetzes	RGBl. Seite	Abgeändert durch	RGBl. Seite
95	27. 3. 23	Gesetz über Gebühren für Arbeitsbücher	247	RG. v. 16. 7. 25	145
96	12. 5. 23	Allgemeine Bestimmungen für die Berufsberatung und Lehrstellenvermittlung bei den Arbeitsnachweisämtern	309*		
97	1. 6. 23	Mieterschutzgesetz	353	V. v. 24. 12. 23	1247
98	30. 6. 23	Hausarbeitsgesetz	472	V. v. 28. 11. 24 V. v. 28. 3. 25	757 33
99	26. 7. 23	Reichswohnungsmangelgesetz	751	V. v. 24. 12. 23	1247
100	4. 10. 23	Verordnung über Anwerbung und Vermittlung von Arbeitnehmern n. dem Ausland	960	V. v. 23. 7. 24	675
101	15. 10. 23	Verordnung üb. Betriebsstillegung und Arbeitsstreckung	989		
102	15. 10. 23	Verordnung über die Aufbringung der Mittel für die Erwerbslosenfürsorge	984	V. v. 24. 10. 23	995
103	30. 10. 23	Verordnung über das Schlichtungswesen	1040	V. v. 10. 12. 23 V. v. 29. 12. 23	1191 9
104	21. 12. 23	Verordnung über die Arbeitszeit	1249	V. v. 17. 4. 24 V. v. 20. 1. 25	416 5
105	13. 2. 24	Verordnung über die Arbeitszeit in Krankenpflegeanstalten	66		
106	14. 2. 24	Verordnung über Mißstände im Auswanderungswesen	107		
107	16. 2. 24	Verordnung üb. Erwerbslosenfürsorge	127	V. v. 18 1. 24 V. v. 13. 3. 24 V. v. 25. 3. 24 V. v. 4. 4. 24 V. v. 24. 5. 24 V. v. 11. 8. 24 V. v. 14. 11. 24 V. v. 27. 3. 25 V. v. 30. 4. 25 V. v. 2. 5. 25 V. v. 2. 5. 25	3435 279 376 91 562 681 741 33 53 61 67
108	29. 3. 24	Verordnung üb. d. Reichsstelle f. d. Auswanderungswesen	395	V. v. 23. 7. 24	675

* Reichsarbeitsblatt.

Lfd. Nr.	Tag des Gesetzes	Titel des Gesetzes	RGBl. Seite	Abgeändert durch	RGBl. Seite
109	28. 5. 24	Angestelltenversicherungsgesetz	563	V. v. 21. 11. 24 V. v. 7. 2. 25 RG. v. 23. 3. 25 V. v. 1. 4. 25 V. v. 23. 4. 25 RG. v. 28. 7. 25 V. v. 24. 8. 25	757 10 28 41 51 157 320
110	31. 7. 24	Verordnung üb. Wochenhilfe	673		
111	7. 9. 24	Gesetz über die Ermächtigung der Reichsregierung zur Einführung einer Fürsorge für erwerbslose Seeleute	701	V. v. 30. 10. 24 V. v. 25. 11. 24	722 756
112	24. 10. 24	Grundsätze über Voraussetzung, Art und Maß der öffentl. Fürsorge	720	V. v. 4. 12. 24 V. v. 7. 9. 25	765 332
113	30. 10. 24	Verordnung über die Fürsorge für erwerbslose Seeleute	722	RG. v. 27. 3. 25 RG. v. 4. 7. 25	31 95
114	15. 12. 24	Reichsversicherungsordnung	779	V. v. 10. 1. 25 RG. v. 22. 1. 25 V. v. 7. 2. 25 V. v. 7. 2. 25 V. v. 10. 2. 25 V. v. 14. 3. 25 RG. v. 23. 3. 25 V. v. 1. 4. 25 V. v. 12. 5. 25 V. v. 8. 5. 25 RG. v. 14. 7. 25 RG. v. 28. 7. 25 V. v. 24. 8. 25	2 3 10 11 13 25 27 40 69 70 97 157 320
115	29. 5. 25	Steuerüberleitungsgesetz, insbesondere dessen 3. Abschnitt betr. den Steuerabzug vom Arbeitslohne	75		
116	28. 5. 25	Verordnung über die Beschäftigung von Arbeiterinnen und jugendlichen Arbeitern in Walz- und Hammerwerken	82		
117	25. 5. 25	Gesetz über den Verwaltungsrat des Internationalen Arbeitsamtes	II 161		
118	25. 5. 25	Gesetz betr. das Washingtoner Übereinkommen üb. die Arbeitslosigkeit	II 162	Bek. v. 30. 7. 25	II 737

Lfd. Nr.	Tag des Gesetzes	Titel des Gesetzes	RGBl. Seite	Abgeändert durch	RGBl. Seite
119	25. 5. 25	Gesetz betreffend das Genueser Übereinkommen über die Stellenvermittlung für Seeleute	II 166	Bek. v. 30. 7. 25	II 737
120	25. 5. 25	Gesetz betreffend das Genfer Übereinkommen über das Vereins- und Koalitionsrecht der landwirtschaftlichen Arbeiter	II 171	Bek. v. 30. 7. 25	II 738
121	25. 5. 25	Gesetz betreffend das Genfer Übereinkommen über die Entschädigung der Landarbeiter bei Arbeitsunfällen	II 174	Bek. v. 30. 7. 25	II 738
122	16. 7. 25	Aufwertungsgesetz	117	V. v. 21. 7. 25 V. v. 29. 11. 25	154 392
123	16. 7. 25	Gesetz über Gebühren für Arbeitsbücher	145		
124	23. 7. 25	Pachtschutzordnung (neue Fassung)	152		
125	21. 7. 25	Verordnung über die Einrichtung und das Verfahren der Aufwertungsstellen	154	V. v. 27. 11. 25	392
126	28. 7. 25	Gesetz über Ausbau der Angestellten- und Invalidenversicherung u. über Gesundheitsfürsorge in der Reichsversicherung	157		
127	4. 8. 25	Verordnung zur Durchführung der Angestelltenversicherung bei den Ersatzkassen	187		
128	24. 8. 25	Verordnung über die Gewährung v. Leistungen der Invaliden- und der Angestelltenversicherung nach ausländisch. Grenzgebieten	320		
129	3. 9. 25	Gesetz üb. Beschränkung der Einnahmen aus der Lohnsteuer	331		

D. Sachverzeichnis.

(I. bedeutet Band I, II. bedeutet Band II, III. bezieht sich auf den vorliegenden Band III.)

www.ingramcontent.com/pod-product-compliance
Lightning Source LLC
LaVergne TN
LVHW042241300926
849161LV00003B/428